绿色发展与新质生产力丛书

绿色保险创新实践与探索

编委会主任：顾越　陈诗一

陶蕾　李志青　编著

东北财经大学出版社
Dongbei University of Finance & Economics Press

大连

图书在版编目（CIP）数据

绿色保险创新实践与探索 / 陶蕾，李志青编著. 一大连：东北财经大学出版社，
2023.10

（绿色发展与新质生产力丛书）

ISBN 978-7-5654-4970-3

Ⅰ.绿… Ⅱ.①陶… ②李… Ⅲ.环境保护–责任保险–研究–中国 Ⅳ.①D922.684
②D922.284.4

中国国家版本馆CIP数据核字（2023）第193437号

东北财经大学出版社出版发行

大连市黑石礁尖山街217号 邮政编码 116025

网 址：http：//www.dufep.cn

读者信箱：dufep @ dufe.edu.cn

大连图腾彩色印刷有限公司印刷

幅面尺寸：185mm×260mm 字数：227千字 印张：16
2023年10月第1版 2023年10月第1次印刷
责任编辑：李 季 吉 扬 责任校对：刘贤恩
王芃南
封面设计：原 皓 版式设计：原 皓
定价：79.00元

前言

 绿色保险是指保险机构通过提供绿色保险产品和服务，为绿色低碳发展提供风险管理和资金支持的一种金融活动。综合相关研究成果，绿色保险产品和服务主要包括以下几个方面：一是为绿色产业和项目如可再生能源、节能环保、清洁交通、绿色建筑等提供保险保障；二是为环境污染和生态损害提供责任保险和补偿机制，如环境污染责任保险、生态补偿保险等；三是为应对气候变化提供风险转移和适应方案，如气候风险保险、低碳项目机器损坏碳交易损失保险等；四是为绿色金融提供信用增级和担保服务，如碳排放配额质押贷款保证保险、绿色债券担保等。

 绿色保险在国际上已有较长的发展历史，主要集中在欧美等发达国家和地区。这些国家和地区通过制定相关法律法规、建立激励机制、推动市场创新等措施，促进了绿色保险的发展。例如欧盟在2004年颁布了《欧盟环境责任指令》，要求成员国在2010年之前实施环境污染责任制度，并鼓励采用环境污染责任保险等金融担保工具；美国在1980年通过了《综合环境响应赔偿与责任法》，规定了对有毒废弃物场地的清理责任，并要求相关企业购买环境污染责任保险；德国在1990年实施了《环境责任法》，明确了对环境损害的赔偿责任，并建立了一个由政府和私营部门共同参与的环境损害赔偿基金；英国则在2008年推出了《气候变化法案》，设立了一个由政府、企业和公众共同参与的气候变化委员会，制定了减排目标和预算，并鼓励开展气候风险保险等业务；法国在2015年颁布了《绿色增长能源转型法》，要求金融机构披露其投资对气候变化的影响，并支持开展碳交易损失保险等业务。

 绿色保险作为绿色金融的重要组成部分，在绿色低碳发展等方面发挥了积极作用。

一是促进绿色低碳发展。绿色保险可以通过提供风险管理和资金支持，激励和引导企业和社会投资于绿色产业和项目，提高能源效率和资源利用率，减少环境污染和生态损害，降低碳排放和温室气体排放，促进经济社会发展与生态环境保护的协调统一。二是应对气候变化挑战。绿色保险可以通过提供风险转移和适应方案，帮助企业和社会应对气候变化带来的自然灾害和经济损失，提高气候韧性和抵御能力，支持国家履行《巴黎协定》的减排承诺和"双碳"目标。三是服务实体经济转型升级。绿色保险可以通过提供信用增级和担保服务，为实体经济特别是中小微企业提供更多的融资渠道和低成本的资金来源，支持实体经济进行结构调整、技术创新、质量提升、效率提高等转型升级，增强实体经济的竞争力和发展活力。四是保障公共利益和提升社会福祉。绿色保险可以通过提供责任保险和补偿机制，为环境污染和生态损害的受害者提供及时有效的赔偿，维护公共利益和社会正义，增强社会责任感和环境意识，促进社会稳定和民生改善。

绿色保险在中国是一个新兴领域，近年来因应我国经济社会发展和生态文明建设的需要，也取得了一定的进展。

一是在政策引导方面，我国政府出台了一系列文件，明确了绿色金融和绿色保险的战略意义、总体目标、重点领域和工作措施。如2016年8月，人民银行等七部委印发了《关于构建绿色金融体系的指导意见》，提出了加快发展绿色信贷、绿色债券、绿色股权、绿色保险、绿色发展基金等绿色金融产品和服务的具体举措；2018年5月，生态环境部召开部务会议审议并原则通过《环境污染强制责任保险管理办法（草案）》，会议指出在环境高风险领域建立"环境污染强制责任保险制度"，是贯彻落实党的十九大精神的有力措施和具体行动，也是建立健全绿色金融体系的必然要求和重要内容；2019年5月，发改委、科技部在《关于构建市场导向的绿色技术创新体系的指导意见》中提出鼓励保险公司开发支持绿色技术创新和绿色产品应用的保险产品；2022年5月，中国银保监会发布《保险业标准化"十四五"规划》，提出加快完善绿色保险相关标准建设，支持保险业探索开发创新性绿色保险产品，加快研究绿色保险产品和服务标准，探索绿色保险统计、保险资金绿色运用、绿色保险业务评价等标准建设。2022年11月，中国银保监会发布《绿色保险业务统计制度》，要求各保险公司加强绿色保险能力建设，强化绿色保险业务数据治理，优化信息系统建设，建立健全对绿色保险产品、绿色产业客户和绿色保险标的的识别与管理机制。

二是在市场创新方面，我国保险机构积极响应国家政策，不断推出符合市场需求的绿色保险产品和服务，为绿色低碳发展提供风险管理和资金支持。如在环境污染责任保险方面，我国已经建立了以强制为主、自愿为辅的环境污染责任保险制度，目前已有31个省（自治区、直辖市）出台了相关实施办法，涵盖了化工、冶金、电力等高风险行业，截至2020年底，全国累计投保企业超过10万家，累计承担赔偿金额超过数十亿元；在气候风险保险方面，我国已经开展了农业气象指数保险、森林火灾保险、城市防洪排涝保险等业务，为应对气候变化带来的自然灾害提供风险转移和适应方案，截至2020年底，全国累计投保面积超过10亿亩，累计承担赔偿金额超过100亿元；在碳交易损失保险方面，我国已经在部分地区试点开展了碳交易损失保险、低碳项目机器损坏碳交易损失保险、碳排放配额质押贷款保证保险等业务，为参与碳市场的企业提供风险管理和资金支持，截至2021年11月，全国累计投保企业超过100家，累计承担赔偿金额超过1亿元；在其他领域方面，我国还开展了可再生能源设备财产损失及中断损失综合保险、节能改造项目履约保证保险、绿色建筑工程一切险、绿色债券担保等业务，为绿色产业和项目提供保险保障。

尽管我国绿色保险已经取得了一定的进展，但仍然面临着一些挑战和困难。一是绿色保险的法律法规和标准体系不完善。绿色保险的定义、范围、分类、评价等存在不确定性和差异性，影响了绿色保险的规范发展和市场认可。二是绿色保险的市场需求和供给不匹配。一方面，部分企业和地方对绿色保险的认知度和需求度不高，缺乏购买动力和意愿；另一方面，部分保险机构对绿色保险的开发能力和服务水平不足，缺乏创新精神和动力。三是绿色保险的风险评估和定价能力不强。一方面，部分绿色保险领域缺乏充分可靠的数据和信息支持，难以进行科学有效的风险评估；另一方面，部分绿色保险领域缺乏成熟可参考的定价模型和方法，难以进行合理适当的定价。四是绿色保险的激励机制和监管体制不健全。一方面，部分政府部门对绿色保险的政策支持和财政补贴不够充分和及时，难以形成有效激励；另一方面，部分监管部门对绿色保险的监管标准和要求不够明确和统一，难以形成有效约束。

为了应对以上挑战和困难，有必要在以下几个方面采取措施。一是完善绿色保险的法律法规和标准体系。应加快制定和完善与绿色保险相关的法律法规、行业规范、技术标准等文件，明确绿色保险的定义、范围、分类、评价等内容，统一绿色保险的基本规则和要求，为绿色保险提供坚实的制度基础。二是增加绿色保险的市场需求和供给匹配。应加强对企业和社会的宣传教育和引导培育，提高它们对绿色保险的认知度和需求度，增加它们购买绿色保险的动力和意愿；同时应鼓励保险机构提高对绿色保险的开发能力和服务水平，增加它们开发绿色保险的创新精神和动力，丰富绿色保险的产品和服务的种类与质量。三是提高绿色保险的风险评估和定价能力。应加强对绿色保险领域的数据和信息的收集、整理、分析和共享，建立完善的绿色保险数据库和信息平台，为绿色保险的风险评估提供充分可靠的数据和信息支持；同时应借鉴国内外的先进经验和实践，开发和完善适用于绿色保险领域的定价模型和方法，为绿色保险提供科学有效的定价依据。四是健全绿色保险的激励机制和监管体制。应加大对绿色保险的政策支持和财政补贴，通过税收优惠、财政补贴、信用评级等方式，激励企业和社会购买绿色保险，激励保险机构开发绿色保险；同时应明确和统一对绿色保险的监管标准和要求，通过制定和执行绿色保险指标、评价体系、信息披露等方式，约束企业和社会遵守绿色保险规则，约束保险机构履行绿色保险责任。

全书共分为两篇八章，第一篇为理论篇，主要介绍绿色保险相关的概念定义、绿色保险的分类与标准以及绿色保险相关的政策措施；第二篇为案例篇，主要介绍了绿色保险的实践案例。第1章"绿色保险的发展"介绍了绿色保险的定义、绿色保险的基础理论以及我国绿色保险的发展现状。第2章"绿色保险的分类与标准"梳理了我国《绿色保险业务统计制度》以及保险企业对于绿色保险（也有企业称为"可持续保险"）范围的界定。第3章"绿色保险的政策与实践"结合我国《绿色保险业务统计制度》中对于绿色保险的分类以及我国《2030年前碳达峰行动方案》，分四节介绍了清洁能源产业保险、环境污染责任保险、碳保险等九类保险的政策与相关保险实践。第4章梳理了碳损失保险、碳排放配额质押贷款保证保险、海上风电保险等绿色保险支持能源绿色低碳转型与工业领域碳达峰相关案例。第5章梳理了草原碳汇遥感指数保险、海洋蓝碳养殖保险、绿色建筑全生命周期"碳达标-碳维持-碳恢复-碳补偿"保险解决方案等绿色保险支持节能降碳增效与碳汇能力巩固相关案例。第6章梳理了电动自行车综合保险、"太保碳普惠"平台建设两个绿色保险支持绿色交通与绿色低碳全民行动相关案例。第7章梳理了野生动物肇事公众责任保险、"水质无忧"保险、安惠保巨灾保险、气象指数类保险产品等绿色保险支持绿色交通与绿色低碳全民行动相关案例。第8章为附录，整理我国国家层面、地方层面以及企业层面的绿色保险典型政策文件。

本书由李志青和陶蕾编著。理论篇的主要编写人员为杨光、李俊、朱利敏、李晓慧、侯若阳，参与编写人员包括陈冬梅、胡时霖、于林杉、蓝锦鹤、张韵笛、朱王梓、吕泝佳、甘家林、戴思晗、王简、张粲璨；案例篇的主要编写人员为杨光、侯若阳、裴海燕、郭宇涵，参与编写人员包括刘瀚斌、朱俊、胡时霖。同时感谢中国太保产险、衢州市金融办、中再产险、中华联合产险、永诚保险、国任保险以及《2021年"一带一路"生物多样性保护案例报告》提供的案例素材。

感谢李季等编辑为本书出版作出的不懈努力，书中难免有错漏之处，敬请广大读者和专家指正。

编著者

2023年9月

目　录

第一篇　理论篇

第二篇　案例篇

理论篇

第1章 绿色保险的发展

本章介绍了绿色保险相关的概念、内涵、基础理论，以及绿色保险等绿色金融产品的发展现状。2022年中国银保监会发布《绿色保险业务统计制度》，明确"绿色保险，是指保险业在环境资源保护与社会治理、绿色产业运行和绿色生活消费等方面提供风险保障和资金支持等经济行为的统称"。《绿色保险业务统计制度》的颁布，标志着绿色保险正式迈入发展轨道。

1.1 绿色经济、绿色金融与绿色保险

从概念与范围上来说，绿色经济是最为宏观的概念。绿色经济以经济与环境的和谐发展为目的，实现可持续发展。绿色金融在绿色经济的领域中进一步细化，是支持环境改善、应对气候变化和节约高效利用资源的经济活动，例如为节能环保、清洁能源利用、绿色交通、绿色建筑等领域提供金融支持。而绿色保险则是绿色金融的一个部分，是保险业在环境资源保护与社会治理、绿色产业运行和绿色生活消费等方面提供风险保障和资金支持等经济行为的统称。"绿色经济""绿色金融""绿色保险"的范围逐步缩小，关注的领域逐步细化，如图1-1所示。本节内容从定义出发，具体介绍"绿色经济""绿色金融""绿色保险"的内涵。

图 1-1 绿色经济、绿色金融与绿色保险的相互关系

1.1.1 绿色经济

联合国对绿色经济的通俗定义为："绿色经济是一种旨在提高人类福祉、使最广大人群充分享有经济发展成果，同时又能显著减少人类活动对环境不良影响的经济模式。"联合国环境规划署（United Nations Environment Programme，UNEP）将绿色经济定义为："绿色经济是一种有助于提高人类福祉和社会公平，同时显著降低环境风险和生态稀缺性的经济模式。"最简单地说，绿色经济可以被认为有利于低碳发展、资源高效利用和提高社会包容性。

"绿色经济"这一概念，最早出现在20世纪80年代末[1]。环境经济学家认为，经济发展必须是自然环境和人类自身可以承受的，不会因盲目追求生产增长而造成社会分裂、生态危机和自然资源枯竭。

绿色经济的本质是以生态、经济协调发展为核心的可持续发展，是以维护人类生存环境，合理保护资源、能源以及有利于人体健康为特征的经济发展模式，是一种平衡式经济模式[2, 3]。在这种经济模式下，环保技术、清洁生产工艺等众多有益于环境的技术被转化为生产力，实现经济的可持续增长，并最终消除贫困。

从历史上看，发达国家的工业化大多数走的是"先污染、后治理"的老路。这使得很多新兴经济体在其发展的初期阶段，也短视地认为发展经济和保护环境是"鱼与熊掌不可兼得"。事实证明，这种发展模式是一种得不偿失的失败模式。

目前，工业化国家已经消耗了大量资源，剩下的发展资源和空间有限。同时，越来越频发的气候变化和社会灾害等也都表明，原来的发展模式已经难以为继，为实现全人类的共同发展，唯一的办法是在全球走绿色经济道路。

当今世界，发展绿色经济已经成为一个重要趋势。国际社会普遍认识到，发展绿色经济不仅可以节能减排，而且能够更有效地利用资源、扩大市场需求、创造新的就业，是保护环境与发展经济的重要结合点。

近年来，许多国家注重把发展绿色产业作为推动经济结构调整的重要举措。在应对金融危机的过程中，不少国家在应对政策上也都更加突出"绿色"的理念和内涵，实施"绿色新政"。

但是，发展绿色经济是艰巨而复杂的长期过程，特别是对发展中国家来说，囿于资金、技术、能力建设等局限，在发展绿色经济方面面临着诸多实际困难。因此，国际社会要加强合作，趋利避害，充分考虑发展中国家的发展阶段和实际情况，携手推进可持续发展。

1.1.2 绿色金融

对于绿色金融，许多国家和地区的机构给出过有共通之处的定义。

2016年，中国人民银行、财政部等七部委联合印发的《关于构建绿色金融体系的指导意见》指出："绿色金融是指支持环境改善、应对气候变化和资源节约高效利用的经济活动，即对环保、节能、清洁能源、绿色交通、绿色建筑等领域的项目投融资、项目运营、风险管理等所提供的金融服务。""绿色金融体系是指通过绿色信贷、绿色债券、绿色股票指数和相关产品、绿色发展基金、绿色保险、碳金融等金融工具和相关政策支持经济向绿色化转型的制度安排。"

根据日本经济产业省（Ministry of Economy, Trade and Industry, METI）的定义，绿色金融是"为低碳活动提供资金的金融活动"。与欧盟严格的绿色金融标准不同的是，日本经济产业省认为，不应该将金融项目简单地分为"绿色"和"非绿色"项目，还应当考虑产业转型和创新型的项目。日本经济产业省在2020年发布的《气候创新金融终期报告》中，也提出"以欧盟为中心的服务经济产业结构国家和以亚洲为中心的制造业国家面临的课题不同"。

此外，欧盟提及更多的是"可持续金融"。可持续金融是指在金融部门做出投资决策时考虑环境、社会、治理（ESG）因素的过程，从而推动对可持续经济活动和项目进行更长期的投资。环境方面的考虑可能包括减缓和适应气候变化，以及更广泛的"环境"课题，例如保护生物多样性、污染预防和循环经济。社会方面的考虑可以指不平等、包容性、劳资关系、人力资本和社区投资以及人权问题。公共和私营机构的治理——包括管理结构、员工关系和高管薪酬——在确保将社会和环境因素纳入决策过程中发挥着根本性作用。在欧盟的政策背景下，可持续金融被理解为支持经济增长，同时减少环境压力并考虑社会和治理方面的金融。当涉及可能对金融体系产生影响的 ESG 因素相关风险时，可持续金融还会提高透明度，以及通过对金融和企业参与者进行适当治理来缓解此类风险。

国际开发性金融俱乐部（IDFC）从政策角度将绿色金融界定为推动金融投资流入可持续发展的项目倡议、环保产品和鼓励发展可持续经济的政策，聚焦广泛的环境目标，包括减缓气候变化、工业污染控制、水体卫生和生物多样性保护等。

德国发展研究所（DIE）认为绿色金融包括所有考虑环境影响和增强环境可持续性的投资或贷款，关键要素是将环境筛查和风险评估纳入投资和贷款决策。

国际金融公司（IFC）就绿色金融定义和进展进行的问卷调查显示，多数国家和市场认为应将可再生能源、绿色建筑、能效管理、垃圾处理、环境治理和污染防范等行业纳入绿色金融支持范围。

G20绿色金融研究小组2016年提出，绿色金融指能产生环境效益以支持可持续发展的投融资活动 [3]。这些环境效益包括减少空气、水和土壤污染，降低温室气体排放，提高资源使用效率，减缓和适应气候变化并体现其协同效应等。此外，G20鼓励不同国家和市场对绿色金融进行差别化的技术解释。

1.1.3 绿色保险

在国际上，相比"绿色保险"，更常见的概念是"可持续保险"。在 2012 年联合国可持续发展大会上发布的 UNEP FI 可持续保险原则（PSI）是保险业应对环境、社会、治理风险与机遇的全球框架。PSI 倡议是联合国与保险业之间最大的合作倡议。PSI 将可持续保险定义为："可持续保险是一种战略方法，通过识别、评估、管理和监测与环境、社会、治理问题相关的风险和机遇，以负责任和前瞻性的方式进行保险价值链中的所有活动，包括与利益相关者的互动。可持续保险旨在降低风险，开发创新解决方案，提高业务绩效，并为环境、社会和经济的可持续性做出贡献。"

PSI 为可持续保险制定了以下四大原则[4]：

原则 1：在决策中嵌入与我们的保险业务相关的环境、社会、治理问题。这一原则涵盖公司战略、风险管理和承保、产品和服务开发、理赔管理、销售和营销、投资管理等方面。

原则 2：与客户和业务伙伴合作，提高对环境、社会、治理问题的认识，管理风险并制订解决方案。这一原则涉及客户、供应商、保险公司、再保险公司和中介机构等方面。

原则 3：与政府、监管机构和其他主要利益相关者合作，促进全社会就环境、社会、治理问题采取广泛行动。这一原则涉及政府、监管机构和其他政策制定者与其他主要利益相关方。

原则 4：对于执行可持续保险原则所取得的进展，在定期公开披露时，保持可计量性和透明度。例如评估、衡量和监控公司在管理ESG问题方面的进展，并主动和定期公开披露这些信息，参与相关披露或报告框架以及与客户、监管机构、评级机构和其他利益相关者进行对话，就披露的价值达成共识。

2022年6月1日，中国银保监会印发《银行业保险业绿色金融指引》。该指引将银行业保险业发展绿色金融上升到战略层面，同时提出银行业保险业应将环境、社会、治理（ESG）要求纳入管理流程和全面风险管理体系，被视为中国绿色金融发展的重要里程碑。《银行业保险业绿色金融指引》共36条，在组织管理、政策制度及能力建设、投融资流程管理、内控管理与信息披露以及监督管理五个方面对银行保险机构提出了如下要求：一是明确治理架构，推动体制机制创新；二是推动政策完善，降低碳强度并减少碳足迹，实现碳中和；三是完善投融资流程管理，运用数字技术提升管理水平；四是加强内控管理，充分披露绿色金融发展情况；五是明确监督管理职责，加强对银行的指导评估。

2022年11月，中国银保监会发布《绿色保险业务统计制度》，正式明确"绿色保险，是指保险业在环境资源保护与社会治理、绿色产业运行和绿色生活消费等方面提供风险保障和资金支持等经济行为的统称。负债端包括保险机构围绕绿色低碳、可持续发展提供的保险产品和服务；资产端包括保险资金在绿色产业上进行的投资"。

一般来说，在我国《绿色保险业务统计制度》正式发布之前，我国学者对于绿色保险的理解有狭义和广义之分。狭义的绿色保险指环境污染责任保险，是以企业发生污染事故对第三者造成的损害依法应承担的赔偿责任为标的的商业保险；而广义的绿色保险则涵盖为高水平生态环境保护而开展的环境风险管理以及对应资金运用行为的总和。很多学者从绿色保险能够发挥的作用出发，来定义"绿色保险"。例如有的学者认为，绿色保险"是一种金融工具，可以帮助解决污染问题，促进经济的健康发展"[5]；有的学者指出，绿色保险"可以有效进行风险管理，促进资源的节约利用，加强环境保护的成效，还可以应对部分气候问题"[6]；也有的学者从绿色保险作用领域出发，指出绿色保险"能够在能源、交通、产业等多个领域发挥减排作用，为环境治理问题提供支持"[7]。也有的学者从"服务"角度，定义绿色保险"发挥着社会管理功能，不仅包括环境风险管理，也包括资金运用等方面，能够很好地落实绿色低碳的发展观念"[8]以及"在属性上是一种服务，可以治理环境污染，助力环境改善，还可以在资源的节约上提供资金支持与援助"[9]。

本书中所指绿色保险的范畴是广义的绿色保险，按照《绿色保险业务统计制度》中的定义，是"保险业在环境资源保护与社会治理、绿色产业运行和绿色生活消费等方面提供风险保障和资金支持等经济行为的统称"，包括了狭义的绿色保险、普惠保险等ESG保险范畴，与国际上可持续保险的概念更为接近。

从绿色保险所发挥作用的角度，能够更好地理解绿色保险的概念。一方面，绿色保险具有保险制度本身存在的经济补偿功能[10]，可以通过保险机制实现环境风险成本内部化和环境损害赔偿社会化，最大限度地发挥绿色保险对环境污染风险的预防功能，助力解决环境污染损害赔偿、环境承载力退化和生态保护问题，减少气候变化等环境问题对经济社会的冲击。另一方面，绿色保险也可以通过发挥保险的增信功能和融资功能，支持绿色产业投资，参与生态文明建设，从而在加快助推经济社会绿色低碳发展方面发挥正面作用，实现经济社会的可持续发展。

绿色保险的典型作用有以下三点：

一是助力加强环境风险管理体系[11]。开展环境污染责任保险业务是保险业参与企业环境污染风险管理的重要方式。一方面，保险作为市场化的经济补偿机制，能及时补偿污染受害者的损失，化解环境污染的矛盾纠纷。另一方面，保险可以帮助投保企业应对可能出现的环境污染和损害赔偿支出，稳定企业生产经营，发挥保险费率的杠杆作用及自身的风险管理优势，促进企业提高环境风险管理水平，减少和避免对环境的污染和损害。

二是增信融资能力日益凸显。我国产业结构转型升级的一个重要方向是绿色化转型，即逐步提高绿色产业的比重，实现产业结构向中高端迈进。绿色产业从投资到获益的运作周期较长，而保险资金较长的使用周期恰好与绿色产业的资金需求有效契合。此外，保险可以发挥信用提级功能，通过降低绿色信贷机构的经营风险，拓宽绿色项目的融资渠道。

三是促进绿色产业发展。绿色保险可以围绕绿色产业的经营需求提供保险保障服务，化解绿色技术、绿色产品研发过程中的风险，支持企业稳定生产经营，促进环保技术的成果转化。以新能源产业为例，风力发电、光伏发电等新兴产业日常生产经营中的保险风险管理有其特殊需求。在太阳辐照强度不确定等因素导致无法正常发电的情况下，对光伏电站的发电量和经营绩效存在大幅波动的风险，保险机构开始探索研发太阳辐射发电指数保险产品、太阳能光伏电站综合运营保险等，为光伏电站企业因天气等导致的潜在收入损失提供保障。

1.2 绿色保险的基础理论

绿色保险的发展，背后离不开相关经济学理论的指导。例如发展经济学中的可持续发展理念、环境经济学中经济发展和环境保护的相互协调、环境管理的经济政策以及环境污染治理费用的分摊等重要理论是绿色保险思想和理论基础的重要来源。本节从绿色保险的基础理论出发，简要介绍外部性理论、准公共物品理论、信息不对称理论与市场失灵理论对于绿色保险发展的理论支撑。

1.2.1　外部性理论

外部性是指某个经济主体所进行的经济活动对其他经济主体所造成的影响。如果该经济活动给其他经济主体带来的效益大于它自身所获得的经济效益就称该活动具有正的外部性。绿色保险具有正外部性的属性，绿色保险的正外部性是指保险公司在经营生产过程中产生私人收益的同时也产生社会效益，也就是说保险公司承保绿色保险之后，在产生保费收益的同时，也会对生态环境保护起到一定作用[12, 13]。而企业购买了绿色保险，就解决了由于生态环境破坏造成的负外部性。对投保企业而言，向保险公司投保绿色保险的费用由其独立承担，保险事故发生时，第三方受害者就会得到合理有效的赔偿，该保险的正外部性显现；当有破坏生态环境风险的企业未投保绿色保险时，虽然不需要向保险公司缴纳保费，但发生破坏事故时，事发企业往往无法对受害人进行合理有效的赔偿，政府就会成为最终买单者。

1.2.2　准公共物品理论

绿色保险具有社会公益性，生态环境破坏一旦导致大规模损害事故，就会造成大规模侵权责任，政府为社会救济的主体，会承担最后的损失赔偿，这样无形中给政府增加了负担，加大了政府财政赤字压力。因此，绿色保险具有准公共物品的属性，对于绿色保险准公共物品属性的界定是绿色保险经营模式的选择和定价的大前提，否则之后研究将缺少基础理论的支撑。

首先，绿色保险具有消费中的非竞争性，通常来讲这是保险产品可能存在的一般特征，即当某一家企业购买绿色保险时，其他企业享受的绿色保险服务并不受到影响。其次，绿色保险的不完全排他性也分别体现在承保公司对于投保企业在辅助风险管理、出险后的修复赔偿工作中的收益。尤其是当发生保险事故造成一定区域的生态环境破坏时，承保公司以目前的科技水平很难区分未投保的企业所造成的损害，因此在修复过程中，未投保企业也会受益。最后，生态环境是人类社会生存发展的基础，绿色保险的正外部性也决定了绿色保险所产生的社会利益远大于其企业投保的私人利益。

1.2.3 信息不对称理论

信息经济学认为信息作为生产要素，和劳动力、土地、资本、企业家才能一样，是市场经济中影响资源配置的重要因素。信息不对称理论是现代信息经济学的核心理论，是指在市场经济活动中，市场各方对有关信息的掌握程度是不同的，对市场信息掌握更充分的一方往往会利用信息优势在市场经济活动中占据主动地位。在绿色保险市场中，信息不对称主要表现在投保企业和保险公司双方所了解的信息存在较大的数量和质量差异：投保企业相对保险公司掌握更多的保险标的物风险状况，了解自身企业的环境风险状况；而保险公司相对投保企业掌握更详细的保险合同条款和专业技术信息。通过保险合同是否已经签订来划分，我们将保险合同签订之前利用信息优势进行的投机行为称为"逆向选择"行为，发生在保险合同签订之后的投机行为称为"道德风险"行为 [12]。

分析投保企业发生逆向选择和道德风险后，可以发现两个主要原因：一是承保公司与投保企业之间的信息对称程度；二是投保企业发生逆向选择和道德风险事件的预期收益。我们假设投保企业发生逆向选择和道德风险的概率为 P（$0 \leqslant P \leqslant 1$），投保企业与保险公司之间的信息对称程度为 D（$0 \leqslant D \leqslant 1$）。通常情况下，投保企业与保险公司之间的信息对称程度越低，投保企业越倾向于发生逆向选择和道德风险事件，如图 1-2 中曲线 d 所示，在投保企业与保险公司之间信息对称程度改善的情况下可以降低逆向选择和道德风险的发生概率。假设保险公司为改善信息不对称付出的监督成本为 E（0≤P（E）≤1），如图 1-2 中曲线 e 所示，信息对称程度与监督成本呈正向关系，即保险公司付出的监督成本越高，信息对称程度越高，相应地，投保企业发生逆向选择和道德风险事件的概率就会越低。

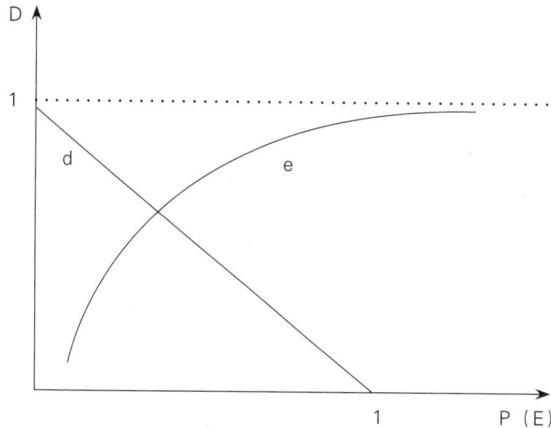

图 1-2　投保企业逆向选择和道德风险事件的发生概率

　　投保企业发生逆向选择和道德风险事件的概率与预期收益成正比，即逆向选择和道德风险事件产生的预期收益越高，投保企业越倾向于采取逆向选择和道德风险行为。但是当保险公司选择增加监督成本来改善信息不对称并以此来遏制逆向选择和道德风险的发生概率时，高风险投保企业无法享受低费率的优惠，谎报、瞒报等部分道德风险行为无法获利，这时投保企业获利的可能性降低，因此发生逆向选择和道德风险事件的概率就会降低。

　　逆向选择和道德风险都会使保险人支付超过正常水平的赔偿，而想要避免这种情况又会需要更多的监督成本。无论如何，由于信息不对称引起的投机行为会增加保险公司的经营成本，这就会促使保险公司提高费率或者减少产品供给，最终都将造成绿色保险市场的萎缩。

　　从绿色保险的逆向选择来说，环境污染风险越高的企业越倾向于购买绿色保险，这就使保险公司风险加剧，由于信息的不对称，保险公司并不能完全了解投保企业的风险，相对于其所承担的风险来说，收取的保费过低，这样会导致保险公司提高保费来转移自身的风险，而企业会因为保费过高而选择不投保，从而导致不良循环，绿色保险无法顺利推行。从绿色保险的道德风险来说，企业因为投保了绿色保险，转移了环境污染造成的损失，可能会减少防范污染风险的支出，从而提高了污染生态环境事故发生的频率，保险公司也可能利用自身专业知识与合同漏洞减少赔偿。

1.2.4 市场失灵理论

绿色保险市场失灵具体表现为绿色保险市场无法形成有效供给和有效需求的"供需双冷"的状况。在供给方，保险公司和投保企业之间的信息不对称导致的逆向选择和道德风险造成绿色保险实际赔付率过高，绿色保险的承保公司常常面临超赔的风险；同时绿色保险面临的系统性风险无法避免，在缺乏巨灾风险分散机制、再保险体系不健全的情况下，保险公司面临极大的经营风险，所以保险公司被迫选择缩减绿色保险业务规模或者涨费，有效供给有所下降。在需求方，由于投保企业盈利有限或保险意识薄弱，同时还面临绿色保险涨费等压力，当绿色保险提供风险保障的成本即保费超过投保企业自己分散风险的成本时，投保企业对绿色保险的有效需求减弱。

当绿色保险市场中既无法形成有效供给又无法形成有效需求时，就出现了"供需双冷"的现象。此时供需关系如图 1-3 所示，图中 S1 与 D1 无交点，无法形成供需平衡。当对投保企业进行保费财政补贴时，需求曲线向右上平移得到 D2，可与 S1 相交于均衡点 A；当对绿色保险承保公司进行政策扶持时，供给曲线向右下方平移，得到 S2，与 D2 相交于均衡点 B。所以通过对投保企业进行保费补贴，对绿色保险承保公司进行政策扶持，可以有效解决"供需双冷"的市场失灵问题。

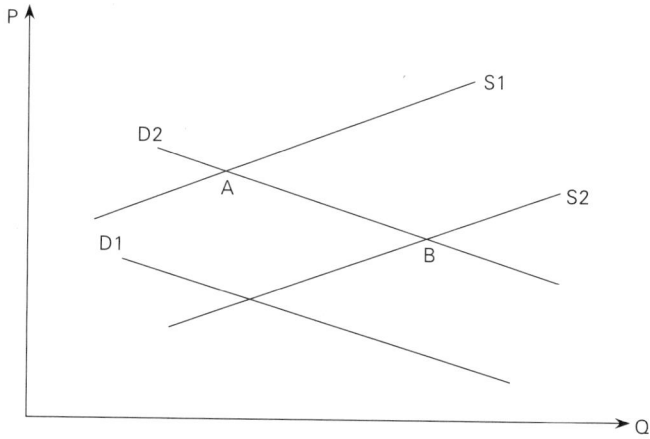

图 1-3　绿色保险"供需双冷"示意图

1.3　我国绿色保险的发展现状

　　前面提到，绿色经济的范围最广，而绿色金融是支持环境改善、应对气候变化和节约高效利用资源的经济活动。我国持续推动绿色金融体系建设，绿色金融改革创新和国际合作等工作取得了一系列令人瞩目的新成绩。我国 2016 年印发《关于构建绿色金融体系的指导意见》，2017 年建立了第一批五省八地绿色金融改革创新试验区。确定"碳达峰碳中和"目标之后，绿色金融更是以服务"双碳"目标为发力点，得到了快速发展。本节内容简要介绍了我国绿色金融产品的发展现状，并进一步聚焦绿色保险的发展现状。

1.3.1　我国绿色金融的发展

　　我国绿色金融结构仍以绿色信贷为主，绿色债券、绿色保险、绿色基金（如 ESG 投资等）等存在较大发展空间。2018—2022 年我国各类绿色金融产品发展情况如图 1-4 所示。

　　绿色信贷方面，根据人民银行发布的最新数据，2022 年末本外币绿色贷款余额22.03万亿元,同比增长38.50%,绿色贷款余额占总贷款余额首次突破10%。

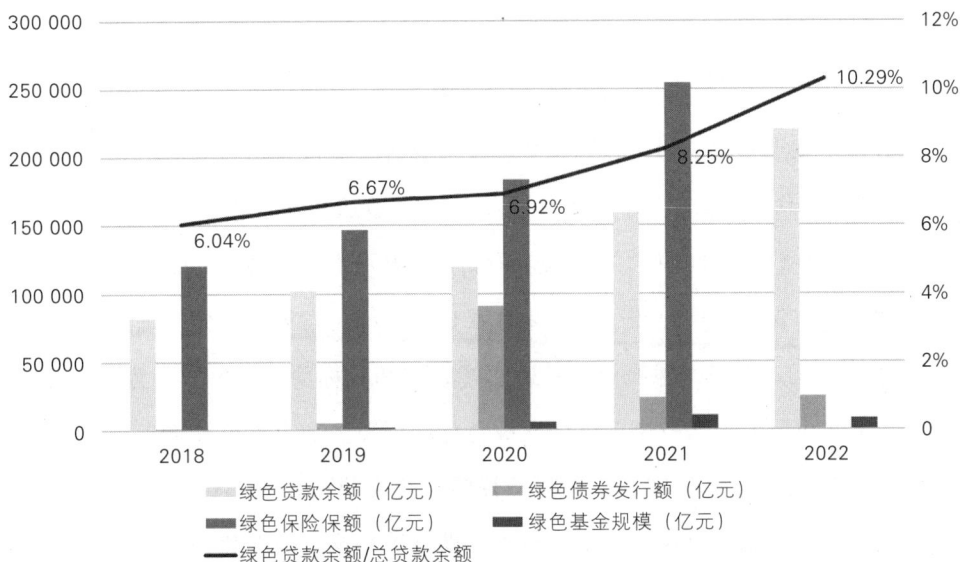

图1-4 2018—2022年我国各类绿色金融产品发展情况①

绿色债券方面,Wind数据库相关数据显示,2022年我国绿色债券发行总额24 879.54亿元,同比增长4.83%。

绿色保险方面,根据中国保险行业协会《保险业聚焦碳达峰碳中和目标助推绿色发展蓝皮书》以及Wind数据库相关数据,我国绿色保险发展迅猛,2018—2020年,保险业累计为全社会提供了45.03万亿元保额的绿色保险保障,2021年绿色保险保额已超过25万亿元。

绿色基金方面,我国与国际成熟市场相比尚有很大的差距,基金数量和规模等存在明显不足,2022年末我国绿色基金规模8 631.77亿元,同比下降18.53%。

总体来看,我国绿色信贷、绿色保险近几年均保持了稳定增长的态势,绿色债券2020年有明显增长之后,2021年与2022年有一定的回落。2018—2021年四年间,绿色

① 绿色贷款余额、绿色债券发行额、绿色基金规模统计截至2022年12月31日,绿色保险保额统计截至2021年12月31日。数据来源:Wind数据库。

保险保额保持明显增长，且增速稳中有升，体现出发展迅猛的特点。

1.3.2　我国绿色保险的发展

我国绿色保险相关的实践由来已久，例如环境污染责任保险、巨灾保险等已经在全国有许多试点实践。但是在《绿色保险业务统计制度》出台以前，我国绿色保险业务的统计口径并未统一，绿色保险统计也一般从环境污染责任保险、巨灾保险/天气保险、绿色交通保险、清洁能源保险等类别进行汇总。2021年6月11日，在杭州举办的"保险业聚焦碳达峰碳中和目标助推绿色发展"工作推进会上，中国保险行业协会正式发布《保险业聚焦碳达峰碳中和目标助推绿色发展蓝皮书》（以下简称《蓝皮书》），《蓝皮书》从强化绿色保险保障、加大绿色投资支持、深化绿色低碳运营三个方面，对2018—2020年保险业全方位助推我国经济社会绿色转型发展情况进行了总结，就保险业下一步更好助推碳达峰、碳中和目标达成进行了思考并提出规划建议。本小节对于《蓝皮书》中关于绿色保险的统计数据进行了梳理分析，如图1-5和图1-6所示。

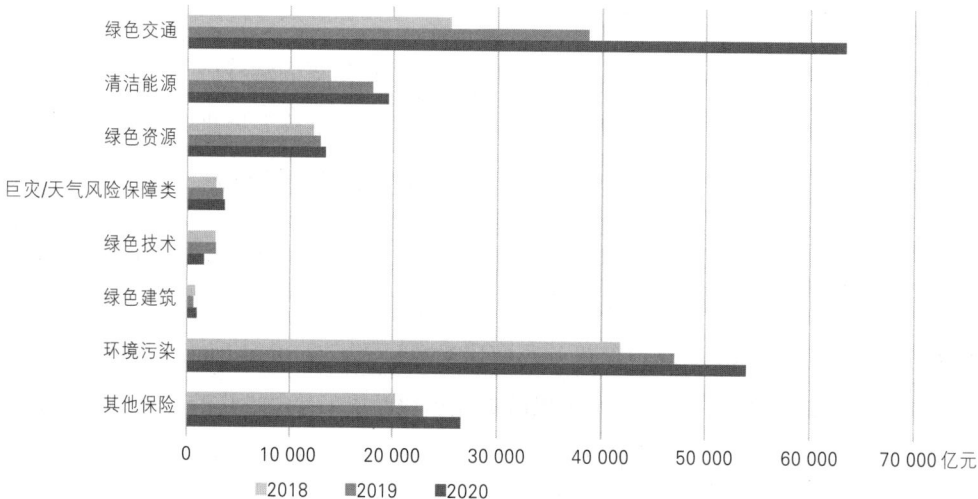

图 1-5　我国2018—2020年绿色保险保额

数据来源：中国保险行业协会《保险业聚焦碳达峰碳中和目标助推绿色发展蓝皮书》

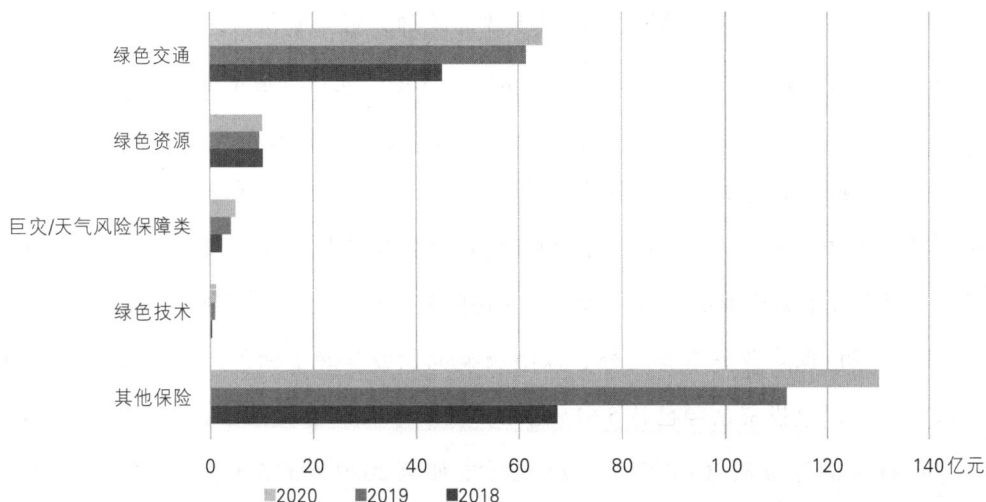

图 1-6　我国2018—2020年绿色保险赔款额

数据来源：中国保险行业协会《保险业聚焦碳达峰碳中和目标助推绿色发展蓝皮书》

图1-5和1-6展示了我国2018—2020年绿色保险保额和绿色保险赔款额的数据。根据中国保险行业协会的数据，在规模上，绿色保险业务规模近年来持续增长，绿色保险类型也呈现多样化的态势。根据保险行业协会的统计，2018—2020年，国内绿色保险的保额与赔款额均逐年上升，三年累计为全社会提供45.03万亿元保额的绿色保险，累计支付赔款533.77亿元。2020年全年，绿色保险的保额达18.36万亿元，较上年增长24.9%；2020年绿色保险赔款额为213.57亿元，较上年增长11.6%。

从结构上看，目前绿色保险包括清洁能源保险、绿色交通保险、绿色建筑保险、绿色技术保险、巨灾/天气保险、绿色资源保险、环境污染保险等，其中，绿色交通保险、环境污染保险、清洁能源保险的保额最高。具体来看，其一，绿色交通保险包括新能源汽车保险和轨道交通建设工程保险两类，而前者伴随着新能源汽车产销量的大幅增长，其围绕车险、电池保险、充电桩保险的各项保费额度也呈现爆发式增长，绿色交通保险2019年和2020年连续两年的增速都在50%以上。其二，环境污染保险，也即环境污染责任保险，是我国绿色保险发展最早的品种之一，在2020年之前一直是绿色保险最主要的险种，近年来保额也呈现持续稳定增长的态势。其三，清洁能源保险主要为水电、风电、光伏等清洁能源发电设备提供各类物质损失的保险；为清洁能源行业的产品质量风险和利润波动风险提供保障；也为清洁能源产业链企业提供各类日常风险的保障。清洁能源保险的保费规模在绿色保险当中排名第三，且2019—2020年保持了较快增长。而随着"双碳"目标的继续推进与新能源产业的发展，清洁能源保险的需求也将继续增加。

除了绿色保险业务本身之外，保险资金也积极开展了绿色产业的投资。2020年保险资金绿色投资余额已达5 615亿元，较上年大幅增长32.5%。保险资金运用于绿色投资的存量从2018年的3 954亿元增加至2020年的5 615亿元，年均增长19.17%。从资金投向上看，保险资金的绿色投资主要投向基建绿色升级、清洁能源、节能环保、主题类投资、绿色服务、清洁生产、生态环境等产业，其中基建绿色升级、清洁能源产业的投资规模最大。保险资金长期性、灵活性和稳定性的特征能够为绿色低碳产业提供长期稳定的支持，更好地发挥支持实体经济绿色发展的作用。

第2章 绿色保险的分类与标准

本章从绿色保险的分类与标准出发，对比分析我国《绿色保险业务统计制度》中对于绿色保险的分类，以及国内外知名保险公司基于自身业务发展需求对于绿色保险（或可持续保险）的分类与标准建设情况。

2.1 我国绿色保险的分类与标准

2.1.1 我国绿色保险支持政策发展历程

2007年12月，国家环保总局联合保险监督管理委员会发布《关于环境污染责任保险工作的指导意见》，鼓励各级环保部门和各级保险监管部门，在当地政府的统一组织下，积极开展环境污染责任保险制度的研究及试点示范工作，推动环境污染责任保险的实施。

2013年1月21日，环境保护部、保监会发布《关于开展环境污染强制责任保险试点工作的指导意见》，对健全环境污染责任保险制度，做好环境污染强制责任保险试点工作，提出了相关指导意见，明确了环责险的推进意义，对环境污染强制责任保险的试点企业范围也做出了界定。

2016年8月，中国人民银行与保监会等七部委联合印发《关于构建绿色金融体系的指导意见》，对绿色保险独设篇章，提出大力发展绿色保险，一是"在环境高风险领域建立环境污染强制责任保险制度"，二是"鼓励和支持保险机构创新绿色保险产品和服务"，已经从广义绿色保险角度进行了表述，例如"鼓励保险机构研发环保技术装备保险、针对低碳环保类消费品的产品质量安全责任保险、船舶污染损害责任保险、森林保险和农牧业灾害保险等产品。"

2021年2月，国务院发布《关于加快建立健全绿色低碳循环发展经济体系的指导意见》，指出加强绿色保险发展和发挥保险费率调节机制作用。2022年11月，中国银保监会发布《绿色保险业务统计制度》，首次官方明确了"绿色保险"的定义和范围，也标志着我国绿色保险统计口径的统一。

经过多年的发展，我国绿色保险相关政策加速落地，绿色保险在绿色金融发展中的风险管理作用被提到了新的高度。在"双碳"发展目标下，我国的保险业将会大力拓展绿色保险项目和产品，助力低碳产业转型，助推绿色经济的快速发展。

2.1.2　《绿色保险业务统计制度》

《绿色保险业务统计制度》中正式明确了绿色保险的定义，对于绿色保险的范围，也给出了界定。《绿色保险业务统计制度》中共划分了3个大类、14个小类，如图2-1所示。

一是环境、社会、治理（ESG）风险保险业务。其涵盖气候变化风险类保险（巨灾保险、碳保险）、环境风险类保险（环境污染责任保险、船舶污染责任保险）、社会治理风险类保险（安全生产责任保险）以及其他。

二是绿色产业保险业务。其涵盖生态环境产业（生态农业、生态保护和生态修复）、清洁能源（太阳能产业、风能产业、水力发电产业、核能产业）、基础设施绿色升级（建筑节能与绿色建筑、绿色交通、园林绿化、环境能源基础设施）、节能环保产业、清洁生产产业、绿色服务以及其他。

三是绿色生活保险业务。其涵盖新能源汽车保险、非机动车保险以及其他。

整体来看，《绿色保险业务统计制度》首次对绿色保险进行定义，实现绿色保险可统计可监测，提升了绿色保险政策制定的有效性和针对性。目前我国绿色保险仍处于起步阶段，在支持绿色发展，为气候变化、低碳转型提供产品和服务的能力上还有待进一步提高。《绿色保险业务统计制度》的出台，能够为我国绿色保险创新指明方向，除了传统的绿色保险，例如环责险、船责险等领域外，还应大力发展碳保险、绿色产业保险等方面，为我国实现"双碳"目标、走可持续发展之路提供保险支持。

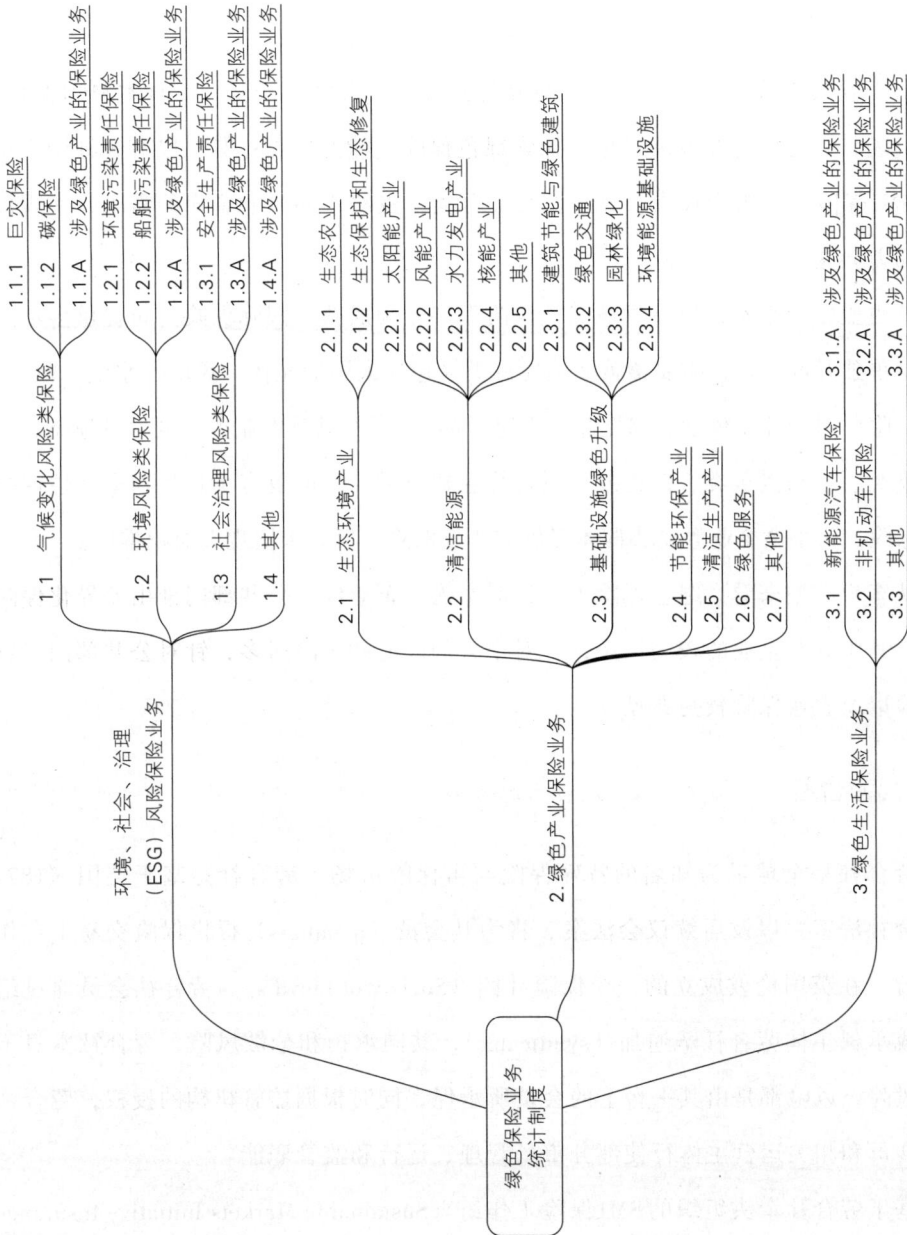

图 2-1 《绿色保险业务统计制度》中绿色保险分类

2.2 企业绿色保险的分类与标准

从出发点来看，企业绿色保险的分类方式主要有两类，其一以日本 MS&AD 保险为代表，立足可持续发展目标，探索绿色保险可能的边界；其二以劳合社牵头组织的 SMI 保险工作组为代表，直接按行业分类，围绕不同行业客户的需求，实现保险产品差异化。

从覆盖领域来看，以下领域绿色保险发展较为成熟，国际保险公司提供多项产品甚至单独开设板块，主要覆盖清洁能源类（包括太阳能光伏、风电、水电、氢能，部分保险公司也开发核能、储能相关保险产品）、天气以及农业类、电力设施类、环境污染类、电动汽车类、碳排放类以及绿色建筑类。目前也有少量生物多样性保护相关保险、为小微企业等弱势群体提供的普惠保险，但尚未实现大面积推广。

从客户类型来看，绿色保险也会针对个人、企业以及公共部门推出差异化保险产品，其中针对企业的较为广泛，针对个人的以电动车险居多，针对公共部门以巨灾保险以及农业保险较为典型。

2.2.1 劳合社

劳合社是全球最为知名的特殊保险与再保险市场。劳合社是基于英国《1871年劳合社法案》以及后续议会法案、将为其会员（members）提供保险交易平台作为宗旨，在英国伦敦成立的一个保险社团（Society of Lloyd's）。劳合社会员通过组合形成承保主体劳合社辛迪加（syndicates），共同承担和分散风险。劳合社本身不承保风险，风险都是由其平台上的会员所承保，同时根据监管机构的授权，劳合社对其会员和相关运营主体行使部分市场管理、运行和监管职能。

基于劳合社牵头组织的 SMI 保险工作组（Sustainable Markets Initiative Insurance Task Force）发布的 2022 年度产品服务展示报告，在该报告中按领域共划分 12 个类别，分别为建筑与财产、可再生能源、生物多样性、极端天气与灾后重建、ESG、绿色经济、碳排放补偿信用额度、碳密集型企业脱碳、核能、氢能、电力交通工具、食品和农业的技术与创新，如表2-1所示。整体而言，报告对绿色保险（可持续保险）的分类较为清晰，尤其针对碳保险单独设立碳排放补偿与企业脱碳两大板块，说明SMI保险工作组高度重视服务企业低碳转型路径。

表 2-1 劳合社SMI保险工作组可持续保险分类

分类	项目
建筑和财产 Construction and property	建筑商风险保险计划 Builders risk insurance programmes
	能效保险 Energy efficiency insurance
	重建 Build back better
	财产保险 Property coverages
	环境现场责任 Environmental site liability
可再生能源 Renewable energy	技术性能保险 Technology performance insurance
	太阳能保险 Solar energy insurance
	股权出资担保银团贷款 Equity contribution guarantee syndicated facility
	绿色能源项目保险 Green energy project insurance
	风电项目保险 Wind project insurance
	热泵保险解决方案 Bespoke insurance solutions for heat pumps
	海上风电保险 Offshore wind insurance
	传统可再生能源保险 Traditional renewable energy insurance
	可再生能源项目税收抵免 Renewable energy project tax credits
	信贷额度和项目融资风险保障 Credit lines and project finance risk cover
	可再生能源保险解决方案 Renewable energy insurance solutions
	可再生能源保险 Renewable energy insurance
	海上风 CAR / OAR Offshore wind CAR / OAR
	陆上风 CAR / OAR Onshore wind CAR / OAR
	太阳能 CAR / OAR Solar CAR / OAR
	电池储能 CAR / OAR Battery storage CAR / OAR
	社区太阳能项目 Community solar project
	可再生能源—切险 Renewable energy all risks insurance
生物多样性 Biodiversity	生物多样性风险减缓 Biodiversity risk mitigation

续表

极端天气和灾难恢复 Extreme weather and disaster recovery	小额参数保险 Parametric microinsurance
	澳大利亚旋风的参数覆盖 Parametric cover for cyclones in Australia
	洪水"+" Flood Plus
	参数保险 Parametric insurance
	小规模农户参数化产品 Small scale farmers parametric products
	救灾融资 Disaster relief financing
	稳定的参数价格保护 Parametric price protection via Stable
	自然灾害和气候变化保险 Natural disaster and climate change insurance
环境、社会与治理 ESG	ESG财团 ESG consortium and syndicate
	基于实现可持续发展里程碑的保险差异化 Insurance differentiation based on attainment of sustainability milestone
	气候风险咨询 Climate risk advisory
绿色经济 Green economy	绿色交易保险 Green transactions insurance
	支持绿色金融 MGA：Tierra Supporting green finance MGA：Tierra
	信贷解决方案保险 Credit solutions insurance
	税收信用保险 Tax credit insurance
碳抵消额度 Carbon offset credits	碳补偿保险 Carbon offset insurance
	限额交易投标担保债券 Cap and trade bid guarantee bonds
碳密集型企业脱碳 Decarbonisation of carbon intensive companies	第三方责任：退役 Third-party liability： decommissioning
	晚期资产退役保险 Late life assets decommissioning insurance
	碳捕获、利用和储存（CCUS）保险 Carbon capture, utilisation and storage （CCUS） insurance
	绿色背书 Green endorsements
核能 Nuclear	核能范围保险 Nuclear coverages
氢能 Hydrogen	氢性能和产品保修保险 Hydrogen performance and product warranty insurance
	氢保险 Hydrogen insurance
电动车 Electric vehicles	电动汽车保险 E-mobility insurance
	固定式储能解决方案 Stationary energy storage solutions
	电动汽车和平台/共享经济保险 Electric vehicle and platform/sharing economy insurance
技术与创新：食品与农业 Technology and innovation： food & agriculture	参数温度敏感货物保险 Parametric temperature sensitive cargo insurance

2.2.2　瑞士再保险公司

瑞士再保险公司（Swiss Re-insurance Company，Swiss Re），是瑞士的一家领先的再保险和其他保险型风险转移方式的批量业务提供商，1863 年在瑞士苏黎世创立，以直接交易方式和经纪公司方式开展业务，主要提供传统再保险以及基于保险的企业融资方案业务，并且公司会针对全面风险管理提供辅助性服务，在风险保障、解决方案以及服务等方面声誉卓著。瑞士再保险公司是一家世界领先的具有雄厚财务实力和偿付能力的再保险集团企业，并被公认为风险转移组合最多元化的全球再保险公司，跻身于世界四大再保险公司之列，通过全球约 80 个办事处组成的网络开展业务。

瑞士再保险公司的可持续议题包括建设可持续发展的未来、减轻气候风险、加强全球合作等，如表 2-2 所示。整体而言，瑞士再保险公司以可持续发展目标为中心，探索与保险的结合点。

表 2-2　　　　　　　　　　瑞士再保险公司的可持续议题

建设可持续发展的未来 Building a sustainable future	
减轻气候风险 Mitigating climate risk	自然灾害和保护差距 Natural catastrophes and the protection gap
	向净零经济的转型和可再生能源的作用 Transition to a net-zero economy and the role of renewables
	通过公私伙伴关系取得的进展 Progress through public-private partnerships
加强全球合作 Strengthening global cooperation	金融稳定和国民经济的弹性 Financial stability and the resilience of national economies
	开放市场和多边主义 Open markets and multilateralism
	法律和监管框架 Legal and regulatory frameworks
	财务弹性和收入不平等 Financial resilience and income inequality

2.2.3 慕尼黑再保险公司

慕尼黑再保险公司创立于1880年，总部设在德国慕尼黑，在全世界150多个国家经营非人寿保险和人寿保险两类保险业务，并拥有60多家分支机构。慕尼黑总部及世界60多家再保险公司附属机构、分支机构、服务公司与代表处、联络处共有3 000多名职员。自公司创办以来，向公司的商业伙伴提供雄厚的财保能力、必要的担保以及高水平的专业知识及优质服务已成为公司经营获得成功和在国际上享有声望的主要因素。

从慕尼黑再保险官网按行业客户分类的保险解决方案中，进一步筛选出与可持续发展相关的保险产品。其中的绿色保险产品分类如表2-3所示。第一类为绿色科技解决方案，下设光伏保险、海上风电场保险、可再生能源和能源效率、绿氢、实现电动交通转型、循环经济解决方案、电能储存系统保险；第二类为天气与农业解决方案，下设天气风险转移解决方案、农业保险；第三类为指数保险，下设指数保险、全面快速应对自然灾害。

表 2-3 慕尼黑再保险官网中绿色保险产品分类

绿色科技解决方案 Green tech solutions	光伏保险 Photovoltaic warranty insurance	
	海上风电场保险 Offshore wind park insurance	
	可再生能源和能源效率 Renewable energy and energy efficiency	光伏能源 Photovoltaic energy
		储能 Energy storage
		陆上和海上风能 On and offshore wind energy
		绿氢 Green hydrogen
		循环经济 Circular Economy
	绿氢 Green hydrogen	
	实现电动交通转型 Enabling the e-mobility transition	
	循环经济解决方案 Risk solutions for the circular economy industry	
	电能储存系统保险 Electrical energy storage systems insurance	

天气与农业解决方案 Weather & Agro solutions	天气风险转移解决方案 Weather risk transfer solutions	
	农业保险 Agricultural insurance	天气指数保险 Weather index insurance
		收益指数保险 Yield index insurance
		进一步的参数保险 Further parametric insurance solutions
		小规模农业的指数保险解决方案 Index insurance solutions for small scale farming
指数保险 Parametric solutions	指数保险 Parametric insurance	
	全面快速应对自然灾害 Comprehensive and rapid response to natural catastrophes	

2.2.4　安盛（AXA）保险

安盛集团（AXA）成立于1817年，总部位于法国巴黎，是当今世界领先的保险及资产管理集团之一。2022年，安盛集团位列《财富》世界500强榜单第48位，是500强中历史最悠久的公司之一。在国际知名品牌咨询机构 Interbrand 公布的权威品牌价值排行榜中，安盛位居第48位，并在2009至2018年间，连续10年蝉联全球第一保险品牌，是最有价值的保险公司之一。在英国"品牌金融"2021年发布的"2021法国最有价值的150大品牌"排行榜中，安盛位居前三。作为全球领先的保险集团，安盛在全世界五大洲54个市场有着丰富的运营经验，为全球1.05亿客户提供全面、优质、值得信赖的保障服务和解决方案，在健康险、财产险、商业险等领域都拥有丰富的资源与成功的经验，是声誉卓著的全球领先的保险公司。

安盛（AXA）保险从自身业务出发，将保险业务分为财产损失、建筑、环境相关、授信等大类，其中环境相关保险业务总计3个大类，包含环境财产与损失、污染应对服务、场地污染保险，以及进一步细分的9个小类，如表2-4所示。这一分类着重于环境污染领域，与狭义的绿色保险（环责险）定义更为相近。

表 2-4   安盛（AXA）环境相关保险分类

环境财产与损失 Environmental property and casualty	环境设施财产保险 Environmental facilities P&C insurance	财产和意外伤害保险 Property & casualty insurance 污染保险 Pollution insurance
	环境服务财产保险 Environmental services P&C insurance	财产和意外伤害保险 Property & casualty insurance 污染保险 Pollution insurance
	危险品运输财产保险 Hazmat transportation P&C insurance	财产和意外伤害保险 Property & casualty insurance 污染保险 Pollution insurance
污染应对服务 Pollution services	承包商污染法律责任保险（CPL）Contractor's pollution legal liability insurance （CPL）	保险 Coverage 补充保险 Supplemental coverages：
	专业和承包商的污染责任-北美 Professional & contractor's pollution liability-North America	保险 Coverage 补充保险 Supplemental coverages：
场地污染保险 Pollution sites	关闭和关闭后-北美 Closure and post closure-North America	提出索赔 Claims-made 关闭成本 Closure costs 关闭后成本 Post closure costs 纠正措施成本 Corrective action costs 能够根据特定需求进行稿件覆盖 Ability to manuscript coverage to specific needs
	并购交易的环境保险 Environmental insurance for M&A transactions	补救费用的第一方发现和第三方触发因素 First-party discovery and Third-party triggers for remediation expense 第三方 BI、PD 和国防 Third-party BI，PD & defense 法律费用 Legal expense 应急第三方运输 Contingent Third-party transportation 第三方业务中断和价值缩减 Third-party business interruption & diminution of value

续表

		自然资源损害 Natural resources damages
		超出赔偿范围 Excess of indemnity coverage
		废弃材料/午夜倾倒 Abandoned materials / Midnight dumping
		非拥有的处置场地（NODS）Non-owned disposal sites （NODS）
		自动覆盖新获取的位置 Automatic coverage for newly-acquired locations
		霉菌/军团菌 Mold/Legionella
		针对"交易"动态的定制增强功能 Tailored enhancements specific to the "deal" dynamics
场地污染保险 Pollution sites	污染与修复法律责任（PARLL）Pollution & remediation legal liability （PARLL）	理赔范围 Claims-made coverage
		污染法律责任，包括自然资源损害评估 （NRDA）和欧洲环境责任指令 Pollution legal liability，including Natural Resource Damage Assessments （NRDA） and environmental liability directive for Europe
		第一方和第三方补救费用，包括政府或监管机构对先前补救的污染状况的重新开放承保 First-and Third-party remediation expense，including government or regulatory re-opener coverage for previously remediated pollution conditions
		应急运输 Contingent transportation
		救灾费用 Disaster response expense
		绿色建材费 Green building materials expense
		诉讼和传票费用 Litigation & subpoena expense
		财产价值的第三方减少 Third-party diminution in property value
		第一方和第三方模具修复费用和法律责任 First-and Third-party mold remediation expense and legal liability
		含铅油漆和石棉责任 Lead-based paint and asbestos liability
		通过背书延期：Extensions by endorsement：
	保护性环境资产覆盖增强（PEACE）-北美 Protective environmental asset coverage enhancement （PEACE） -North America	

2.2.5 日本 MS&AD 保险

MS&AD 保险集团控股有限公司（MS&AD Insurance Group Holdings，Inc.），简称 MS&AD 保险，是日本的一家保险控股公司，总部位于东京都中央区。旗下企业包括三井住友海上火灾保险、爱和谊日生同和财产保险等财产保险公司，以及三井住友海上 Primary 人寿保险等人寿保险公司。MS&AD 保险与东京海上控股、SOMPO 控股三大集团的保费收入合计占日本财险业界全部收入约 90%，被视为日本财险业界三巨头。根据《财富》世界 500 强排名，MS&AD 控股为全球规模最大的保险集团之一。

根据 MS&AD 保险发布 2022 年度助力 SDG 目标的产品与服务报告，将可持续保险分为地球环境共生、安全可靠的社会等大类，如表 2-5 所示。整体而言，MS&AD 以可持续发展目标为出发点，自然灾害类保险产品尤为丰富。

表2-5　日本MS&AD保险2022年度助力SDG目标的产品与服务报告中可持续保险分类

与地球环境共生（Planetary Health）Symbiosis with global environment（Planetary Health）	生态标志汽车保险 Eco-mark automobile insurance
	Policyholder 应用程序（Mitsui Direct 非人寿保险应用程序）Policyholder app（Mitsui Direct non-life insurance app）
	无纸化、非接触式服务的远程申请程序 Remote application procedures for a paperless, contactless service
	太阳能农产品综合覆盖计划 Comprehensive coverage plan for mega-solar farm products
	小风电综合覆盖方案 Comprehensive small wind power coverage plan
	全面的海上风力发电系统覆盖 Comprehensive off shore wind power generation system coverage
	保险支持绿色电力证书稳定供应 Insurance to support stable supply of green power certificates
	企业火灾保险的碳中和支持特殊条款 Carbon neutral support special clause for corporate fire insurance
	对中小企业的脱碳管理支持 Decarbonization management support for SMEs
	汽车保险"电动汽车充电设备损坏承保特殊条款"Automobile insurance "EV charging equipment damage coverage special clause"
	在汽车保险项下，加氢站暂停运营时的租车费用背书 Endorsement for rental car costs at times of suspended operation of hydrogen stations，under automobile insurance

	碳中和支持 Carbon neutral support
	天气衍生品 Weather derivatives
	天气衍生品 – 台风观察 Weather derivatives-Typhoon Watch
	除雪行业的天气衍生品 Weather derivatives for the snow removal industry
	可再生能源支持服务 Renewable energy support service
	生态保险政策/网络条款 Eco insurance policies/Web clauses
	食品服务企业的产品召回费用保险 -Shoku-eco Products recall expenses insurance for food service businesses-Shoku-eco
	电子政策程序 Electronic policy procedures
	转账网上受理服务 Service for accepting online handling of transfer accounts
	基于移动应用程序的支付服务 Mobile application-based payment service
与 地 球 环 境 共 生	使用智能手机的我的号码注册服务 My number registration service using smartphones
（Planetary Health）	简化索赔文件程序 Simplified claims documents procedure
Symbiosis with global	环境风险咨询服务 Consulting services against environmental risk
environment （Plan-	生物多样性咨询服务 Consulting services on biodiversity
etary Health）	与水有关的风险的简化评估 Simplified evaluations of water-related risks
	批准补偿应对海洋污染的额外费用 Endorsement for compensation of additional costs for responses to marine contamination
	批准污染损害延期赔偿 Endorsement for extended compensation for contamination damage
	计算和可视化温室气体排放量的服务 Service for calculating and visualizing GHG emissions
	可再生能源生产商/聚合商的失衡风险补偿保险 Imbalance risk compensation insurance for renewable energy producers/aggregators
	J-Credit（日本温室气体减排/清除认证）计划参与者支持保险（地方政府）J-Credit （Japan greenhouse gas emission reduction/Removal certification）Scheme participants support insurance （for local governments）
	支付给邻里受害者的慰问金保险（PPA 业务经营者）Sympathy money insurance for payments to neighborhood victims （PPA business operators）
安全可靠的社会 Safe and secure society	网络安全保险 Cybersecurity insurance
	全面的远程办公覆盖计划 Comprehensive telecommuting coverage plan
	基于移动应用程序的支付服务提供商的综合保险 Comprehensive coverage insurance for mobile application-based payment service providers
	共享经济业务覆盖计划 Coverage plan for sharing economy-based business
	一日休闲保险 One-day leisure insurance
	内置保险 Built-in insurance
	RisTech，一项通过数据分析解决社会和企业问题的服务 RisTech，a service that addresses social and corporate issues through data analysis
	网络风险咨询 Cyber risk consulting
	一日保险/一日支援 One-day insurance/One-day supporter

续表

安全可靠的社会 Safe and secure society	TOUGH 互联汽车保险 TOUGH Connected automobile insurance
	GK Mimamoru（基于行车记录仪）汽车保险、TOUGH Connected 汽车保险 GK Mimamoru（Dash cam-based）Automobile Insurance，TOUGH Connected Automobile Insurance
	TOUGH Mimamoru 汽车保险 plus TOUGH Mimamoru automobile insurance plus
	经营管理特别政策条款（适用于运输公司）Special policy clause on business management（applied to transportation companies）
	全面的自动驾驶测试覆盖计划 Comprehensive autonomous drive testing coverage plan
	MaaS 运营商计划 Plans for MaaS operators
	汽车共享平台的汽车保险 Automobile insurance for car share platforms
	智能手机应用程序：Suma-Ho 驾驶能力诊断 Smartphone app：Suma-Ho Driving Ability Diagnosis
	AD Tele-millage，投保人积分计划 AD Tele-millage，points program for policyholders
	事故地图 Accident Map
	为车队保单持有人提供的"F-Dora"行车记录仪远程信息处理服务 "F-Dora" drive recorder telematics service for fleet policy holders
	笹樱导航 Sasaeru Navi
	四大安全–防止驾驶时使用手机的支持服务 Four Safety-Support service preventing the use of mobile phones while driving
	国内船舶安全航行保障服务 Safety navigational support services for domestic vessels
	汽车风险管理服务 Automobile risk management service
	运输安全管理研讨会 Transportation safety management seminar
	驾驶技能提升训练 Driving skill improvement training
	覆盖 COVID-19 的产品 Products with coverage against COVID-19
	COVID-19 人寿保险 COVID-19 life insurance
	地震保险 Earthquake insurance
	全面的无人机覆盖计划 Comprehensive drone coverage plan
	汽车保险：根据灾难支持协议，因借出自己的电动汽车而产生的额外租赁替代汽车费用的特别背书 Automobile Insurance：Special endorsement for additional rental alternative car cost due to lending own electric vehicles based on a disaster support agreement
	天气信息提醒服务 Weather information alert service
	智能手机应用程序：Suma-Ho Smartphone app：Suma-Ho
	智能手机应用程序：Suma-Ho Disaster Navigator Smartphone app：Suma-Ho Disaster Navigator
	损坏设备的维修服务 Repair service for damaged equipment
	支持建立业务连续性管理体系（BCMS）Supporting the establishment of Business continuity management system （BCMS）

安全可靠的社会 Safe and secure society	自然灾害信息调查 Natural disaster hazard information survey
	地震海啸风险管理咨询 Earthquake and tsunami risk management consulting
	水灾对策支援服务 Flood disaster countermeasure support service
	洪水风险信息综合确认系统 Flood risk information integrated confirmation system
	泥沙灾害风险诊断 Sediment-related disaster risk diagnosis
	实时损失预测网站 cmap.dev Real-time damage forecasting website cmap.dev
	疏散保险计划 Evacuation insurance plan
	支持灾民重建生活 Support for rebuilding the lives of disaster victims
	面向国际业务的 BCP 开发支持服务 BCP development support services for international business
	使用 AI 的建筑物损坏计算系统 Building damage calculation system using AI
	气候变化风险分析服务 Climate change risk analysis services
	显示洪水频率变化的预测图 Prediction map showing changes in flood frequency
	带有 "动物警报"（野生动物事故警报）的智能手机应用程序 Smartphone app with "Animal Alert"（wildlife accident alert）
	全面的全球业务覆盖计划 Comprehensive global business coverage plan
	支持企业拓展海外业务 Supporting companies in expanding overseas operations
	出口食品保险 Export food insurance
	对中小企业的人事劳动和工作方式改革支持 Personnel labor and work style reform support for SMEs
	职业健康安全咨询、安全文化建设咨询 Consulting on occupational health and safety, and on development of safety culture
	可持续发展目标（SDGs）推广支持服务 Sustainable Development Goals（SDGs）promotion support services
	新型流感对策等新型传染病咨询 Consulting on new infectious diseases such as new strains of influenza countermeasures
	参与海外公共自然灾害补偿制度 Participation in overseas public natural disaster compensation systems
	可在工作场所完成在线申请程序的征集系统 A solicitation system enabling online application procedures to be completed in workplaces
	具有劳工尽职调查服务的代表和保修保险 Rep and warranty insurance with labor due diligence service
	畜牧业者的动物保险（印度）Animal insurance for livestock farmers （India）
	Family Eye（亲属通知系统）Family Eye （notification system for relatives）

2.2.6 中国太平洋财产保险股份有限公司

中国太平洋保险（集团）股份有限公司是在1991年5月13日成立的中国太平洋保险公司基础上组建而成的保险集团公司，是国内领先的综合性保险集团，并且是首家A+H+G（上海、香港、伦敦）三地上市的保险公司。太平洋保险拥有人寿保险、财产保险、养老保险、健康保险、农业保险和资产管理等在内的保险全牌照，为客户提供全方位风险保障解决方案、财富规划和资产管理服务。

中国太平洋保险（集团）股份有限公司坚守价值，目光长远，着力推动高质量发展，总体经营业绩积极向好，公司综合实力持续增强。公司连续12年入选《财富》世界500强；在"品牌金融"全球最具价值保险品牌100强中排名第5位。2022年，公司营业收入为4 553.72亿元，同比增长3.3%；集团营运利润为401.15亿元，同比增长13.5%；集团管理资产为27 242.30亿元，同比增长4.7%。公司运营能力和服务能级持续提升，为1.7亿多客户提供"责任、智慧、温度"的太保服务。

2022年7月，中国太平洋保险（集团）股份有限公司旗下的子公司——中国太平洋财产保险股份有限公司（以下简称"中国太保产险"）印发了《中国太平洋财产保险股份有限公司可持续（绿色）保险标准指引（试行）》，其中定义可持续（绿色）保险为："可持续（绿色）保险指符合公司新三年可持续发展的战略目标及实施方案的方向和内容，服务国家生态文明建设和社会经济韧性的相关保险业务，具体包括但不仅限于服务生态文明建设的绿色低碳产业和生态环境保护相关的保险业务以及服务社会经济韧性的共富减贫普惠等保险业务。"相比《绿色保险业务统计制度》的定义，这一定义更突出了企业对于自身可持续发展以及服务国家战略的需求，更具有企业特色。

在具体分类方面，该指引共划分了4大类、12小类。

一是专业服务于绿色转型，涵盖服务清洁能源、降低污染消耗、应对气候变化以及生态环境保护。

二是专业服务于民生福祉提升，包含服务乡村振兴与城市治理。

三是专业服务于实体经济，包含服务绿色交通、服务科技创新、服务数字经济与服务中小企业。

四是专业服务于对外开放提质，包含改善基础设施与扩大对外开放。

中国太保产险的可持续（绿色）保险分类从专业服务的领域和方向出发，反映了行业对绿色保险业务发展的实际需求。相比《绿色保险业务统计制度》，中国太保产险的指引更侧重自身实际业务领域，强调了专业服务的质量和效果，要求在服务过程中遵循绿色原则，以实际的保险业务为出发点，落实企业实际运营需要。

第3章 绿色保险的政策与实践

2021年10月24日，我国国务院印发《2030年前碳达峰行动方案》，提出"将碳达峰贯穿于经济社会发展全过程和各方面，重点实施能源绿色低碳转型行动、节能降碳增效行动、工业领域碳达峰行动、城乡建设碳达峰行动、交通运输绿色低碳行动、循环经济助力降碳行动、绿色低碳科技创新行动、碳汇能力巩固提升行动、绿色低碳全民行动、各地区梯次有序碳达峰行动等'碳达峰十大行动'"。

绿色保险作为保险业在环境资源保护与社会治理、绿色产业运行和绿色生活消费等方面提供风险保障和资金支持的经济行为，对于碳达峰目标的实现有非常积极的助力作用。本章分四个小节，从绿色保险对于"能源绿色低碳转型与工业领域碳达峰""节能降碳增效与碳汇能力巩固""绿色交通与绿色低碳全民行动""生态保护与气候变化应对"的支持角度，梳理了碳达峰目标下国内外对于绿色保险发展的典型支持政策以及相关实践。

3.1 绿色保险支持能源绿色低碳转型与工业领域碳达峰

3.1.1 清洁能源产业保险

气候债券倡议组织（CBI）在绿色债券相关政策实践中提出针对清洁能源的政策风险保险机制对于降低投资者的风险是有价值的。一些清洁能源所需的政策支持本身就会带来政策支持被取消的风险。对于清洁能源产业而言，保险是可再生能源产业发展的重要保障，它可以从多个方面为该产业提供支持和保护。

首先，保险可以降低清洁能源项目的风险，提高项目的可行性和吸引力。可再生能源项目通常需要较高的前期投入，而且受到自然因素和市场波动的影响，保险可以为项目提供财务补偿，减轻投资者的损失。其次，保险可以发挥清洁能源对于能源消费结构转型的促进作用，提高清洁能源的使用比例和效率。保险可以为清洁能源设备提供维修和更新的服务，延长设备的使用寿命，提高设备的运行效率，降低设备的故障率。保险可以为清洁能源项目提供专业的咨询和评估，帮助项目优化设计和管理，提高项目的质量和效益。保险也可以为清洁能源项目提供融资和担保的功能，扩大项目的资金来源和规模，增加项目的竞争力和影响力。

3.1.1.1　国际实践

欧洲投资银行（EIB）于 2019 年宣布，将在未来五年内向可再生能源项目提供超过 100 亿欧元的绿色保险支持。该计划旨在为可再生能源项目提供长期的可靠保障，为投资者提供更强大的信心支持。

英国政府于 2012 年推出了名为"绿色新政"（Green Deal）的计划，旨在鼓励家庭和企业采取节能环保措施。为了提供额外的支持和保障，英国绿色保险公司也开始提供绿色保险产品，以覆盖节能环保措施的风险。这些保险产品包括房屋保险、建筑保险、设备保险等。

澳大利亚政府于 2019 年推出气候解决方案基金（Climate Solutions Fund），旨在鼓励企业和家庭采取节能环保措施。该计划还为企业和家庭提供绿色保险支持，以覆盖节能环保措施的风险。这些保险产品包括房屋保险、建筑保险、设备保险等。

印度政府于 2021 年发布了《印度可持续发展目标》的国家行动计划，其中明确提到要支持可再生能源的发展，并通过提供绿色保险支持来促进风能项目的发展。该计划还提出了一些具体的政策措施，如鼓励保险公司开发绿色保险产品、为可再生能源项目提供贷款和投资等。

由此可见，许多国家都出台了相关政策措施，用以支持清洁能源和节能环保产业相关保险的发展，保险支持范围涵盖发电企业、制造业以及居民生活等领域。但是目前的支持政策多以对于清洁能源和节能环保产业本身的支持为主，而对于清洁能源和节能环保产业保险还是作为相关的保障措施来提供激励，很少有专门对于清洁能源产业保险的支持政策。

3.1.1.2　中国实践

我国发改委能源研究所可再生能源发展中心于2015年6月发布的《我国分布式光伏发电政策路线研究》，明确提出到2025年，创新商业模式和金融支持模式都是支持分布式光伏发展的重要举措，应鼓励众筹、资产证券化等金融创新方式，建立完善项目风险评估机制，吸引保险机构的介入，建立风险共担机制。

2019年，《中国风电叶片质量与保险研究白皮书》作为最佳实践案例同步发布，为保险从业人员及相关企业参保提供了详尽的参考依据。

保险行业协会发布的《中国保险业服务碳达峰、碳中和目标倡议书》提出，保险业要发挥保险资金规模大、期限长等优势，通过债权计划、股权计划、保险私募基金等方式，为战略性新兴产业、低碳节能产业、清洁生产产业、清洁能源和可再生能源产业等提供长期稳定的资金支持。

2021年9月3日，工业和信息化部、人民银行、银保监会、证监会四部门联合发布《关于加强产融合作推动工业绿色发展的指导意见》，明确提出把"提高绿色保险服务水平"作为主要任务之一，"鼓励保险机构结合企业绿色发展水平和环境风险变化情况，科学厘定保险费率，提高保险理赔效率和服务水平。加强绿色保险产品和服务创新，鼓励企业投保环保技术装备保险、绿色科技保险、绿色低碳产品质量安全责任保险等产品。发挥首台（套）重大技术装备、首批次材料和首版次软件保险补偿机制作用，加快新产品市场化应用。鼓励将保险资金投向绿色企业和项目"。

2022年12月，深圳发改委发布的《深圳市关于大力推进分布式光伏发电的若干措施》针对创新光伏项目投融资服务明确提出鼓励各类基金、保险、信托等与产业资本结合。

2023年，上海银保监局等八部门联合印发的《上海银行业保险业"十四五"

期间推动绿色金融发展服务碳达峰碳中和战略的行动方案》提出：

1.推进重点行业绿色发展。鼓励银行保险机构加大对重点行业金融支持，研究制定细分行业和领域的授信支持政策和保险方案。支持风电光伏、储能与调峰等新基建发展，加大对新能源项目支持。

2.推进重点企业绿色改造。鼓励银行保险机构支持钢铁、能源等碳减排重点企业绿色改造，加快推进钢铁生产流程低碳转型、清洁能源替代、节能挖潜改造，探索开展低碳前沿技术创新试点；推进重点用能企业节能降碳改造和管理水平提升，推进重点用能设备节能增效，推动高耗能、高排放、低水平项目改造升级。

3.推进绿色科技发展。鼓励保险机构聚焦光伏、氢能、储能、碳捕集、碳封存等前沿绿色技术，识别技术研发、设备制造、设施运维等关键环节的风险点，研究开发有针对性的绿色保险产品。鼓励银行保险机构投入公益项目资金支持节能环保、可再生能源、碳捕集和资源化利用等绿色创新解决方案的科技攻关，推动低碳/零碳/负碳前沿技术研究，推动绿色生产、绿色农业、绿色建筑、绿色交通等领域技术进步。

4.丰富绿色保险产品和保障体系。深化绿色保险在节能环保、清洁能源领域应用，研发环保技术装备保险、首台（套）重大技术装备保险、海上风电专属保险、太阳能光伏日照指数保险和组件效能保险等。

《广东省气候资源保护和开发利用条例》（以下简称《条例》）由广东省十三届人大常委会第四十七次会议于2022年11月30日审议通过，12月2日公布，自2023年3月1日起施行。《条例》的制定出台，是实现碳达峰碳中和目标的具体举措，对维护生态安全和推进高质量发展具有重要意义。气象指数型巨灾保险是广东首创保险产品模式。《条例》在鼓励发展气象指数型巨灾保险和政策性农业保险的同时，支持开发太阳能、风能等气象指数保险产品，有效提高政府气象灾害应急救助能力，以及相关企业在开发利用气候资源方面的抗风险能力。

2021年7月，浙江嘉兴市经信局发布《嘉兴市光伏产业链提升方案》，提出"十四五"期间，嘉兴分布式光伏装机容量目标任务将由原先100万千瓦提升至200万千瓦。开展户用光伏系统保险补偿业务，设立《户用光伏系统推广应用指导目录》，鼓励保险公司为目录内光伏组件、逆变器、连接器等提供定制保险，切实破解屋顶业主"不敢用"的顾虑。

2021年12月，浙江宁波市能源局发布《宁波市促进光伏产业高质量发展实施方案》，提出鼓励银行、保险等金融机构创新投融资模式，实施促进光伏发展的绿色保险、绿色债券及信贷政策，对有市场、有订单、有效益、有信誉的光伏企业提供资金支持。

3.1.2　环境污染责任保险

环境污染责任保险是以企业发生污染事故对第三者造成的损害依法应承担的赔偿责任为标的的保险。排污单位作为投保人，依据保险合同按一定的费率向保险公司预先交纳保险费，就可能发生的环境风险事故在保险公司投保，一旦发生污染事故，由保险公司负责对污染受害者进行一定金额的赔偿[14]。环境污染责任保险作为最具代表性的绿色保险，在国际以及我国的实践由来已久。

3.1.2.1　国际实践

目前，国外的环境污染责任保险比较典型的模式有强制保险模式、混合保险模式和任意保险模式三种[15]，如表3-1所示。

表 3-1　　　　　　　　　国外环境污染责任险情况一览表

模式	代表国家	具体立法	承保范围	承保机构
强制保险模式	美国 瑞典 巴西 芬兰	1969年，美国推出《国家环境政策法》，后续出台《资源保全与恢复法》等法律，将环境污染所承担的责任定性为无过错责任，促进环境保险市场兴起扩大；瑞典《环境损害赔偿法》对环境损害赔偿的适用条件、运作程序、司法保障等做了具体规定；巴西《环境法》规定，环境污染保险具有强制性；芬兰规定企业的经营活动只要存在环境污染的可能性，就必须参保	渐发、突发、意外的污染事故及第三者责任	美国成立专门环境保护保险公司，降低了风险测算的难度，集中力量突破技术壁垒，有效应对环境突发事件

续表

模式	代表国家	具体立法	承保范围	承保机构
混合保险模式	德国	除去被强制要求投保的部分污染企业，其他企业要么可以选择对绿色保险进行投保，要么可以利用信贷机制或政府担保等为自身提供财务上的担保证明。德国《环境责任法》规定特定设施的所有人对存在的重大环境责任风险要履行一定的预先保障义务；在《环境损害赔偿法草案》中，以强制保险作为公害责任保险的一般性原则	大气和水污染造成的污染事故及财产损失	德国成立专门的承保机构和金融公司
任意保险模式	英国法国	政府仅针对一部分环境污染程度比较严重的企业采取强制投保绿色保险的办法，而对其他的企业较为宽松，对于它们是否投保相关产品不做硬性规定。英国《核装置法》要求安装者负责投保最低 500 万英镑的责任保险；英、法两国均执行《国际油污损害民事责任公约》《国际油污损害赔偿基金公约》的规定，在海洋油污损害赔偿方面采用强制责任保险制度	偶然、突发、反复性或持续性事故所引起的环境损害	英国各类财产保险公司自愿承保环境责任保险；法国由国内外保险公司共同组成污染再保险联营集团承保环境责任保险

（1）强制保险模式

强制保险模式即对于哪些类型的企业需要被强制投保进行了硬性规定，主要代表国家有美国、瑞典、巴西、芬兰。以芬兰为例，该国在20世纪末就颁布了与环境损害相关的法律，规定只要企业的经营活动存在环境污染的可能性，就必须进行参保，还规定了针对一次事故的理赔最高额度。

（2）混合保险模式

混合保险模式是一种将强制保险与财务担保结合起来的实施方法，除去被强制要求投保的部分污染企业，其他企业要么可以选择对环境污染责任保险进行投保，要么可以利用信贷机制或政府担保等为自身提供财务上的担保证明。

（3）任意保险模式

任意保险模式是指政府仅针对一部分环境污染程度比较严重的企业采取强制投保环境污染责任保险的办法，而对其他的企业较为宽松，对于它们是否投保相关产品不做硬性规定。由于企业具有趋利性，若不采取强制手段，将很难保证政策的落实以及环境污染的减轻。而任意保险模式就比较适合环境污染责任保险刚刚起步的地区，既不会过分引起企业的逆反心理，也不会阻碍政策的实施，又能帮助环境污染责任保险平稳有序地开展。

3.1.2.2　中国实践

我国环责险的实践由来已久。我国环境污染责任保险的发展历程可大致划分为三个阶段。第一个阶段是1991年到2006年，是我国在东北地区对环境污染责任保险的初步尝试与探索阶段，属于自愿参加模式。第二个阶段是2007年到2012年的小面积多省市试点阶段。2007年12月，国家环保总局联合保险监督管理委员会发布《关于环境污染责任保险工作的指导意见》，鼓励各级环保部门和各级保险监管部门积极开展环境污染责任保险制度的研究及试点示范工作。其试点范围由东北个别城市逐渐扩增到湖南、深圳、江苏等多地，属于企业投保、政府支持的自愿模式。第三阶段是2013年开始在全国范围内开展环境污染强制责任保险试点。2013年1月21日，环境保护部、保监会发布《关于开展环境污染强制责任保险试点工作的指导意见》，明确了环责险的推进意义，对环境污染强制责任保险的试点企业范围也做出了界定。

表3-2、表3-3、表3-4梳理了我国中央与地方层面环境污染责任保险相关法规、规章、规范性文件以及各地环境污染责任保险激励与约束政策。可以看出，环责险在我国已经是一个有较多实践的绿色保险险种。2019年湖州市更是出台了我国首个环责险地方标准《环境污染责任保险风险评估技术规范》。但是全国各地环责险的实践依旧处于当地试点的阶段，尚未形成统一的全国或区域间的环责险标准。

表3-2   我国中央层面环境污染责任保险相关法规

分类	文件名称（发布或修订时间）	涉及条款
法律	《中华人民共和国海洋环境保护法》（2017年修订）	第66条
	《中华人民共和国核安全法》（2017年）	第90条第3款
	《中华人民共和国固体废物污染环境防治法》（2020年）	第99条
	《中华人民共和国长江保护法》（2020年）	第51条
行政法规	《中华人民共和国海洋石油勘探开发环境保护管理条例》（1983年）	第9条
	《危险化学品安全管理条例》（2013年）	第57、92条
	《防治海洋工程建设项目污染损害海洋环境管理条例》（2018年修订）	第27条
	《防治船舶污染海洋环境管理条例》（2018年修订）	第51、71条
	《中华人民共和国内河交通安全管理条例》（2019年修订）	第12、67条
部门规章	《中华人民共和国船舶油污损害民事责任保险实施办法》（2013年）	第1~20条
	《中华人民共和国防治船舶污染内河水域环境管理规定》（2015年）	第11条
	《关于开展环境污染强制责任保险试点工作的指导意见》（2013年）	全文
	《环境污染强制责任保险管理办法（草案）》（2018年）	全文

表3-3   我国地方层面环境污染责任保险相关法规

分类	文件名称（发布时间）	涉及条款
地方性法规	《湖南省湘江保护条例》（2012年）	第44条第2款
	《巢湖流域水污染防治条例》（2014年）	第42条
	《陕西省大气污染防治条例》（2013年）	第42条、第21条 第2款
	《湖北省土壤污染防治条例》（2016年）	第19条
	《广东省环境保护条例》（2016年）	第61条
地方政府规章	《南京市开展环境污染强制责任保险实施办法》（2015年）	第1~17条
	《关于构建首都绿色金融体系的实施办法》（2017年）	第10条
	《沧州市生态环境保护责任规定（试行）》（2017年）	第55条
	《河北省生态环境保护责任规定（试行）》（2017年）	第57条
地方规范性文件	《无锡市环境污染责任保险实施意见》（2011年）	全文
	《河北省开展环境污染强制责任保险试点工作实施方案》（2013年）	全文
	《江苏省关于开展环境污染强制责任保险试点工作的指导意见》（2013年）	全文
	《湖北省环境污染强制责任保险推动方案》（2013年）	全文
	《河南省关于开展环境污染强制责任保险试点工作的指导意见》（2013年）	全文

续表

分类	文件名称（发布时间）	涉及条款
地方规范性文件	《河北省关于开展环境污染强制责任保险试点工作的指导意见》（2013年）	全文
	《山东省关于开展环境污染强制责任保险试点工作的指导意见》（2013年）	全文
	《江西省关于开展环境污染强制责任保险试点工作的指导意见》（2013年）	全文
	《安徽省关于开展环境污染强制责任保险试点工作的指导意见》（2015年）	全文
	《云南省关于开展环境污染强制责任保险试点工作方案的通知》（2016年）	全文
	《深圳市环境污染强制责任保险工作实施方案（征求意见稿）》（2017年）	全文
	《盐城市环境保护局关于推进环境污染强制责任保险工作的通知（征求意见稿）》（2018年）	全文
	《武汉市生态环境损害赔偿制度改革实施方案》（2019年）	全文
	《深圳市环境污染强制责任保险实施办法》（2021年）	全文

表3-4　　　　　　　　　　我国各地区环境污染责任保险激励与约束政策

地区	激励政策	约束政策
无锡	保费补贴 污染防治资金优先解决 实施差别化信贷政策	企业环境行为信息公开等级评定降级 不予出具环保守法证明 未及时整改，约定拒赔
江苏	保费的40%给予补贴	/
海宁	保费补助	企业负责人约谈，下发《告知函》
浙江	专项资金扶持 企业环境信用等级评价 环境经济政策 环保管理考核	与排污许可、危险废物经营许可结合
湖南	环境信用等级评价上予以加分	环境信用等级评价上予以扣分
四川	环保专项资金和重金属污染防治专项资金优先考虑和倾斜 银监系统纳入绿色信贷支持范围 续保保费优惠	将企业是否投保与审核换发排污许可证、危险废物经营许可证等制度紧密结合 将企业投保情况纳入环境信用评价内容
深圳	作为评优评先、信用管理等依据	责令改正，拒不改正的，依法予以处罚

续表

地区	激励政策	约束政策
湖州	财政补助 专项资金优先安排 评选先进活动时优先进行评级 优先放贷	不得安排环保专项资金 不得推荐各类评优评先
贵州	环境保护专项资金或重金属污染防治专项资金倾斜 污染治理、风险源整治、应急处置能力建设等工作上政策倾斜 纳入企业环境行为信息公开评价体系 作为企业参与各类创先评优和上市融资审核的内容	与建设项目环境影响评价文件审批、核发和换发排污许可证和危险废物经营许可证、清洁生产审核，危险废物转移联单管理、开展行业准入审查、上市环保核查、申报环保专项资金、建设项目竣工环境保护验收等制度结合 暂停环境保护专项资金、重金属污染防治专项资金等申请 金融机构提供评级、信贷准入退出和管理依据 加大对环境污染事故、事件肇事单位的处罚力度
山东	/	责令限期投保或者续保，并对其环境信用进行评价
云南	专项资金倾斜 鼓励和引导金融机构优先放贷	1.暂停企业申请的环境保护相关专项资金 2.在该企业环境行为信用评价中，降低其信用等级 3.加大对该企业环境监管力度 4.暂缓审批企业排污许可证核发、年检申请
福建 （厦门）	专项资金优先安排 同企业环境信用评价相挂钩 税务部门对保险费予以税前扣除 价格主管部门加强对"环保体检"技术服务和鉴定价格的指导	与建设项目环评审批、排污许可证核发、清洁生产审核等紧密结合 暂停其环保专项资金的申请 将企业投保情况作为客户评级、信贷准入退出和管理的依据
天津	纳入企业环境信用评价体系 作为企业参与各类创先评级、ISO14000认证、上市融资等内容 环境保护专项资金优先 建设项目环保审批优先 优先进行评级	/
宁夏	污染防治资金给予优先解决	新、扩建项目环保限批 企业环境行为信息公开等级评定降级 评选先进一票否决 不予出具环保守法证明

3.1.3   碳保险

关于碳保险概念和范围的界定，起初学术界并未形成统一的共识。有的学者从碳金融入手，指出碳金融是环境金融的一个分支，是旨在减少温室气体排放以及转移碳交易风险的各种金融制度安排和金融交易活动，既包括碳排放权及其衍生品的交易、低碳项目开发的投融资，也包括碳保险、碳基金以及其他相关金融中介活动和碳交易币种的确定等制度安排[16]。有的学者从保险产品的角度出发，提出低碳保险因为低碳技术的科技含量较高，研发过程、研发成果运用存在诸多不确定性，是引入低碳技术相关行业的科技保险，"低碳保险是保险业提供的低碳产品"[17]。也有学者从碳排放权交易相关概念出发，认为碳保险是基于碳排放交易权的衍生发展[9]，以《联合国气候变化框架公约》和《京都议定书》为前提，基于这两个国际条约对碳排放的安排而存在，或是保护在非京都规则中模拟京都规则而产生的碳金融活动的保险[18]。

在中国证券监督管理委员会2022年4月12日发布的《碳金融产品》（金融行业标准JR/T0244-2022）中，"碳保险"属于"碳市场支持工具"（Carbon supporting instruments，为碳资产的开发管理和市场交易等活动提供量化服务、风险管理及产品开发的金融产品）之一。碳保险（Carbon insurance）是为降低碳资产开发或交易过程中的违约风险而开发的保险产品，目前主要包括碳交付保险、碳信用价格保险、碳资产融资担保等。《绿色保险业务统计制度》中将碳保险归为环境、社会、治理（ESG）风险保险业务大类中气候变化风险类保险，指为减少碳排放所产生的特定交易、技术、行为和设备提供保障、降低损失风险的保险产品。

总体来看，碳保险可以被界定为与碳信用、碳配额交易直接相关的金融产品，主要围绕碳配额交易展开，旨在为与碳排放与碳配额相关的技术、行为和设备等提供风险保障。

3.1.3.1   国际实践

目前国际上碳保险主要有碳信用价格保险、碳交付保险、清洁发展机制支付风险保险等。

国际碳保险的具体产品案例总结如下[19]：

（1）碳减排交易担保

2006 年，瑞士再保险公司（Swiss Re）的分支机构——欧洲国际保险公司针对碳信用价格，提供了一种专门管理其价格波动的保险[20]。之后，又与澳大利亚保险公司 Garant 合作，根据待购买的减排协议来开发碳交付保险产品[21, 22]。

（2）碳排放信贷担保

碳排放信贷担保重点是让私营公司参与减抵项目和排放交易，如美国国际集团与达信保险经纪公司合作推出碳排放信贷担保与其他新的可再生能源相关的保险产品等[18, 22]。

（3）清洁发展机制（CDM）支付风险保险

CDM 支付风险保险为价格波动和《京都议定书》项目风险承保，承保清洁发展机制和联合履约交易以及低碳项目评估及开发活动中有关的《京都议定书》列出的固有风险，覆盖了 CDM 项目中产生的项目注册及经核证的减排量（CERs）核证失败或延误等风险，即如果 CDM 项目投资人因 CERs 核证或发放问题而受损，保险公司将提供 CDM 项目投资人预期获得的 CERs 或等值的赔偿[23, 24]。例如瑞士再保险与私人投资公司 RNK Capital LLC（RNK）合作，提供碳市场的首个保险产品，用于管理碳信用交易中与《京都议定书》相关的风险。

（4）碳损失保险

2009 年 9 月澳大利亚承保机构斯蒂伍斯·艾格纽（STEEVES AGNEW）于全球首次推出了碳损失保险，为因森林大火、雷击、冰雹、飞机坠毁或暴风雨而导致森林无法实现已核证减排量所产生的风险提供保障。在条款事件被触发时根据投保者的要求为其提供等量且经核证的减排量（CERs）[23]。

（5）碳信用保险

企业作为减排指标的生产者，在项目运营过程中主要面临两大类风险，即传统的项目风险（包括技术的不成熟、自然灾害等）和碳信用认证方面的政策风险。通过碳信用保险的方式可以帮助企业转移风险，也可使减排或新能源企业更容易获得事前的项目融资，在客观上起到了企业信用增级的作用。如英国 Kiln 保险集团签发的碳信用保险产品，被保对象是一家银行。该项合同中，银行作为碳信用的买方，首先购买"碳期权"，即在约定期限内以合同约定的价格购买碳信用的权利。在期权可行权期限内，若碳信用价格高于行权价格，则银行将行使买权，再以市场价出售碳信用。

（6）碳信用交付担保保险

碳信用交付担保保险是指很多大型清洁能源投资项目可以将自己未用完的碳信用出售给需要更多碳信用的企业，但由于新能源项目本身在整个运营过程中面临着各类风险，这些风险都可能影响到企业碳信用交付的顺利进行。而建立碳信用交付担保保险则可为项目业主或融资方提供担保和承担风险，将风险转移到保险市场[18]。例如，2008年3月17日，世界银行集团成员国际金融公司在撒哈拉以南非洲和南亚签署了首个碳信用交付担保保险。该碳金融产品可以通过降低国家和项目风险，让出售碳信用的公司有机会接触更广泛的潜在买家，有助于更好地推动这些地区的碳市场发展。

（7）碳交易信用保险

碳交易信用保险是指以碳排放权交易过程中合同约定的排放权数量为保险标的，对买方或卖方因故不能完成交易时权利人受到的损失提供经济赔偿的一种担保性质的保险[25]。该保险为买卖双方提供了一个良好的信誉平台，有助于激发碳市场的活跃性。如2004年联合国环境署、全球可持续发展项目（GSDP）和瑞士再保险公司推出了碳交易信用保险[20]。由保险或再保险机构担任未来核证排减量的交付担保人，当根据商定的条款和条件当事方不履行核证减排量时，担保人承担担保责任。该保险主要针对合同签订后由于各方不能控制的情况而使合同丧失了订立时的基础进而各方得以免除合同义务的"合同落空"情形，例如政治风险、营业中断。

（8）森林碳汇保险

森林碳汇保险是指以天然林、用材林、防护林、经济林以及其他可以吸收二氧化碳的林木为保险标的，对林木的整个成长过程中可能遭受的自然灾害和意外事故导致吸碳量的减少所造成的损失提供经济赔偿的一种保险[26]。森林碳汇保险不同于传统的森林保险，两者在保险标的、保险金额的确定方法、保费来源等方面存在明显的区别。

表 3-5 梳理了国外一些典型碳保险产品的相关情况与发行地。

表3-5 国外一些典型碳保险产品的相关情况与发行地

保险产品	简介	发行地
碳减排交易担保	针对碳信用价格，提供专门的保险，管理其价格波动	欧洲
碳排放信用保险	重点是让私营公司参与减抵项目和排放交易	美国
清洁发展机制支付风险保险	承保 CDM、低碳项目评估及开发活动中有关《京都议定书》列出的风险、覆盖 CDM 项目注册及核证的减排量（CERs）核证失败或延误风险	欧洲
碳损失保险	承保因森林大火、雷击、冰雹、飞机坠毁或暴风雨导致的森林无法实现已核证减排量的风险，并提供等量已核证的减排量	澳大利亚
碳信用保险	使减排或新能源企业更容易获得融资，信用增级	英国
碳信用交付担保保险	承保碳信用交付风险，为项目业主或融资方提供担保	撒哈拉以南非洲和南亚
碳交易信用保险	以排放权为保险标的，赔偿不能完成交易的损失	欧洲

3.1.3.2 中国实践

我国许多地方已经出台了相关政策文件，明确提出了对于"碳保险"的支持。例如上海市在《上海"十四五"期间推动绿色金融发展服务碳达峰碳中和战略的方案》中提到"鼓励保险机构研究碳排放数据模型，建立行业碳排放风险指数标准"，江苏省在《江苏银行业保险业深化绿色金融服务行动方案》中提出"丰富绿色保险产品服务。顺应低碳发展趋势，丰富绿色保险产品，探索差别化的保险费率机制，积极发展碳保险等绿色金融业务"等等。相关文件整理如表3-6所示。

表3-6 国内"碳保险"相关政策文件

时间	文件名	发布机构	内容
2020年10月	《关于金融支持浙江经济绿色发展的实施意见》	浙江银保监局、浙江省生态环境厅、浙江省经济和信息化厅、浙江省住房和城乡建设厅	（十二）支持低碳循环经济。支持银行保险机构开展各类基于碳排放权资产的抵质押、回购业务。探索开展碳租赁、碳资产证券化等创新业务，支持碳保险、碳指数开发及应用。探索建立"个人碳账户"机制，运用绿色支付、绿色出行等信息实施个人碳积分激励机制
2021年10月	《抚州银保监分局关于加快发展绿色保险的指导意见》	抚州银保监分局	（七）发展气候变化风险管理类业务。稳妥有序开展农业巨灾保险试点，将洪涝灾害、旱灾、冻灾等作为保险灾害种类，逐步覆盖水稻种植、畜牧水产养殖等农业相关领域，不断丰富农业灾害保险产品，保障农业农村经济稳定运行。顺应低碳发展趋势，积极发展碳保险、气候保险等绿色保险业务，助力市场主体有效应对和预防气候变化对生产经营造成的不利影响
2022年1月	《关于推进湖北银行业保险业绿色金融发展的指导意见》	湖北银保监局	（十四）推动碳金融创新。鼓励各银行保险机构积极配合湖北省碳排放权交易市场建设，依托全国碳排放权注册登记结算系统落户武汉的契机，支持湖北打造碳金融高地。鼓励积极开展碳排放权质押贷款、附加碳收益绿色债券、碳资产托管协议、碳保险等业务，帮助企业盘活碳资产，实现节能减排目标。引导和撬动金融资源向低碳项目、绿色创新项目倾斜，增强金融体系管理气候变化相关风险的能力，通过交易为碳排放合理定价
2022年2月	《宁夏银行业保险业支持经济社会发展全面绿色低碳转型的指导意见》	宁夏银保监局	（十三）支持生态环境高水平保护。鼓励银行保险机构大力支持宁夏建设环境污染防治率先区，深化绿色金融产品和服务创新。支持运用账户管理、支付结算等专业能力，为市场主体管理碳资产，激活碳价格，引导生产要素流向绿色创新领域。积极发展碳保险等绿色保险业务。将生物多样性保护纳入绿色金融支持范围，加强对动植物资源保护、生态功能区保护、河湖湿地保护等生态保护修复类项目和企业的信贷及保险支持

续表

时间	文件名	发布机构	内容
2022年5月	《江苏银行业保险业深化绿色金融服务行动方案》	江苏银保监局	11.丰富绿色保险产品服务。顺应低碳发展趋势，丰富绿色保险产品，探索差别化的保险费率机制，积极发展碳保险、气候保险、新能源保险等绿色金融业务，助力市场主体有效应对和预防气候变化对生产经营造成的不利影响。配合生态环境等部门推进环境高风险领域企业投保环境污染责任保险。支持保险机构大力发展安全生产责任保险产品。鼓励保险机构积极开发生态环境责任类保险、生态产品价格指数类保险、绿色产品质量类保险、绿色企业贷款保证保险类产品，充分发挥商业保险在生态文明体系建设中的重要作用
2022年11月	《绿色保险业务统计制度》	中国银保监会	[1.1.2 碳保险]：指为减少碳排放所产生的特定交易、技术、行为和设备提供保障、降低损失风险的保险产品
2023年1月	《上海"十四五"期间推动绿色金融发展服务碳达峰碳中和战略的方案》	上海银保监局、上海市发改委、上海市经信委、上海市科委、上海市生环局、上海市住建委、上海市交通委、上海市地方金融监管局	11.推进绿色生活方式构建。鼓励银行保险机构围绕"衣食住行用"等日常行为，主动开发绿色消费信贷、绿色理财、绿色保险等金融服务和创新产品。27.推动建立碳金融评价标准体系。鼓励银行保险机构加强对企业和项目环境信息、碳排放数据的收集与评估，探索碳排放融资效益标准化测算方法与应用，通过与碳减排量挂钩的差异化融资定价引导企业重视环境效益。鼓励保险机构研究碳排放数据模型，建立行业碳排放风险指数标准；依据参保企业碳排放量以及有效的环境指标，将碳交易价格纳入保险费率要素，通过差异化费率帮助参保企业提升污染治理和环境管理水平。积极推动建立碳排放评价标准，推动将企业绿色金融行为纳入碳评价体系
2023年2月	《国务院关于支持山东深化新旧动能转换推动绿色低碳高质量发展的意见》	国务院	（九）强化绿色金融体制创新。支持山东探索促进绿色金融创新的工作机制，加强银行保险机构绿色金融业务发展情况的监测评估，引导金融资源支持高碳行业企业向低碳转型及绿色低碳技术研发和成果转化。支持有条件的银行保险机构在山东开展碳账户、碳保险、碳资产证券化等探索创新。支持银行机构针对绿色金融业务实施专项激励，通过调整内部资金转移定价和经济资本占用等方式引导信贷资源绿色化配置，鼓励保险机构将企业环境与碳减排等纳入投资决策体系与保费定价机制

我国早在 2016 年就有围绕碳保险相关的产品实践，如表 3-7 所示。总体来看，我国碳保险与国际上相似，主要分为两大领域，一是围绕碳排放权交易以及碳金融衍生品，用于为碳减排企业提供风险保障；二是围绕碳汇领域，例如林木碳汇、草地碳汇、海洋碳汇和湿地碳汇等，为碳汇的碳减排量产出以及碳汇资源本身的价值属性提供保障。

表 3-7   我国碳保险产品 [27]

时间	保险产品	简介
2016 年	碳保险	为碳交易企业开发的一系列保险产品的总称
2017 年	碳配额质押融资保险	控排企业用碳配额向银行申请贷款，购买保险进行信用增级，如违约，保险公司赔付银行
2018 年	碳配额抵押贷款保证保险	由控排企业将自身拥有的碳配额作为抵押物实现融资，用保险分散风险
2021 年 4 月	林业碳汇指数保险	年中森林累计损失面积达到 232 亩时，进行赔付
2021 年 5 月	林业碳汇价格保险	承保林业碳汇价格损失风险
2021 年 9 月	碳交易损失险	承保自然灾害、意外事故、操作失误、电气风险等造成的碳减排设备故障停机，额外碳排放产生的碳配额或自愿减排量损失
2021 年 11 月	碳配额质押贷款保证险	由碳配额所有人投保，保障质权人实现质权差额补偿
2022 年 1 月	草原碳汇遥感指数保险	使用遥感技术评估草原生长情况而设计的保险方案
2022 年 5 月	海洋碳汇指数保险	当海洋环境变化造成海草床碳汇减弱时，进行补偿
2022 年 6 月	湿地碳汇遥感指数保险	承保自然灾害造成的湿地碳汇损失，也鼓励超额完成碳汇目标
2022 年 8 月	农业碳汇保险	承保火灾、冻灾、泥石流等自然灾害与土壤肥力不足及管理失误等事故造成的碳汇损失

3.2   绿色保险支持节能降碳增效与碳汇能力巩固

3.2.1   绿色建筑保险

绿色建筑是指在建筑的全寿命周期内，最大限度地节约资源、保护环境和减少污染，为人们提供健康、适用和高效的使用空间，与自然和谐共生的建筑。绿色建

筑保险是为绿色建筑行业有关建筑物、产品、装备、相关人员的职业责任等提供风
险保障的保险，保障范围包括绿色建筑质量、绿色建筑财产、绿色建筑专业人员职
业责任、绿色建筑贷款、绿色标准及法律法规变动等等。

3.2.1.1 国际实践

建筑作为与人们日常生活息息相关的居所和活动场所，其安全性与节能减排的
重要性不言而喻。国外绿色建筑保险发展历时不到 30 年，目前依然处于发展和规
模扩张阶段。1993 年，美国就以政府出资，带动社会力量共同开发 "绿色建筑保
险" 试点。直到 21 世纪初，国外绿色建筑保险才初具规模，正式步入发展轨道，
并形成了绿色建筑财产保险和绿色建筑职业责任保险两大种类[28]。国际绿色建筑
保险典型实践见表 3-8：

表 3-8 国际绿色建筑保险典型实践

保险公司	产品	特点
美国：Fireman's Fund	Green Gard 绿色建筑保险 针对家庭住宅的绿色保险并研发绿色建筑升级财产保险 绿色建筑保险和绿色建筑升级财产保险合二为一的绿色建筑保险产品	明确表示保障专业人员的承诺的担保风险和未取得绿色认证时的索赔风险；保障绿色认证建筑后续运行过程中可能发生的诉讼风险；保障绿色施工设计、节能节水设计、材料选择、绿色室内环境设计等更多绿色设计责任风险等等[29]
美国：Argo 保险经纪公司	绿色建筑职业责任保险	
德国：Hannover Re 欧洲股份公司和 Klima Protect（b2b Protect 有限公司）	"节能保护"（Energy Efficiency Protect，EEP）保险方案	通过 EEP 保险，节能服务公司可为与其客户之间的节能担保合同进行投保。若未实现担保的节能量，业主将获得赔偿，因此提升了业主和银行对节能项目的信心 EEP 保险基于对项目节能潜力的分析，包括供应商及其节能项目的深入评估，验证节能服务公司已成功实施的项目的技术和计算方法，可以精确分析对节能项目投保的程度和条件。在此分析过程中，节能服务公司、Klima Protect、保险公司、再保险公司和外部专家紧密合作。EEP 面向欧洲节能服务公司，这些公司为客户提供节能量担保

3.2.1.2 中国实践

中国建筑节能协会统计发布的《2022 中国建筑能耗与碳排放研究报告》显示，我国建筑全过程能耗占全国能源消费总量的 45%，碳排放量占全国排放总量的 50.6%，建筑行业的绿色转型对于实现"双碳"目标至关重要[28]。我国多地都出台了相关的政策文件，对绿色建筑保险提出了明确支持，比如在广州市、江西省赣江新区等绿色金融改革试验区的总体方案中，就明确提及支持绿色建筑保险的发展。各地政府在绿色建筑保险方面有所侧重，但总体上都关注于绿色建筑保险产品的创新、绿色金融与绿色建筑产业的融合发展以及绿色建筑风险管理。这些政策有助于推动绿色建筑的发展，实现绿色低碳发展目标。

广东省广州市的政策主要鼓励保险资金以股权、基金、债权等形式支持绿色建筑项目和园区建设。这表明广州市政策关注于为绿色建筑提供多元化的金融支持，以促进绿色建筑的发展。

新疆维吾尔自治区哈密市、昌吉州和克拉玛依市主要强调创新绿色保险产品，加大农业保险支持力度，并鼓励商业性保险机构为低能耗建筑、绿色建筑提供保险保障。这表明新疆地区政策关注于绿色建筑保险产品的创新，以及农业保险在绿色建筑领域的应用。

江西省赣江新区通过政策鼓励商业保险公司为绿色建筑提供风险保障。这表明赣江新区政策关注于绿色建筑的风险管理，以降低绿色建筑项目的风险。

重庆市则明确提出开展金融支持绿色建筑试点、重点支持绿色金融和绿色建筑产业的深度融合，推进绿色建筑性能保险等绿色建筑保险产品的创新。这表明重庆市政策关注于绿色金融与绿色建筑产业的融合发展，以及绿色建筑保险产品的创新。

云南省通过相关政策设定了具体的绿色建筑目标，并强调探索创新绿色金融支持绿色建筑发展的体制机制，推动建筑领域绿色低碳发展，促进建筑领域绿色信贷增长，增强保险对绿色建筑的保障功能。这表明云南省政策关注于绿色建筑的整体发展，以及绿色金融在推动绿色建筑发展中的作用。

详情如表 3-9 所示:

表 3-9   我国绿色建筑保险相关政策文件

发布时间	地区	文件名称	发布部门	主要内容
2017年6月	广东	《广东省广州市建设绿色金融改革创新试验区总体方案》	中国人民银行、国家发展改革委、财政部、环境保护部、银监会、证监会、保监会	鼓励保险资金以股权、基金、债权等形式,支持区内轨道交通工程、绿色建筑等重点绿色项目和园区建设
2017年6月	新疆	《新疆维吾尔自治区哈密市、昌吉州和克拉玛依市建设绿色金融改革创新试验区总体方案》		创新绿色保险产品,加大农业保险支持力度,鼓励商业性保险机构为低能耗建筑、绿色建筑提供保险保障
2017年6月	江西	《江西省赣江新区建设绿色金融改革创新试验区总体方案》		鼓励商业保险公司为绿色建筑提供风险保障
2022年8月	重庆	《重庆市建设绿色金融改革创新试验区总体方案》	中国人民银行、国家发展改革委、财政部、生态环境部、银保监会、证监会	开展金融支持绿色建筑试点、重点支持绿色金融和绿色建筑产业的深度融合,推进绿色建筑性能保险等绿色建筑保险产品的创新
2023年4月	云南	《关于组织开展绿色金融支持绿色建筑协同发展有关工作的通知》	云南省住房和城乡建设厅、中国人民银行昆明中心支行、云南银保监局、云南省地方金融监督管理局	到2025年,全省城镇新建建筑全面执行绿色建筑标准,星级绿色建筑占比力争达到30%以上,装配式建筑规模和占比不断提高,超低能耗建筑和近零能耗建筑得到推广应用,绿色建材应用范围进一步扩大;探索创新绿色金融支持绿色建筑发展的体制机制,推动建筑领域绿色低碳发展,促进建筑领域绿色信贷增长,增强保险对绿色建筑的保障功能,实现绿色金融支持建筑行业绿色低碳发展的良性循环,助力实现云南省碳达峰碳中和目标任务

3.2.2　农业保险

农业保险是对农业生产者在从事种植业、林业、畜牧业和渔业生产过程中，遭受自然灾害、意外事故、疫病或者疾病等保险事故提供经济保障的一种赔偿保险。我国2013年3月1日起施行的《农业保险条例》第二条规定："本条例所称农业保险，是指保险公司根据农业保险合同，对被保险人在农业生产过程中因保险标的遭受约定的自然灾害、意外事故、疫病或者疾病等事故所造成的财产损失承担赔偿保险金责任的保险活动。本条例所称农业，是指种植业、林业、畜牧业和渔业等产业。"常见的农业保险可以分为以下几类：

（1）单一险和组合险：单一险只涵盖一种风险，例如冰雹。组合险是指几个险种的组合（两个或多个险种，多以冰雹为基本险种）。

（2）产量保险：产量保险包括基于区域平均产量或单项历史产量的产量保证，其中包括影响产量的主要风险（例如干旱）。在一些国家（例如美国），这种类型也称为组合或多重风险保险。

（3）收入保险：收入保险在单一保险产品中结合了收益和价格风险。它的对象可以是特定产品或整个农场。收入保险涵盖收入，因此就包括了收益率和价格风险，同时也考虑了生产成本。通常这类保险不是针对特定产品的，而是针对整个农场的收入。

（4）全农场保险：这种类型保险包括对农场不同农业生产的担保组合。根据担保的范围，它可以是整个农场产量保险，也可以是整个农场收入保险。

（5）区域收益率指数保险：赔偿是根据一个地区平均收益率的下降程度来计算的。

（6）地区收入指数保险：赔偿是根据一个地区的平均产量和价格乘积的减少程度来计算的。

（7）间接指数保险：间接指数保险基于天气的指数、卫星图像和其他计算的产量或植被指数。

（8）稳定账户：稳定账户是一种自我保险形式。它包括个人账户，农民每年存入一定数量的钱，他们可以在出现重大损失的一年中提取这笔钱。稳定账户可以基于收益、收入或其他指数。

3.2.2.1 国际实践

（1）美国

美国 20 世纪 30 年代首次实施联邦农作物保险以及其他举措，以帮助农业从大萧条和沙尘暴的综合影响中恢复过来。1938 年，美国颁布《联邦农作物保险法》，同年联邦农作物保险公司（FCIC）成立。最初，该计划是作为试点启动的，农作物保险活动主要限于主产区的主要农作物。在 1980 年修订的《联邦农作物保险法》通过之前，农作物保险一直处于试验阶段。

1980 年修订的《联邦农作物保险法》将农作物保险计划扩大到美国更多的农作物和地区。1994 年的法案强制要求农民参加农作物保险计划，以便有资格根据价格支持计划、某些贷款和其他福利获得补偿。由于参与是强制性的，因此创建了灾难性（CAT）保险。2000 年，美国国会颁布《农业风险保障法案》，增强了私营部门的作用，允许实体参与研究和开发新的保险产品和功能。2008 年《农业法案》鼓励私人保险公司在农业保险产品中的创新，提高保险覆盖率和保障水平。美国农业保险经营模式如图 3-1 所示。

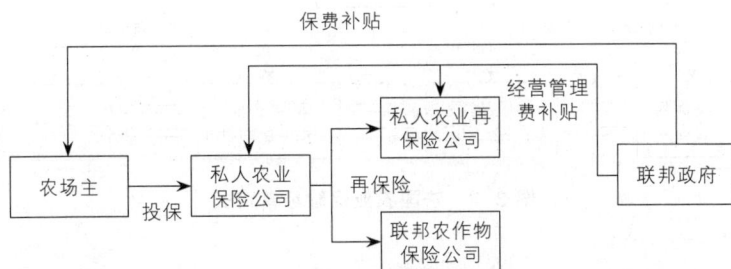

图 3-1 美国农业保险经营模式 [30]

（2）法国

法国主要依靠法律对农业保险制度加以规范，形成了较为系统、完善的农险法律体系。1900年7月，政府通过颁布《农业互助保险法》，在法律上奠定了农业相互保险组织的地位；1960年、1964年，先后颁布《农业指导法》《农业损害保证制度》，放宽了农险公司经营农业财产保险和农民人身险的条件和要求；1976年，颁布《保险法典》，进一步对农业相互保险进行了更加明确、翔实的规定；1982年，又颁布《农业保险法》，通过法律形式明确了农险的项目、保险责任、再保险、保险费率、理赔计算及具体做法等。

为了保障和扶持农业的健康发展，保护农户的切身利益，从而调动他们从事农业生产的积极性，法国政府对农险实行"低费率和高补贴"以及税费减免优惠政策措施，从而积极鼓励农险的发展。一方面，政府通过立法的形式，对关系到国计民生的重要农产品，实行强制性保险，并给予保费补贴支持，补贴比例最高可达65%（即农户只需缴纳保费的35%～50%，其余由政府承担）。投保农场主每年申请补贴，政府根据欧盟统一的规定和财政状况，在次年直接将补贴款项发放至参保农场主。另一方面，法国农险经营不以营利为目的，因此，政府通过立法保障对经营农险的机构均实行资本、存款、收入和财产免征一切赋税的政策，如政府实施DPA储蓄税收优惠政策减免农民职业储蓄应缴税金，并允许其运用该储蓄购买农险，鼓励农户积极参保[31]。法国农业保险经营模式如图3-2所示。

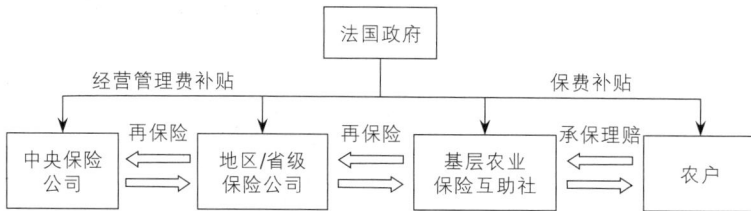

图 3-2　法国农业保险经营模式

（3）日本

1947年，日本修订《农业保险法》和《家畜保险法》并整合为《农业灾害补偿法》，规定农业保险是政府支持下的互助模式，主要分为三个层次，市、町、村级农业共济组合，都道府、县级农业共济组合联合会和国家级再保险特别会计处。其中农业共济组合负责农业保险业务的具体经营，农户向农业共济组合购买农业保险，同时参保农户也是农业共济组合成员。若农业共济组合无法承担相应风险可向农业共济组合联合会分保，联合会同时设立赔偿基金，用于灾后理赔。在大灾年份，当基金不能满足赔偿要求时，中央政府提供贷款。再保险特别会计处向农业共济组合联合会提供再保险服务，即联合会和特别会计处为农业保险提供两级的再保险服务[30]。

日本政府规定禁止私人保险公司经营农业保险业务，全部由非营利性的互助组织经营。中央政府农业保险相关部门负责农业保险政策制定，保险产品研发，保险费率厘定以及保费、管理费财政补贴等。2017年，日本修订《农业灾害补偿法》并更名为《农业保险法》，该法规定成立全国性的农业共济组合联合会，日本政府为其提供经营管理费补贴和再保险服务。日本的农业保险根据作物品种的不同分为强制保险和自愿保险，对于水稻、小麦等重要农作物以及牛、马、猪等牲畜品种为强制保险。政府对强制保险保费补贴力度较大，对于非强制性农业保险补贴比例较低。日本农业保险经营模式如图3-3所示。

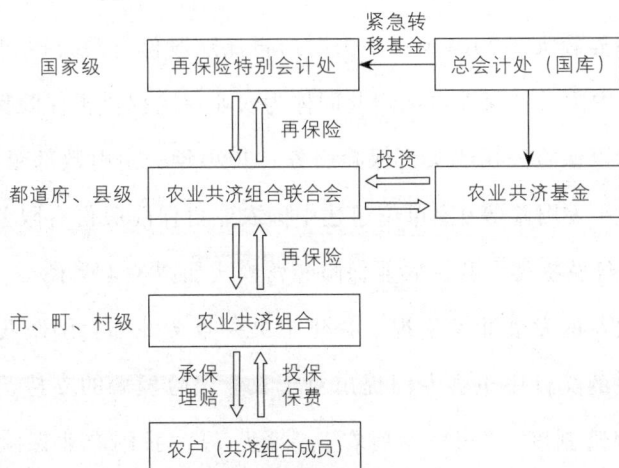

图 3-3　日本农业保险经营模式

3.2.2.2 中国实践

1949 年之后，中国人民保险公司进行了农业保险的一些试验，但该时期缺乏经验，保险规模只是在个别县，地区覆盖率低且持续时间短。1982 年，伴随着社会主义市场经济体制改革，我国重新恢复农业保险业务，此时农业保险属于商业性保险，该阶段农业保险呈现出市场需求旺盛，但业务却逐年萎缩趋势。2007 年，我国通过了中央财政对农业保险保费补贴政策，农业保险开始转为政策性保险，同年在多个省份开展试点。2008 年中央财政保费补贴的农产品包括小麦、水稻、玉米、棉花、油料、能繁母猪等 6 类，2020 年为 16 类，扩展到青稞、牦牛、藏系羊等地方特色品种。2012 年我国颁布《农业保险条例》，这是我国农业保险的第一部法律。

我国农业保险的模式是政府和市场相结合的模式，中央政府和地方政府提供农业保险保费补贴。农业保险涵盖的主要是系统性风险，如干旱、台风、病虫害及火灾等，通常受灾范围大，保险公司承担的系统性风险较高，因此需要对经营农业保险的公司进行审核。农业保险由经过审批的 27 家农业保险公司具体经营，农业农村部、财政部及国家金融监督管理总局负责对农业保险经营的监管。我国农业保险以省为单位进行决策，每省选取在该省经营的一家或多家农业保险公司，各省农业保险经营方式差异较大。2014 年，中国财产再保险股份有限公司和 23 家授权的农业保险公司成立中国农业保险再保险共同体为农业保险提供再保险保障，农业保险公司也可向国际再保险公司购买再保险服务。2020 年，由财政部牵头，中再集团、中国太保产险、平安财险等 9 家单位组建中国农业再保险股份有限公司，进一步完善农业再保险的经营框架。我国农业保险经营模式如图 3-4 所示。

我国对于农业的发展非常重视，每年中央一号文件都会围绕我国农业的发展做出部署。相关的文件中也会专门提出对于农业保险发展的支持，例如"加快建立政策性农业保险制度""积极发展农业保险"等，我国农业保险相关政策梳理见表 3-10。

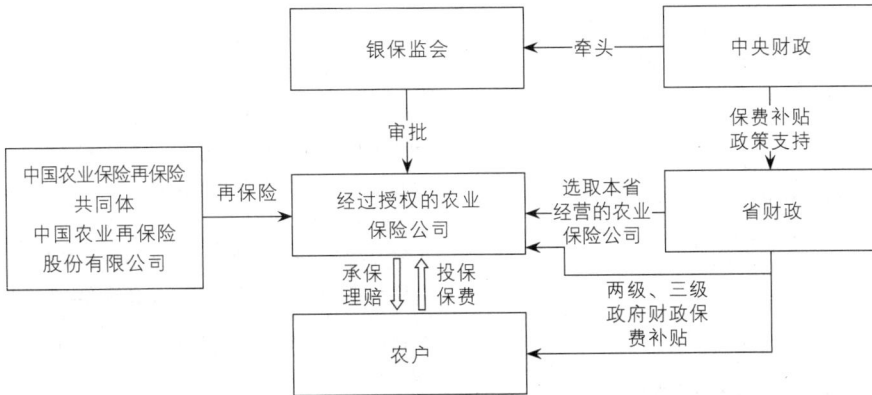

图 3-4 我国农业保险经营模式

表3-10 我国农业保险相关政策

时间	文件	发布机构	主要内容
2003年	《关于促进农民增加收入若干政策的意见》	中共中央、国务院	加快建立政策性农业保险制度，选择部分产品和部分地区率先试点，有条件的地方可对参加种养业保险的农户给予一定的保费补贴
2004年	《关于进一步加强农村工作提高农业综合生产能力若干政策的意见》	中共中央、国务院	扩大农业政策性保险的试点范围，鼓励商业性保险机构开展农业保险业务
2005年	《关于推进社会主义新农村建设的若干意见》	中共中央、国务院	1.各级财政要增加扶持农业产业化发展资金，支持龙头企业发展，并可通过龙头企业资助农户参加农业保险 2.稳步推进农业政策性保险试点工作，加快发展多种形式、多种渠道的农业保险
2006年	《关于积极发展现代农业扎实推进社会主义新农村建设的若干意见》	中共中央、国务院	积极发展农业保险，按照政府引导、政策支持、市场运作、农民自愿的原则，建立完善农业保险体系。扩大农业政策性保险试点范围，各级财政对农户参加农业保险给予保费补贴，完善农业巨灾风险转移分摊机制，探索建立中央、地方财政支持的农业再保险体系
2007年	《关于切实加强农业基础建设进一步促进农业发展农民增收的若干意见》	中共中央、国务院	1.支持发展主要粮食作物的政策性保险。2.建立健全生猪、奶牛等政策性保险制度。3.积极推进林木采伐管理、公益林补偿、林权抵押、政策性森林保险等配套改革。4.完善政策性农业保险经营机制和发展模式。建立健全农业再保险体系，逐步形成农业巨灾风险转移分担机制

时间	文件	发布机构	主要内容
2008年	《关于2009年促进农业稳定发展农民持续增收的若干意见》	中共中央、国务院	1.加快发展政策性农业保险、加快建立农业再保险体系和财政支持的巨灾风险分散机制，鼓励在农村发展互助合作保险和商业保险业务。探索建立农村信贷与农业保险相结合的银保互动机制 2.扩大农产品出口信用保险承保范围，探索出口信用保险与农业保险、出口信贷相结合的风险防范机制
2009年	《关于加大统筹城乡发展力度进一步夯实农业农村发展基础的若干意见》	中共中央、国务院	1.积极扩大农业保险保费补贴的品种和区域覆盖范围，加大中央财政对中西部地区保费补贴力度。发展农村小额保险。健全农业再保险体系 2.逐步扩大政策性森林保险试点范围 3.推动农产品出口信贷创新，探索建立出口信用保险与农业保险相结合的风险防范机制
2012年	《关于加快推进农业科技创新持续增强农产品供给保障能力的若干意见》	中共中央、国务院	1.扩大农业保险险种和覆盖面，开展设施农业保费补贴试点，扩大森林保险保费补贴试点范围，扶持发展渔业互助保险，鼓励地方开展优势农产品生产保险 2.健全农业再保险体系，逐步建立中央财政支持下的农业大灾风险转移分散机制
2015年	《关于加大改革创新力度加快农业现代化建设的若干意见》	中共中央、国务院	1.积极开展农产品价格保险试点 2.加大中央、省级财政对主要粮食作物保险的保费补贴力度 3.加快研究出台对地方特色优势农产品保险的中央财政以奖代补政策。扩大森林保险范围
2017年	《关于深入推进农业供给侧结构性改革加快培育农业农村发展新动能的若干意见》	中共中央、国务院	1.开展农民合作社内部信用合作试点，鼓励发展农业互助保险 2.扩大银行与保险公司合作，发展保证保险贷款产品
2019年	《关于坚持农业农村优先发展做好"三农"工作的若干意见》	中共中央、国务院	1.按照扩面增品提标的要求，完善农业保险政策 2.扩大农业大灾保险试点和"保险+期货"试点
2022年	《关于做好2022年全面推进乡村振兴重点工作的意见》	中共中央、国务院	1.探索开展糖料蔗完全成本保险和种植收入保险 2.实现三大粮食作物完全成本保险和种植收入保险主产省产粮大县全覆盖
2023年	《关于做好2023年全面推进乡村振兴重点工作的意见》	中共中央、国务院	发挥多层次资本市场支农作用，优化"保险+期货"。加快农村信用社改革化险，推动村镇银行结构性重组。鼓励发展渔业保险

3.3 绿色保险支持绿色交通与绿色低碳全民行动

3.3.1 新能源汽车保险

相比传统的燃油车，新能源汽车在许多方面有非常明显的差异，新能源汽车也面临一些新的风险。我国新能源汽车商业保险专属产品于 2021 年 12 月 27 日正式上市，车险包含新能源汽车损失保险、新能源汽车第三者责任保险、新能源汽车车上人员责任保险 3 大主险和 13 个附加险。新能源汽车专属条款更匹配新能源汽车的实际使用场景与风险，车损险保险责任覆盖了"三电"系统等新能源汽车特有的构造，明确了社会各界广泛关注的"起火燃烧"责任，同时也通过附加险拓展了充电桩、外部电网等风险因素，在提供更全面的保险保障的同时，也更容易被理解。

3.3.1.1 国际层面

（1）美国

在美国，无论传统燃油车还是新能源汽车都需要购买类似我国"交强险"的责任险（Liability insurance）[32]。责任险包括身体伤害责任保险（Body injury liability）和财产损害责任保险（Property damage liability）。不同的州，保费和赔偿金额不等。身体伤害责任保险，是当被保险人与他人发生交通事故，致使他人受伤或死亡时，保险公司对他人受到的人身伤害予以赔偿。通常这种保险每年保费为 300~400 美元不等，赔偿金额为 1 万~30 万美元不等。财产损害责任保险，是当被保险人对他人造成财产损失（如在交通事故中撞坏他人车辆）时，保险公司对他人予以赔付。这种保险通常赔偿金额为 1 万~5 万美元不等。而如车身损坏综合险（Comprehensive physical damage insurance）、碰撞保险（Collision insurance）等则属于用户可自由选择是否购买的险种。

与传统燃油汽车不同的是，电动汽车用户在家安装充电桩会影响房屋险的保费额。美国加州和俄勒冈州法律规定房屋主人为房屋投保的房屋责任险范围必须覆盖充电设施。混合动力汽车的保费平均高于普通燃油汽车（混动汽车维修费用更高）。

（2）英国

英国的绝大多数保险公司均提供电动汽车保险服务，并把电动汽车保费报价整合进保险公司的在线报价系统。目前从流程上看，在英国为电动汽车投保与为普通燃油汽车投保基本相同。但在英国仍有专门的电动汽车保险公司为低排放绿色汽车提供一些特殊的优惠政策。一些整车企业也常常随车向消费者提供电动汽车配套保险。电动汽车车主的保费往往低于普通燃油车主（认为电动车驾驶风险更低）。

（3）日本

部分保险公司为了促进消费者购买环保汽车会为环保汽车设计保费优惠政策，二手车满足车龄要求也可以享受优惠政策，但不同保险公司对"环保汽车"的定义范围也不同，有的保险公司（如"索尼损保"）对环保汽车的定义范围仅是电动汽车，而有的保险公司对环保汽车的定义不仅包括电动汽车，还包括CNG（压缩天然气）汽车、甲醇汽车等[32]。有的保险公司还专门制定了符合优惠条件的"电动汽车目录"，只有列入目录的电动汽车才能享受到保费优惠。目前日本的电动汽车保费优惠基本上仅针对私人乘用车。

美国、英国、日本新能源车险典型做法如表3-11所示。

3.3.1.2　中国实践

2014年7月，国务院办公厅发布《关于加快新能源汽车推广应用的指导意见》，提出"实行新能源汽车独立分类注册登记，便于新能源汽车的税收和保险分类管理"。2016年2月，央行会同七部委发布《关于金融支持工业稳增长调结构增效益的若干意见》，要求"保险公司尽快开发出更符合新能源汽车风险特征的专属保险产品"。随后国家发展改革委等部门在《关于促进绿色消费的指导意见》中也提出要鼓励开发新能源汽车保险产品。2021年8月中国保险行业协会发布《中国保险行业协会新能源汽车商业保险专属条款（2021版征求意见稿）》，

表3-11 美国、英国、日本新能源车险典型做法

模式	代表国家	具体产品	特征
强制购买	美国	1.责任险包括身体伤害责任保险（Body injury liability）和财产损害责任保险（Property damage liability）。通常这种保险每年保费为300~400美元，赔偿金额为1万~30万美元 2.财产损害责任保险，是当被保险人对他人造成财产损失（如在交通事故中撞坏他人车辆）时，保险公司对他人予以赔付。这种保险通常赔偿金额为1万~5万美元。而如车身损坏综合险（Comprehensive physical damage insurance）、碰撞保险（Collision insurance）等则属于用户可自由选择是否购买的险种	1.与传统燃油汽车不同的是，电动汽车用户在家安装充电桩会影响房屋险的保费额 2.美国加州和俄勒冈州法律规定房屋主人为房屋投保的房屋责任险范围必须覆盖充电设施 3.混合动力汽车的保费平均高于普通燃油汽车（混动汽车维修费用更高）
自愿	英国	为电动汽车投保与为普通燃油汽车投保的流程基本相同	1.英国仍有专门的电动汽车保险公司为低排放绿色汽车提供一些特殊的优惠政策 2.一些整车企业也常常随车向消费者提供电动汽车配套保险 3.电动汽车车主的保费往往低于普通燃油车主（认为电动车驾驶风险更低）
自愿	日本	索尼损保等公司对环保汽车的定义范围仅是电动汽车，另外的保险公司对环保汽车的定义不仅包括电动汽车，还包括CNG（压缩天然气）汽车、甲醇汽车等。有的保险公司还专门制定了符合优惠条件的"电动汽车目录"，只有列入目录的电动汽车才能享受到保费优惠	日本的电动汽车保费优惠基本上仅针对私人乘用车

2021年12月中国保险行业协会发布《中国保险行业协会新能源汽车商业保险专属条款（试行）》，为保险产品设计提供基本准则。与传统车险条款相比，保险责任大大扩容，也更适应新能源汽车的特点，不仅考虑到新能源汽车的自燃风险，还考虑到"三电"（即电池、电机和电控）的损坏风险。此外，新能源汽车保险增加了6个新能源汽车特有的附加险，包括附加外部电网故障损失险、附加自用充电桩损失保险、附加自用充电桩责任保险、附加智能辅助驾驶软件损失补偿险、附加火灾事故限额翻倍险、附加新能源汽车增值服务特约条款。明确新能源汽车定义：指采用新型动力系统，完全或者主要依靠新型能源驱动的汽车，包括插电式混合动力

（含增程式）汽车、纯电动汽车和燃料电池汽车等。表3-12和表3-13从我国国家政策层面和地方政策层面梳理了新能源车险相关政策。

表3-12 我国国家层面颁布的新能源车险相关政策文件

时间	政策	发布机构	内容
2014年7月	《关于加快新能源汽车推广应用的指导意见》	国务院办公厅	实行新能源汽车独立分类注册登记，便于新能源汽车的税收和保险分类管理
2015年3月	《深化商业车险条款费率管理制度改革试点工作方案》	中国保监会	提出将保费费率同以往年度保险赔款记录、交通违法记录等影响因素相关联，同时要求建立财产保险行业商业车险损失数据的收集、测算、调整机制，动态发布商业车险基准纯风险保费表，为财产保险公司科学厘定商业车险费率提供参考
2016年2月	《关于金融支持工业稳增长调结构增效益的若干意见》	中国人民银行、国家发展和改革委员会、工业和信息化部、财政部、商务部、中国银行业监督管理委员会、中国证券监督管理委员会、中国保险监督管理委员会	要求"保险公司尽快开发出更符合新能源汽车风险特征的专属保险产品"
2021年12月	《新能源汽车商业保险专属条款（试行）》《新能源汽车驾乘人员意外伤害保险示范条款（试行）》	中国保险行业协会	在险种结构方面，新能源汽车专属条款由《新能源汽车商业保险示范条款（试行）》《新能源汽车驾乘人员意外伤害保险示范条款（试行）》组成。按照新能源汽车条款费率切换时间，所有新保和续保的新能源汽车（不包括摩托车、拖拉机、特种车），统一适用《新能源汽车示范条款（试行）》承保。从保险责任来看，专属条款突出了新能源汽车的构造特征，并将保障范围扩大到一些充电等特定使用场景，尤其是将充电桩等一些车外设备也首次纳入承保范围。专属条款的主险责任，明确包含车身、电池及储能系统、电机及驱动系统、其他控制系统以及其他所有出厂时的设备，并且将保障范围扩大至车辆特定的使用场景，如自助充电、电网故障等外部风险导致的意外事故。为了更加充分体现新能源汽车的特点，更好地满足新能源汽车车主的保险需求，在附加险方面，新设了3个险种

表3-13 我国地方层面颁布的新能源车险政策文件

地区	时间	政策	内容
北京	2017年4月	《关于印发北京保险业贯彻落实〈中国保险业发展"十三五"规划纲要〉实施意见》	第(四)条:鼓励保险机构创新绿色保险产品和服务,支持环保、节能、清洁能源、绿色交通等产业发展。积累挖掘北京新能源汽车保险数据,推动行业研究开发适应新能源汽车产业发展的保险产品
北京	2021年8月	《北京市电动汽车社会公用充换电设施运营补助暂行办法的通知》	第(三)条:充换电设施应具有责任保险或财产损失保险,且与场地权属(管理)单位签订安全生产管理协议,或者在有关合同中明确各自的安全生产管理职责
北京	2022年8月	北京市城市管理委员会关于印发《"十四五"时期北京市新能源汽车充换电设施发展规划》的通知	第四章第三条第三点:完善充换电设施保险制度,降低企业运营和用户使用风险
江西	2021年8月	《江西保险业加快发展绿色保险的指导意见》	"完善绿色保险产品体系:创新开展新能源汽车保险、机动车里程保险。"
江西	2022年3月	《江西银保监局关于银行业保险业贯彻落实江西省第十五次党代会精神的指导意见》	第(十七)条:助推"双碳"目标实现:创新发展碳保险、气候保险产品,积极稳妥开展新能源汽车专属保险业务,为绿色生产生活方式提供保障
安徽淮北	2022年6月	《中国银保监会淮北监管分局办公室关于印发加快绿色保险转型发展的指导意见的通知》	第(七)条:积极开展新能源汽车保险、电动车第三者责任保险、共享单车意外伤害等业务,通过"保险+服务"的形式,提供保前和保中全流程风控服务,保障绿色出行,助推绿色交通
海南	2022年8月	《中国银保监会海南监管局关于推进海南银行业保险业绿色金融发展的指导意见》	第(十九)条:扩大绿色消费金融供给:鼓励保险机构推广新能源汽车保险、电动车第三者责任保险等业务,为绿色出行提供保障
浙江	2022年9月	《浙江省商务厅等16部门关于进一步搞活汽车流通扩大汽车消费的通知》	第(六)条:鼓励保险机构优化新能源汽车保险业务
上海	2023年1月	《上海银行业保险业"十四五"期间推动绿色金融发展服务碳达峰碳中和战略的行动方案》	第(十四)条:丰富绿色保险产品和保障体系:推动新能源汽车专属保险、新能源船舶保险、公共交通责任保险、绿色建筑保险
广西	2023年2月	《广西银保监局关于银行业保险业发展绿色金融支持加快建设美丽广西和生态文明强区的指导意见》	第(十三)条:鼓励积极发展环保技术装备保险、绿色科技保险、绿色低碳产品质量安全责任保险、可再生能源领域电力指数型保险、新能源汽车保险等业务
江苏	2023年4月	《中国银保监会江苏监管局关于全面助推经济高质量发展进一步深化"四保障六提升"行动的意见》	第(三十五)条:提升绿色金融创新与服务能力:保险公司要配合相关部门推动环境污染责任保险增量扩面,丰富针对光伏、风电、新能源汽车等新能源产业的保险产品

当前，我国从中央到地方层面已经围绕新能源汽车保险出台了一系列政策措施，但是整体来说，我国新能源汽车保险的发展依旧处于起步阶段。相关政策文件对于新能源汽车保险的支持，大多停留在政策鼓励方面。新能源汽车保险的政策支持，也多是在鼓励新能源汽车产业发展的文件中予以提及，并未出台专门的新能源汽车保险政策。我国新能源汽车保险仍旧需要进一步发展创新，许多新能源汽车保险的基础数据库和行业标准也有待进一步完善，例如技术标准、主要零配件参数、维修及更换标准、折旧残值等方面[33]。

3.3.2 船舶污染责任保险

船舶污染责任保险，主要是指因船舶上燃油、载运油品、化学品及其他有害物质泄漏，或者因投保船舶在通航水域碰撞其他船舶致使被碰撞船舶上燃油、载运油品、化学品及其他有害物质泄漏造成污染损害，依法应当由船舶所有者或管理者承担经济赔偿责任的责任保险[34]。

3.3.2.1　国际实践

国际海事组织于 1969 年通过了《1969 年国际油污损害民事责任公约》（CLC1969），对载运油类货物的船舶因事故对受害方造成的损害赔偿做了十分全面的规定，确定了船舶油污损害赔偿的责任主体、赔偿范围、责任限制等方面内容[35]。

最重要的是船舶污染强制责任保险制度在公约中首次确定下来，并分别于 1976 年、1984 年和 1992 年通过了议定书，对具体规定进行了修改。

《1969 年国际油污损害民事责任公约的 1976 年议定书》（CLC1976）将赔偿责任限额的货币单位由金法郎改为特别提款权（SDR）；《1969 年国际油污损害民事责任公约的 1984 年议定书》（CLC1984）扩大了公约的适用范围，只要是为了运载油类货物而建造的船舶都可以适用本公约，而不管其实际上是否运载了油类货物。此外，CLC1984 提高了赔偿责任限额，规定赔偿总额不得超过 5 970 万 SDR。

1996 年发布的《1996 年国际海上运输有害有毒物质损害责任和赔偿公约》（简称《HNS 公约》）中关于有毒有害物质的范围，基本包括了 CLC1969 及其议定书，以及其他相关的损害赔偿公约中涉及的所有此类物质，但是《HNS 公约》不调整因持续性油类造成的油污放射性物质和煤造成的损害赔偿关系。

《2001 年船舶燃油污染损害民事责任公约》是为船舶燃油溢出或排放事故造成的污染损害提供迅速有效赔偿的补充措施而制定的又一个关于油污损害民事责任的国际公约。

在具体的国家政策层面，《法国环境法》规定在油污损害赔偿方面采取强制责任保险制度。美国 1970 年颁布的《清洁水法》规定，所有进入美国的船只必须投保责任保险，以保障该法规定的由于石油污染海洋而应承担的责任。1990 年，美国制定了《1990 年油污法》，在没有参加国际公约的情况下，建立了自己国家的船舶污染赔偿制度。其中的船舶强制责任保险做了明确规定，对非油轮和石油设施也实行强制保险。1973 年 8 月 1 日，英国船保险联合委员会讨论设立了海上责任附加险《远洋污染保险》。其中规定，如果有被保险的船舶发生了海上事故，并且此种海上事故属于保险责任范围内的，造成污染时，任何政府或相关部门为了避免或减轻污染事故的严重后果，或为了保护环境而采取相应措施导致被保险船舶或机器损毁、灭失的，都是由保险人承担部分损失的修理费或全部的损失。

表 3-14 梳理了国际海事组织以及英美船责险相关政策。

3.3.2.2 我国层面

我国于 2010 年就颁布实施了《中华人民共和国船舶油污损害民事责任保险实施办法》，2013 年《关于修改〈中华人民共和国船舶油污损害民事责任保险实施办法〉的决定》对该实施办法进行了修正。该实施办法中对于船舶油污损害民事责任保险适用范围、主管机关、船舶油污损害民事责任保险的额度、保险机构、船舶油污损害民事责任保险证书或单证都做了明确规定。

表3-14 国际海事组织以及英美船责险相关政策

组织/国家	时间	政策	主要内容
国际海事组织	1969年	《1969年国际油污损害民事责任公约》	对载运油类货物的船舶因事故对受害方造成的损害赔偿做了十分全面的规定，确定了船舶油污损害赔偿的责任主体、赔偿范围、责任限制等方面内容
国际海事组织	1976年	CLC1976	将赔偿责任限额的货币单位由金法郎改为特别提款权（SDR）
国际海事组织	1984年	CLC1984	扩大了公约的适用范围，只要是为了运载油类货物而建造的船舶都可以适用本公约，而不管其实际上是否运载了油类货物。还提高了赔偿责任限额，规定赔偿总额不得超过5 970万SDR
国际海事组织	1996年	《HNS公约》	关于有毒有害物质的范围，基本包括了CLC1969及其议定书，以及其他相关的损害赔偿公约中涉及的所有此类物质，但是《HNS公约》不调整因持续性油类造成的油污放射性物质和煤造成的损害赔偿关系
国际海事组织	2001年	《2001年船舶燃油污染损害民事责任公约》	为船舶燃油溢出或排放事故造成的污染损害提供迅速有效赔偿的补充措施而制定的又一个关于油污损害民事责任的国际公约
法国	1998年	《法国环境法》	规定在油污损害赔偿方面采取强制责任保险制度
美国	1970年	《清洁水法》	规定所有进入美国的船只必须投保责任保险，以保障该法规定的由于石油污染海洋而应承担的责任
美国	1990年	《1990年油污法》	在没有参加国际公约的情况下，建立了自己国家的船舶污染赔偿制度。其中的船舶强制责任保险做了明确规定，对非油轮和石油设施也实行强制保险
英国船保险联合委员会	1973年	《远洋污染保险》	如果有被保险的船舶发生了海上事故，且此种海上事故属于保险责任范围内的，造成污染时，任何政府或相关部门为了避免或减轻污染事故的严重后果，或为了保护环境而采取相应措施导致被保险船舶或机器损毁、灭失的，都是由保险人承担部分损失的修理费或全部的损失

2018 年颁布的《防治船舶污染海洋环境管理条例》第五十一条、第五十二条明确规定："在中华人民共和国管辖海域内航行的船舶，其所有人应当按照国务院交通运输主管部门的规定，投保船舶油污损害民事责任保险或者取得相应的财务担保。""船舶所有人投保船舶油污损害民事责任保险或者取得的财务担保的额度应当不低于《中华人民共和国海商法》、中华人民共和国缔结或者参加的有关国际条约规定的油污赔偿限额。"对于未投保或投保额度低于规定的情况，在条例第七十一条中明确规定将处以最高 25 万元的罚款。

2020 年交通运输部发布的《中华人民共和国船舶油污损害民事责任保险实施办法（修订）（征求意见稿）》中明确指出"船舶污染损害民事责任保险"包括海域航行船舶油污损害民事责任保险或者财务保证，以及内河航行船舶污染损害民事责任保险或者财务保证。

2021 年通过的《交通运输部关于修改〈中华人民共和国海上船舶污染事故调查处理规定〉的决定》第二十二条进一步明确："造成海洋环境污染的船舶应当在开航前缴清海事管理机构为减轻污染损害而采取的清除、打捞、拖航、引航过驳等应急处置措施的相关费用或者提供相应的财务担保。财务担保应当是现金担保、由境内银行或者境内保险机构提供的信用担保。"

2022 年颁布的《中华人民共和国防治船舶污染内河水域环境管理规定》中规定："船舶或者有关作业单位造成水域环境污染损害的，应当依法承担污染损害赔偿责任。通过内河运输危险化学品的船舶，其所有人或者经营人应当投保船舶污染损害责任保险或者取得财务担保。船舶污染损害责任保险单证或者财务担保证明的副本应当随船携带。通过内河运输危险化学品的中国籍船舶的所有人或者经营人，应当向在我国境内依法成立的商业性保险机构和互助性保险机构投保船舶污染损害责任保险。具体办法另行制定。"

我国地区层面的船舶污染责任保险相关政策主要以长江水系中下游地区的江苏、上海政策为主，梳理如表 3-15 和表 3-16 所示：

表3-15 上海船责险政策

部门	时间	政策	内容
上海保监局	2010年	上海开展上海水域（内河和沿海）船舶污染责任保险试点	1."保本微利，兼顾保险公司和船东利益"原则 2.保费较低、保障额增加 3.保障范围更广，承担了"保险事故仲裁或诉讼所发生的法律费用"以及"船舶上工作人员意外伤害的赔偿费用" 4.设立了应急基金可启动应急赔付机制，从应急基金中预付资金开展施救工作
上海市政府	2015年	《上海港船舶污染防治办法》	强化了船舶污染责任和饮用水水源区的保护，拓宽了船舶污染责任保险承保范围
上海市政府	2022年	《上海市船舶污染防治条例》	1.新建、改建、扩建港口、码头，船舶污染物接收站建设要与主体工程同步设计、同步施工、同步投入使用 2.重点突出对上海"一江一河"的保护力度，明确禁止船舶向黄浦江、苏州河排放生活污水、含油污水 3.从事船舶污染物接收、转运、处置的单位至少保存三个月的视频监控数据

表3-16 江苏船责险政策

部门	时间	政策	内容
江苏省海事局、省交通厅、省安监局、省环保厅、省保监局	2008年	《关于积极推进船舶污染责任保险实施工作的通知》	率先推出船舶污染责任保险
江苏省海事局、安监局、保监局以及环保局等6部门	2011年	对承保船舶污染责任险保险公司向全社会公告等五大举措	1.加大对船舶污染事故的查处 2.建立各保险公司、航运公司与海事部门沟通联系机制 3.评审年度承保船舶污染责任险的保险公司 4.建立备案机制
江苏省人大常委会	2022年	《江苏省长江船舶污染防治条例》	《条例》的出台为内河船舶生活污水、生活垃圾免费接收提供了法律依据，将"一零两全四免费"治理机制通过法规加以固化，并妥善解决了锚地、停泊区等公共水域船舶的污染物接收问题

综合国际和我的船舶污染责任保险政策和规定，可以发现以下几点：

国际和我国的船舶污染责任保险制度在原则上具有一定的一致性，都强调了船舶所有人在污染事故中的责任和赔偿义务。

在具体实施方面，各国和地区可能会根据自身情况和实际需求进行调整。例如，美国制定了自己国家的船舶污染赔偿制度，而我国则结合国际公约和地方实际情况，制定了一系列船舶污染责任保险政策和规定。

在地方层面，各地政府在船舶污染责任保险方面的政策和措施存在差异。这些差异既体现了地方政府在保护环境和应对船舶污染事故方面的积极作为，也反映了各地在实际操作中的不同需求和发展水平。

总体来看，我国在船舶污染责任保险方面的政策和规定已经取得了一定的成果，但仍需借鉴国际经验和做法，进一步完善制度建设和实施细则，以提高船舶污染责任保险制度的效果。

3.4　绿色保险支持生态保护与气候变化应对

3.4.1　生态保护和生态修复保险

生态保护和生态修复保险是指为从事生态保护和生态修复活动的产业提供保险保障。生态保护和生态修复主要包括天然林资源保护，动植物资源保护，自然保护区建设和运营，国家公园、世界遗产和国家级风景名胜区保护性运营，农村土地综合整治等。

3.4.1.1　国际层面

1977 年美国国会通过了《联邦露天采矿控制与复垦法》（Surface Mining Control and Reclamation Act，简称 SMCRA，也译为《露天矿管理及生态恢复法》《露天采矿管理与复垦法》等），这是美国生态修复保证金制度正式建立的标志[36]。该法规定，新建矿山企业在提交开采、土地使用、矿山修复等计划且复垦许可证申请得到批准但尚未正式颁发时，须交纳一定数额的复垦保证金；在采矿企业按计划完成矿区生态修复并经验收合格后，保证金本金及利息全部归还；若采矿企业没有完成矿区生态修复或不合格，则由政府使用保证金委托专业性公司替代修复治理，超过保证金部分的费用矿业企业仍须补交。

3.4.1.2 我国层面

2021年国务院发布《国务院办公厅关于鼓励和支持社会资本参与生态保护修复的意见》鼓励社会资本参与，并提出健全森林保险制度，鼓励保险机构和有条件的地方探索开展保价值、保产量、保收入的特色经济林和林木种苗保险试点，推进草原保险试点，加大保险产品创新力度，完善灾害风险防控和分散机制。

我国在21世纪初开始探索建立矿山修复保证金制度，2009年颁布《矿山地质环境保护规定》后全面实施。2015年修正的《矿山地质环境保护规定》第18、19条规定了矿山地质环境治理恢复保证金，即采矿权人应当依照国家有关规定，缴存矿山地质环境治理恢复保证金；在履行矿山地质环境治理恢复义务并经验收合格后，按义务履行情况返还相应额度的保证金及利息。然而在2017年，财政部、国土资源部、环境保护部联合发布《关于取消矿山地质环境治理恢复保证金建立矿山地质环境治理恢复基金的指导意见》后，矿山修复保证金制度已不复存在。在其他需要承担生态修复责任的情形下，均没有规定修复保证金制度。因此，我国目前尚缺乏系统的生态修复责任保证金制度。

2022年11月，湖州市人民政府办公室印发《关于金融支持生物多样性保护的实施意见》，提出创新金融产品和服务。引导金融机构创新与生物多样性保护效益挂钩的金融产品，积极运用信贷、保险、债券、资产证券化等金融工具，为生物多样性保护提供多元化金融支持。发挥保险在生态环境治理、生态系统修复、物种保护等领域的作用，推动保险机构创新环境责任保险、生态产品价格指数保险等保险服务。鼓励金融机构围绕生态碳汇交易，创新信贷、保险等服务。依托"绿贷通"平台，促进金融机构与生物多样性友好型项目融资对接。

2020年5月，福建银保监局印发《2020年福建银行业保险业支持乡村产业振兴指导意见》，提出支持绿色产业发展，创新绿色信贷产品，完善动植物无公害处理保险监督机制，拓展生态修复保险项目，支持茶叶、蔬菜、水果、畜禽、水产、林竹、花卉苗木等七个福建优势特色产业发展。2018 年，霞浦法院结合县情，积极探索创新生态修复机制，将海洋生态环境损害后的修复纳入法治轨道，在全省首创"司法+保险"的海洋生态修复保险机制。

3.4.2　巨灾保险

巨灾一般是指对人民生命财产造成特别巨大的破坏损失，对区域或国家经济社会产生严重影响的自然灾害事件[37, 38]。这里的自然灾害主要包括：地震与海啸、特大洪水、特大风暴潮。而巨灾保险是指对因发生地震、飓风、海啸、洪水等自然灾害，可能造成巨大财产损失和严重人员伤亡的风险，通过巨灾保险制度，分散风险。

3.4.2.1　国际层面

国际上，新西兰保险制度由 EQC+保险公司+保险协会共同组建。新西兰地震委员会（Earthquake Commission，EQC）于 1945 年建立，同年，《地震与战争损害法案》通过，最初是提供地震与战争的损失补偿；1954 年，补偿内容扩展到暴雨与洪水；1967 年，以任意附加的方式扩大到地热液喷出危险；1970 年把地层滑落危险变为条款自动附加；1993 年增加海啸危险，把战争危险排除于承保范围外。新西兰地震委员会是新西兰地震保险制度的营运机构，最早是作为政府的一个部门来运行，现在变成一个企业为政府所有但独立经营，负责保费的收取、索赔的处理、风险基金的管理、再保险的安排、向政府报告财务状况、保险方案的制订。当巨灾发生时，首先由 EQC 支付 2 亿新元，若还难以偿付损失，则会启动保险方案，启动巨灾保险基金；当金额超过 EQC 所管理的巨灾基金后，则由政府承担无限责任[39]。

美国推行的巨灾保险项目，有来自联邦政府的计划，也有巨灾频发的州计划。联邦巨灾保险计划与各州自己制定的巨灾保障项目构成了美国的巨灾保险体系。而无论是联邦政府还是州政府，几乎都采用的是政府领导、商业保险公司参与的合作形式。其中，国家洪水保险计划（NFIP）最具有代表性。1956 年，《联邦洪水保险法》在美国国会获得通过；1968年，在《全国洪水保险法》中列明了洪水保险的具体计划，并且规定了它的管理层级；1973年，又通过了《洪水灾害防御法》，扩大了责任范围，将保险基金由40亿美元扩充到了100亿美元，对投保进行了一定程度的限制；1994年《国家洪水保险改革法案》出台对NFIP做了一定的修正，让其更加完善。现行的美国国家洪水保险计划以社区为基本单位，对特别洪水灾害地区的建筑实行强制保险，不参加这项计划的社区和个人灾害则无法享受灾害救济。

在日本，地震保险最具有代表性。1934年日本制定《地震保险制度纲要》，提出地震保险国营化；1953年，颁布了《地震保险实施纲要》；1965年，编制了《关于地震保险制度的报告》，在报告中重点说明了再保险制度及地震保险补偿机制；1966年，出台了《地震保险法》《地震再保险特别会计法案》，正式建立起日本地震保险制度。此后，日本地震保险制度经历了由初级走向成熟的阶段，在面对巨灾时，开始发挥越来越重要的作用。

日本、新西兰和美国的巨灾保险制度各不相同，其中日本的巨灾保险不具有强制性，作为火险的附加险自动附加，可以选择放弃；而美国和新西兰的巨灾保险具有强制性。各个国家的巨灾保险都有政府的参与，其中日本的巨灾保险政府在其中起主导作用，美国政府利用法律强制投保巨灾保险；而在新西兰，政府作为最后的担保人，负责承担无限的财政补偿责任，对于企业和个人购买地震保险，设有所得税、公司税、福利税等减免的优惠。

3.4.2.2　我国层面

2014年8月，国务院发布的《国务院关于加快发展现代保险服务业的若干意见》（即保险业"新国十条"）明确提出"研究建立巨灾保险基金、巨灾再保险等制度，逐步形成财政支持下的多层次巨灾风险分散机制"，鼓励各地区根据本地巨灾风险特点，探索有效的保障模式。深圳、云南大理州和浙江宁波三地已经开展巨灾保险试点工作，上海、四川等地也相继出台区域性巨灾保险方案。我国各地巨灾保险相关政策见表3-17。

表3-17   我国各地巨灾保险相关政策

地区	政策文件	发布时间	主要内容
浙江宁波	《宁波市人民政府办公厅关于开展巨灾保险试点工作的实施意见》	2014年11月	作为全国首批巨灾保险试点城市，宁波公共巨灾保险于2014年11月开始试点，在2017年确立为宁波市政府的长期性制度安排。从2021年起，宁波市政府作为投保人，将每年拿出不超过4 100万元财政资金，为全体市民购买包括自然灾害保险、突发公共安全事件（事故）保险、突发公共卫生事件保险和见义勇为保险等在内的公共巨灾保险。宁波在公共安全领域引入保险机制，探索政府支持、市场运作的巨灾保险制度
	《宁波市人民政府办公厅关于印发宁波市公共巨灾保险工作实施方案（2021—2023年）的通知》	2021年3月	
黑龙江	黑龙江：农业巨灾指数保险试点启动	2016年8月	黑龙江省政府出台了《关于促进全省金融保险业发展若干政策措施的意见》，强调"探索建立农业巨灾指数保险，利用杠杆撬动作用，放大各级政府财政救灾资金规模，提高政府救灾能力"
四川	《四川省人民政府办公厅关于印发四川省城乡居民住宅地震巨灾保险工作方案的通知》	2017年5月	通知明确了四川省城乡居民住宅地震巨灾保险的地震保险基金、风险分担机制、保费补贴机制、承办机构、保障方案、协同承保机制、纠纷调处机制、共同防灾防损方法等
云南大理州	《云南省大理州政策性农房地震保险试点方案》	2015年8月	2015年8月，云南省大理州农房地震保险试点项目正式启动。试点期间由云南省、州、县三级财政全额承担试点地区政策性地震保险保费，承担比例为省级财政60%，州、县级财政40%
广东	《中共广东省委关于制定广东省国民经济和社会发展第十四个五年规划和二〇三五年远景目标的建议》	2020年12月	《建议》要求提高防范化解抗灾救灾能力，发展巨灾保险，有效防范台风、洪涝等自然灾害。广东省气象部门与政府、机构和市场协同建立"阈值触发、指数定级、精准快速"巨灾保险服务机制，大力推动巨灾指数保险扩面提质增效
	《广东省气候资源保护和开发利用条例》	2022年11月	《条例》第八条"鼓励发展气象指数型的巨灾保险和政策性农业保险"
广东深圳	深圳市减灾委员会办公室关于印发《深圳市巨灾保险救助工作规程（2023年）》的通知	2023年3月	深圳市政府与中国人民财产保险股份有限公司深圳市分公司签订巨灾保险试点协议书。巨灾保险的保障灾种主要包括暴风（扩展到狂风、烈风、大风）、暴雨、崖崩、雷击、洪水、龙卷风、飑线、台风、海啸、泥石流、滑坡、地陷、冰雹、内涝、主震震级4.5级以上的地震及地震次生灾害，以及由上述15种灾害引发的核事故风险。巨灾保险体系由三部分组成：政府巨灾救助保险、巨灾基金和个人巨灾保险。其中，政府巨灾救助保险由深圳市政府财政拨款向商业保险公司购买，个人巨灾保险由社会商业保险机构提供，主要用于居民更高层次、个性化的巨灾保险需求

第二篇

案例篇

第4章　绿色保险支持能源绿色低碳转型与工业领域碳达峰案例

本章内容着重梳理绿色保险支持能源绿色低碳转型与工业领域碳达峰相关案例，介绍了碳交易损失保险、碳排放配额质押贷款保证保险、海上风电保险、风速波动损失保险、安全生产和环境污染综合责任保险、安全生产盯盯保险平台6个保险案例。

案例1：碳交易损失保险

一、案例背景

2020年9月我国在第75届联合国大会上正式提出2030年实现碳达峰、2060年实现碳中和的目标，围绕"双碳"目标，中国银保监会积极落实，要求保险经营机构进一步丰富绿色保险产品和服务，为绿色低碳发展提供全面立体的服务保障，鼓励银行保险机构积极稳妥参与碳市场建设。2021年1月，中国银保监会在工作会议上将"积极发展绿色信贷、绿色保险、绿色信托，为构建新发展格局提供有力支持"列入年度重点工作。2021年4月，中国银保监会召开支持长江经济带发展专题会议，会议指出，近年来银保监会认真贯彻党中央、国务院关于长江经济带发展的指示，积极开展工作，取得良好成效。一是建立健全体制机制，提升政策传导和监管督导效能。二是大力发展绿色金融，完善产品服务体系和组织体系，精准支持绿色发展。三是持续扩大信贷投放，加大对基础设施、产业转型、乡村振兴等领域支持。四是强化保险保障作用，有效发挥保险资金长期投资优势，推动环境污染责任保险、航运保险、科技保险、农业保险等创新发展。2022年5月13日，中国银保监会发布《关于银行业保险业支持城市建设和治理的指导意见》提出，有序推进碳达峰、碳中和工作。鼓励银行保险机构加大支持城市发展的节能、清洁能源、绿色交通、绿色商场、绿色建筑、超低能耗建筑、近零能耗建筑、零碳建筑、装配式建筑以及既有建筑绿色化改造、绿色建造示范工程、废旧物资循环利用体系建设等领域，大力支持气候韧性城市建设和气候投融资试点。

基于强政策鼓励，保险企业也积极探索应用场景，扩展碳保险业务，丰富产品体系，碳交易损失保险便是保障卖方所承担风险的重要碳保险险种，其中一个具体应用是保障碳减排设备因承保风险导致的故障停机，该设备停机期间，由于被保险人继续生产经营过程中产生额外碳排放造成的碳排放配额或自愿减排量损失，保险人根据约定负责赔偿。碳交易损失保险是保险服务保障企业积极参与碳交易、保障企业碳资产稳定收益的积极尝试。

二、案例简述

2021年11月，为落实党中央、国务院关于建设全国碳排放权交易市场的决策部署及国家"30·60""双碳"目标承诺，大连自贸片区管委会联合中国太平洋财产保险股份有限公司（以下简称中国太保产险），创新推出全国首单"低碳项目机器损坏碳交易损失保险"（以下简称"碳交易损失险"），为被全国碳市场纳入发电行业重点排放单位之一的中国华粮物流集团北良有限公司大连热力分公司的5台碳减排设备、6 000吨自愿减排量损失提供风险保障。这一创新金融产品的推出，是大连自贸片区主动服务"双碳"经济，鼓励高碳排放企业转型的创新举措，充分保障了此类企业提高节能环保效率、积极运用碳减排技术，体现了政府与金融机构协同，积极发挥绿色低碳经济的引导作用，也为实现产业绿色转型发展提供了全新思路。

1.保障对象与保障内容

"碳交易损失险"的保障对象目前为纳入全国碳排放权交易配额管理的重点排放单位（控排企业）、参加自愿减排交易的单位。保障内容为在保险期间内，由于以下原因导致的碳减排设备（包括碳捕集设备）故障停机，该设备停机期间，被保险人继续生产经营过程中产生额外碳排放造成的碳排放配额或自愿减排量损失，保险人根据保单约定负责赔偿：①自然灾害；②意外事故；③工人及技术人员操作错误、缺乏经验、技术不善、疏忽、过失；④超负荷、超电压、碰线、电弧、漏电、短路、大气放电、感应电及其他电气原因。

2.产品创新点

一是首次聚焦可货币化的碳交易指标损失，通过保险对碳损失的量化设计，碳减排量指标与企业的经济利益更加紧密地联系在一起，形成强大的激励作用，让企业更加重视碳减排设备的运维与管理。该保险也可作为地方发展和改革委员会、生态环境部门引导企业加强碳减排设备（包括碳捕集设备）应用的配套工具。

二是对非主观故意造成的减排设备故障停机进而使企业在生产经营中产生额外碳排放导致的碳排放配额或自愿减排量损失，保险人提供赔偿，帮助企业合理锁定碳排放成本或自愿减排收益。

三是有助于鼓励企业积极进行产业升级，帮助企业管理碳市场风险，为企业在使用、维护、更新绿色低碳减排设备过程中的风险提供保险保障，降低了企业资金压力，使企业更有信心加大低碳技术投入、加快推进绿色转型，实现从高碳向低碳产业的平稳升级。

三、案例分析

归纳来看，"碳交易损失险"首次聚焦可货币化的碳交易指标损失，作为地方发展和改革委员会、生态环境部门引导企业加强碳减排设备（包括碳捕集设备）应用的配套工具，为企业生产经营中非主观故意造成减排设备故障停机产生额外碳排放导致的碳排放配额或自愿减排量损失提供赔偿，合理锁定企业碳排放成本和自愿减排收益。

四、案例小结

"碳交易损失险"的上线，为大连自贸片区落实碳达峰和碳中和等国家战略部署提供了有力保障，为加快推动自贸片区企业高质量发展、全面绿色低碳转型提供新动力。对引领企业改善能源消费结构，促进企业大力开发和利用绿色能源与清洁能源，提高其在整个能源消费结构中的比重起到了关键作用。同时通过保险保障损失波动风险，企业用能的战略调整也将促使传统能源生产企业进行产量控制，促进传统能源生产企业进行技术创新，提高传统能源的利用效率，从源头上减少碳排放。通过"碳交易损失险"提供风险保障，能源生产型企业更加重视通过技术创新实现"减碳"和经济效益的双赢。

"碳交易损失险"的落地也是中国太保产险联合大连自贸片区为落实我国碳交易机制的重要探索，具有十分重大的现实意义，是保险企业与能源企业践行"双碳"发展战略的有力保障。这一产品对企业因自然灾害、意外事故等导致不能实现"减碳"目标造成的损失进行弥补，降低了企业损失，为企业解决了后顾之忧。

目前，"碳交易损失险"主要惠及参与全国碳交易市场的热电行业。未来，随着碳保险应用场景的不断深入，钢铁、水泥、建材、航空航天、石化、有色金属、造纸等高碳排放行业进入碳市场后，碳保险市场服务空间必将更加广阔。

案例2：碳排放配额质押贷款保证保险

一、案例背景

上海市将确保在2025年前实现碳排放达峰，比全国时间表提前5年。作为上海市重大能源基础设施的投资建设主体，申能集团控股的电厂发电量占到上海市总发电量约1/3，天然气经营规模占到上海市场份额90%以上，肩负着上海碳达峰目标实现的重要责任。为了更好地应对碳排放问题，申能集团在2018年专门组建了申能碳科技有限公司，旨在探索市场化的碳资产管理和碳金融业务。

在筹资渠道方面，也催生了以碳排放权为底层标的的贷款需求。具体而言，碳排放配额质押贷款是指融资需求方将生态环境部核发的碳排放配额作为质押品，以全国碳市场的交易价格作为碳资产价值的评估依据，获得金融机构授信融资的业务。在信用评级方面，也进一步催生了通过保险手段实现信用增级的需求。碳排放配额质押贷款保证保险将碳配额持有企业与贷款银行间的碳配额质押贷款合同作为底层合同，将借款人贷款到期后不能偿还贷款作为保险责任，为贷款银行提供风险保障，是保障质权人实现质权差额补偿的保险产品，进而对碳配额质押行为起到增信作用，有效提高碳配额质押效力，盘活碳资产流动效率，提升碳资产价值。

二、案例简述

为深入贯彻 ESG（Environmental，Social and Governance）理念，服务国家"双碳"目标，在 2021 年 11 月 7 日第四届中国国际进口博览会"科技金融服务双碳经济"国际高峰论坛期间，中国太保产险携手上海环境能源交易所、申能碳科技有限公司、交通银行股份有限公司达成"碳配额+质押+保险"合作，并落地全国首笔碳排放配额质押贷款保证保险业务，为申能集团下属申能碳科技有限公司在交通银行的碳质押贷款按期履约提供保障。申能集团下属申能碳科技有限公司可以质押碳排放配额从交通银行获得贷款，如果借款人到期无法偿还贷款，银行即可向保险公司索赔。

该"碳配额+质押+保险"模式的操作流程如下：[40]

第一，企业通过政府碳排放权配额发放、碳交易市场购买获得初始碳排放权配额；第二，企业向保险公司提交投保申请，保险公司审核后发放保险凭证；第三，企业以碳排放权配额为质押物，向商业银行提出贷款申请；第四，银行审核后，与企业签订借款合同等法律文件；第五，经碳资产管理机构办理质押物存管登记手续，银行向企业发放贷款；第六，质押贷款到期，企业正常偿还贷款，收回质押碳排放权配额；第七，如果银行投保，质押贷款到期，面临质押碳排放权配额权属不清或被冻结，则保险公司向企业支付补偿金；第八，如果企业投保，质押贷款到期，企业未能偿还贷款，则保险公司向银行支付赔偿金，企业收回质押碳排放权配额。操作流程如图4-1所示。

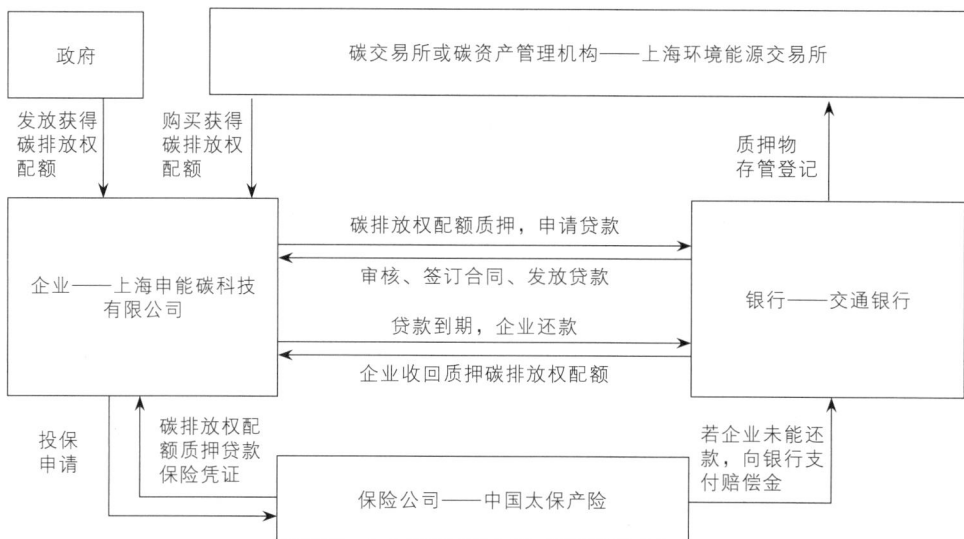

图 4-1   上海申能碳科技有限公司碳排放权配额质押+碳保险贷款运作流程

　　这是全国首笔碳排放配额质押贷款保证保险业务，也是金融机构助力实现"碳达峰、碳中和"目标的最新尝试[41]。通过提供"碳配额+质押+保险"服务，在贷款中引入保险公司风险对冲机制，中国太保产险为碳资产持有人提供增信，保障了金融机构作为质权人的权益，极大提高了碳资产的流动性，提升碳资产价值，也为后续保险服务碳交易市场提供了全新思路。

三、案例分析

1.创新探索"碳排放配额质押贷款保证保险"业务落地

　　该案例通过银行与保险机构合作，实现碳配额质押方式的完善与创新。在"碳排放权配额质押贷款"模式的基础上，通过购买碳排放配额质押贷款保证保险，引入保险公司风险对冲机制，为银行提供了更高效的风险隔离和转移手段，降低履约信用风险，帮助银行提高了碳排放权配额质押业务的审批通过率，使得碳排放权配额质押业务能够更好地适应企业经营特点，不仅丰富了银行的碳金融业务类型，也为后续银保合作服务碳排放权配额交易提供了全新思路。"碳排放权配额质押+碳保险"的模式实际上是对碳配额直接质押方式的完善和创新，为未来构建更加完善的碳金融生态奠定了基础，未来可进一步考虑通过银保合作拓展更多样化的碳金融产品，满足企业多元的绿色金融需求。

2. 打通"碳配额+质押+保险"，助力企业低碳发展

通过提供"碳配额+质押+保险"服务，一方面，中国太保产险为碳资产持有人提供增信，保障了质权人（融资方）的权益，提高了碳资产的流动性，使其能够实现对碳资产价值的有效挖掘，为更多企业的低碳发展提供资金支持；另一方面，"碳配额+质押+保险"是中国太保产险作为保险公司参与碳排放权配额交易市场的一次有益探索，为后续保险服务碳配额交易市场提供了全新思路，持续创新并丰富保险公司参与碳市场的业务类型和服务模式，助力构建规范有序的碳市场体系。

3. 为深入挖掘、开发碳资产提供了创新思路

随着我国建立全国统一的碳市场，碳资产将成为重要的金融资源，需要通过市场化、多元化、创新化的方式进行有效配置和利用。碳排放配额质押贷款保证保险业务就是一种有效利用碳资产的方式，这一业务的成功落地，为重点控排企业充分挖掘碳资产金融属性，有效盘活碳资产起到了良好的示范作用。一方面，该业务模式创新性地利用保险工具为碳资产提供增信，解决了碳资产流动性不足的问题，使企业可以通过质押碳配额获得融资支持，推进低碳转型。另一方面，这种模式的实践探索也为金融机构提供了宝贵经验，可以复制推广至更多企业和行业，丰富碳金融产品体系，促进碳市场的发展和完善，推动我国实现"双碳"目标。

四、案例小结

碳排放配额质押贷款保证保险是一种创新的金融产品，它可以有效地解决碳配额质押贷款的风险问题。该保险产品可以保障质权人在碳配额价格波动或质押人违

约的情况下，获得足额的赔偿，从而提高碳配额质押的安全性和可信度。

　　同时，该保险产品也可以激励企业更加积极地参与碳配额交易，提高碳配额的流动性和价值，促进企业实现低碳转型。企业通过质押碳配额获取融资，既缓解了自身的资金压力，也能获得更多资金支持推进绿色低碳技术改造。而保险公司通过保险提供风险隔离服务，为质押贷款提供信用增级，也提高了银行的放贷意愿。

　　通过打通"碳配额+质押+保险"的金融链条，该保险产品在有效缓解抗击疫情期间企业因经营活动暂停致流动性紧张问题的同时，也积极响应国家"双碳"目标，在绿色金融和实体经济间搭建起一座桥梁，既盘活企业碳资产，又促进节能减排、绿色发展，具有环境、经济双重效益，未来这种创新模式有望持续扩展应用场景，激发金融机构和企业的创新潜力，共同推动经济绿色低碳转型。

案例3：海上风电保险

一、案例背景

　　由于所处海域环境差异，海上风电场建设对该区域的原始水文地质条件造成侵扰，复杂水文条件会对海底产生冲刷和剥蚀，往来船只抛锚和渔业作业亦会对裸露、悬空的海底管线造成破坏。根据国际保险机构统计，占比海上风电项目总投资约9%的海缆（含送出海缆、集电海缆）是海上风电故障当中发生频率最高的部分，占保险索赔事件的75%～80%。据粗略统计，全球海上风电场运营商为维修海缆所花费的费用每年已超10亿英镑，并且这一数字在未来还将不断攀升。因此，承保中的运营期海上风电项目需要定期开展海缆冲刷风险专项检验服务，以及时发现海缆风险隐患并降低出险率、出险损失。目前国内首批由保险机构委托开展的海缆冲刷检验服务已经开始运行，涵盖中闽保营、龙源南日岛、三川平海湾F区等海上风电场。

二、案例简述

2022年5月，中国太保产险福建分公司与北京鉴衡认证中心有限公司合作，针对在保的福建龙源南日岛海上风电项目进行海缆冲刷检验，抛开了传统风控服务以运维数据及海面风机检验度量风机机组隐患的方式，开创了保险行业海上风电运营保险风险防控的新思路。同时，极大程度上解决了客户在日常运维过程中无法及时发现海缆状况的困难。此后该项检测服务也为其他在保风电项目沿用，受到各家风电客户的好评。

该项检测利用侧扫声呐配套设备、参量阵浅地层剖面系统、信标机、三维姿态传感器、多波束扫测，由检测人员根据海况天气选择合适窗口期出海，通过对送出海缆及集电海缆的实际路由、实际敷设深度、沿线障碍物扫测调查，海缆的路由沿线两边各50米范围的水下地形测量，形成海缆现状图。最终根据检验结果给出具体冲刷防护建议。

此次开展的海缆冲刷风险检验服务重点关注了标的海上风电场35KV集电海缆、220KV送出海缆在强冲刷风险区域的海缆段的埋深情况（是否标准埋深、是否已裸露、是否已悬空等）、路由沿线的障碍物和冲刷问题。由资深随船外业工程师和高级分析评估工程师组成的服务团队，依托精密仪器设备、专业船舶及工装，在有限的作业窗口期内，高效开展了外业和内业作业，完成了现场检测工作并出具了海缆冲刷风险检验报告，辅助保险机构和业主机构制订了有针对性的风险预防和控制方案，为海缆健康安全运营提供了专业的风险解决方案和风险管理服务。

检验服务期间，海缆冲刷风险检验团队专家与业主单位、经纪机构、保险机构开展了充分的交流讨论，并形成"业主+经纪+保险+第三方"的联席协作机制，针对海缆冲刷风险推出融合"扫测预警+防控处置+修缆兜底"于一体的综合解决方案，以应对过去"担心冲刷但很难找到各方认可的扫测服务方，扫测发现问题后没有高性价比的处理，处理后又很难得到保险兜底"的问题。

三、案例分析

1.经济效益

（1）减少故障损失：通过风险评估和设计优化，降低海缆冲刷风险，从而减少因冲刷导致的故障。这有助于减少海缆修复或更换的成本，避免了由于通信或电力中断而造成的生产停工、商业流通中断等直接经济损失，也避免了服务中断对社会公众生活的间接影响。

（2）提高系统稳定性：实时监测和预警可以及时发现潜在的冲刷风险，并采取相应措施加以防范。这有助于提高海底电缆系统运转的稳定性与效率，尤其确保关键基础设施的正常运行，避免了关键基础设施瘫痪所造成的巨大经济损失。

（3）延长海缆使用寿命：通过对海缆进行合理设计和有效保护，可降低其受到外界环境影响的程度，从而延长海缆的使用寿命，减少长期运维成本，提升整体的投资回报率。

（4）提高运维效率：故障诊断与应急处理能力的提升有助于厂商在发生问题时迅速定位故障原因并采取有效的针对性措施，减少修复时间，减轻或避免由故障引起的经济损失进一步扩大。

（5）增强企业竞争力：通过技术培训和支持，企业可以提高员工的专业技能和应对风险的能力，增强企业在海缆行业的技术壁垒与核心竞争力，有助于扩大市场份额。

总之，海缆冲刷风险专项检验服务有助于降低故障风险、提高系统稳定性和运维效率，从而带来显著的经济效益。这对依赖海底电力和通信光缆系统的企业和社会经济发展具有重要意义。

2.社会效益

（1）保障通信与电力供应：通过降低海缆冲刷风险，确保关键通信和电力基础设施稳定运行，为社会经济发展提供持续可靠的电力供给保障，保证生产活动的连续性与稳定性。

（2）提高公共安全：降低海缆故障风险可以避免由于通信或电力中断而导致的公共安全事故，如交通运输中断、医疗服务瘫痪等事故，保护人民群众的生命财产安全。

（3）改善环境可持续性：合理设计和保护海缆有利于减少海洋生态环境破坏，促进海洋资源的可持续利用，增加后代的福利水平。

（4）推动科技进步：海缆冲刷风险专项检验服务需要跨学科综合应用，涉及地质、海洋、通信等多个领域，该保险可以促进多领域技术创新和应用的良性互动，推动相关产业科技水平的提升，形成产学研结合的良好局面。

（5）提升软实力：先进的海缆防护技术和风险管理服务，可以提升我国在海洋工程领域的软实力和国际影响力。

海缆冲刷风险专项检验服务，可以带来通信畅通、电力可靠、公共安全、环境友好等多方面的社会效益，对推动经济社会可持续发展具有重要意义。

四、案例小结

本案例展示了一种有效的海缆冲刷检验风险防控措施，它以"事前预防"为核心理念，旨在减少海上风电运营期保险的出险概率。该措施有助于维护海上风电稳定供电，避免保险公司承担大额理赔。

创新点主要体现在：

（1）将传统的保险服务模式从事后赔偿转向事前预防，这有助于从源头上降低风险，减少保险公司潜在的理赔支出，同时提高企业对风险防控的重视程度，实现双方互利共赢。

（2）通过企业与保险公司的紧密合作，深度结合项目特色，共同实施完善的差异化风险防控措施，包括规划、保护设施、巡检维护、监测预警和培训教育等方面，形成了一套具有针对性、可操作性强的解决方案。

（3）本案例不仅保障了海上风电项目的高效安全稳定运营，也为清洁能源领域保险服务的创新和拓展提供了有益的示范与参考，具有很高推广价值。

该案例的成功实践表明，此类整合型风险防控模式具有很强的实用性和有效性，可为其他地区的海上风电项目提供借鉴。针对不同地区的地形地质条件、海洋环境和海底电缆情况，可以对本案例中的措施进行适当调整和优化，以满足特定需求。通过在全国范围内推广这一风险防控模式，有助于提升整个行业对海缆冲刷检验风险防控的认识和能力，同时也有利于我国清洁能源产业的全面持续健康发展。

案例 4：风速波动损失保险

2021 年年底，中国财产再保险有限责任公司（以下简称中再产险）与中国平安保险合作，共同承接了由宁波某能源公司投保的风电场风速波动损失保险业务。中再产险使用了 2019—2020 年测风塔数据及 1981—2018 年美国航空航天局（National Aeronautics and Space Administration，NASA）再分析数据，模拟计算了保险经营情况，对业务风险进行了充分考量后确定了该产品的落地，该产品会针对风电场因风速不足造成的发电收入损失进行保险赔偿。该产品落地有效支持了绿色能源转型的国家战略。

一、案例背景

国际上关于气候变化减缓与适应的讨论较早，其中能源的绿色转型与减缓高度相关，对中国而言资源禀赋长期以煤炭为主，天然气等清洁能源相对匮乏，进入新发展阶段后我国也高度重视绿色高质量发展，强调要提高单位 GDP 的自然资源利用效率，并提出 2030 年碳达峰与 2060 年碳中和的目标。基于"双碳"目标，我国大力支持扩大光伏风电等清洁能源的体量，近年来我国风电光伏装机规模都稳居世界首位，随着技术的不断成熟，新能源价格已经基本实现平价上网，部分省份清洁能源使用占比与火电相当，即新能源发电已成为市场化行为。从地方来看，浙江省也一直走在我国新能源转型的前列，宁波市作为浙江省重要的经济中心城市之一，也是一座典型的新型能源城市，截至目前，宁波已经建成了煤炭、油气、核电、风电、太阳能等多元化能源供应体系,风电容量已经达到900万千瓦左右。但目前小型清洁能源发电仍存在现实难题,其一是投入大且投资回收期长,电厂融资难度高;其二是资源波动风险,间接带来盈利风险。

中再集团作为中国再保险业国家队,也将绿色发展作为战略规划的重点任务,积极参与海上风电、陆上风电及光伏等清洁能源领域业务。截至2021年11月底,在全国新能源电力资产的保险保障中,中再产险承担的风险保额约占财产保险行业承保保额的15%,承担再保险分出责任超过20%。针对上述难题,中再产险也积极开展产品创新[42],选取宁波为试点城市,与能源公司合作推出指数保险,以风速为基准,平抑风速资源波动风险,以更好地服务电力行业转型升级。

二、案例简述

1.引入第三方确定指数

对风电场而言,核心指数为风速,在风速理赔基准方面保险公司依赖中立的第三方机构,囊括保险全过程,包括事前方案的制订,约定指数的触发点,事中数据的检测与维护,事后保险理赔金额的计算,确保过程的中立性和公正性。

2.引入大数据展开精细化风险评估

从风速数据来源上来看,其一是气象站,其二是自建测风塔,其三是卫星数据。其中气象站因网点密度有限,往往距离偏差较大,数据准确性受限;测风塔数据虽然更精准,但往往历史数据有限,一般持续几个月至两三年不等;卫星数据往往监测时长在30年左右,且时间分辨率较为精确,精度最高可达1分钟,数据质量较高。保险公司会聘请第三方机构对数据做融合处理,得到较持续的风能资源情况,实现风险的精细化评估。

3.建立风险监测平台

风险监测平台的设立往往结合投保人需求而定,可以新建平台,也可以融入已有平台增加板块,核心是测风塔数据管控,后续的理赔都会以该数据为基础,第三方往往也会要求被保险人做好数据的运维,并要求测风塔的数据传送到第三方的平台中，第三方平台会对数据进行实时监测、存储与检错，保证数据的准确性和可靠度。

4.明确风险保障范围

风机发电会有风速范围要求，风速过低过高都不会发电，由于风电运转成本相对固定，电价约定好后，风速与电厂收益的对应关系也较为稳定，公司每年也会结合电价做适度调整，风速过高造成风机设备受损则不在风速损失保障范围内。

三、案例分析

1.经济效益

（1）对风电企业而言，实现经营保障。通过保险可以有效覆盖风速波动的风险敞口，稳定其经营收入与盈利，以保险为支撑，也进一步刺激风电企业扩展业务的意愿，促进风电行业规模的扩张与高质量发展。

（2）对保险公司而言，扩充了收入来源。通过引入第三方的数据管控，可以有效量化风险，实现风险的精准化管控，也为赔付点的确立建立有力数据支撑，同时扩展了风电行业指数保险，补充了收入渠道。指数化保险可以明确理赔依据、简化操作流程，有助于保险公司迅速扩大清洁能源企业的保险覆盖面，抢占市场份额，增加收入来源。

2.社会效益

（1）促进能源结构调整，助力"双碳"目标的实现。风速波动损失保险有效保障风电企业的经营风险，支持和鼓励风电等清洁能源的发展与利用，提高新能源消费在能源消费中的整体占比，有利于我国能源结构的优化与调整，助力低碳经济的发展。

（2）促进技术进步。指数保险需要保险公司、能源公司与第三方数据机构三方联动，各方为保证自己的权益会强化技术研发，保险公司为实现精准理赔、降低赔付概率，会不断强化风险模型的研发；能源公司通过保险保障风险，会积极开发新技术优化风能利用效率；第三方数据机构为保证自身的权威性，会不断完善监测平台的维护与数据挖掘。一方的技术进步会带动另外两方的技术需求，进而带动风电行业的技术升级。

3.环境效益

促进清洁能源发展，减缓气候变化。风速波动损失保险以风速为基准，保障风电企业收益，促进风电行业发展，这一成功经验也可为其他清洁能源的指数化保险提供重要借鉴，如水电、光伏等，有助于促进清洁能源的发展，提高清洁能源产业比重，进而降低环境污染程度，减缓气候变化，带来显著的环境正效益。

四、案例小结

通过引入第三方机构确定指数及提供数据支撑，依托第三方机构专业的技术支持以及中立地位，有效保障了数据的全面性、准确性与可靠性，保险公司便可以此为基础建立科学的风险模型，量化不同风速下的损失概率和损失幅度，进而实现科学的风险定价及准确理赔，提升产品设计的专业性与科学性，同时指数保险也可以明确责任范围，避免理赔纠纷，确保各方权益。风速波动损失保险的成功经验也可以推广到光伏、水电等领域，扩展清洁能源中指数保险的应用场景，促进清洁能源行业的发展，支持"双碳"目标的实现。

案例5：安全生产和环境污染综合责任保险

衢州是浙江省著名的化工产业制造基地，近年来面对安全生产和环境保护等层面的压力。2015年年末，衢州市启动"全国绿色金融改革创新试验区"创建工作。中国人民财产保险股份有限公司（以下简称人保财险）衢州市分公司接手市政府交予的任务，推出安全生产和环境污染综合责任保险（以下简称安环保险）。通过创新保险模式，优化险种，争取政府补贴，采用第三方安全和环境技术并形成标准，使得保障更全面，减少企业费用负担与风险。进一步提升了企业自身安全与环境管理水平，强化自我防范意识，并缓解了检查压力。为分担社会风险，补齐公共服务短板提供了新的解决方案，达到了政府、企业、保险、社会共赢的效果。本案例亮点在于保险公司进行内部组织建设，与政府协同合作，采用第三方安全和环境技术进行科创助力，实现了良好的风险控制。在经济效益与社会效益上取得了显著提升，具有良好的推广普及价值。

一、案例背景

衢州地处浙江省母亲河"钱塘江"的源头，是浙江省著名的化工产业基地，也是国家级的氟硅新材料特色产业基地。近年来，衢州市化工行业逆势而上，增幅和利润均取得快速发展，2016年实现产值307.56亿元，利润9.74亿元，化工行业规模以上工业总产值占工业总产值的18.9%。由于化工产业安全环保管理的要求高，也让衢州成为全省四大环境风险源集中区域和安全与环境事故重点防控区。同时，由于衢州市独特的地理环境，承载着全省生态屏障的功能，确保"一江清水送杭城"已然是衢州市的政治任务和社会责任。

面对安全生产和环境保护等层面压力，衢州市委、市政府高度重视危险化学品生产、储运的管理，在推进智慧安监、智慧环保等工程建设的同时，积极探索保险参与管理的有效途径。2015年年末，衢州市委、市政府全面启动"全国绿色金融改革创新试验区"创建工作，探寻运用保险工具加快推进传统产业转型升级和参与新时期社会治理。市政府将制订危化企业一揽子保险问题解决方案的任务交给了人保财险衢州市分公司。

二、案例简述

安环保险具有补短项、补空白、补过程三个主要特点。从安环保险项目设计的初衷来说，事前风险防控的意义远大于事后赔偿，这就决定了保险公司需要在政府支持下，建立一个良好的安环风险防控和服务体系，通过第三方安环管理专业力量的引进，成为衢州市安环防控的"第三只眼"。既可以为大型企业的安环管理查找漏洞、提出建议，又能为中小企业培养安环专业人才和建立合适的应急体系，从根本上解决重点行业生产中涉及大量危化品的企业的安全与环境风险问题。

人保财险衢州市分公司在市政府相关职能部门的大力支持下，邀请了清华大学环境学院参与设计架构。经过多方论证，2016年10月，《衢州市安全生产和环境污染综合责任保险试点工作实施方案》获得市政府常务会议同意，并通过市委深改委审议。方案在保险产品的设计过程中，将风险的过程管理前置于保险本身，使保险的职能从单一的"赔偿"向"保险+服务"模式转变，并大胆引入第三方专业机构，借助社会力量补足服务企业的最后一公里。

1. 创新保险模式

在安全生产和环境污染综合责任保险的设计过程中，人保财险衢州市分公司始终将风险的过程管理前置于保险本身，使保险的职能从单一的"赔偿"向"保险+服务"模式转变。公司引入了清华大学环境学院、衢州巨程安全技术服务有限公司、衢州市环境医院等第三方安环服务机构，为投保企业开展风险评级、安全巡查、安全培训等服务，让专业的人干专业的事，提高服务客户的质量。将政府、企业和保险三个层面进行深度融合，建立融合政府主导、财政补贴、市场化运作和第三方风险管理服务为一体的安环保险风控体系。

2. 灵活优化险种

公司整合了以往分散实施的安全生产责任保险、环境污染责任保险和危险品运输保险，保费仅为原有产品的三成左右，减轻了企业的负担。针对企业生产、运输、仓储等全流程的风险情况提供套餐式选项，企业可根据自身实际经营过程的不同风险情况进行差异化的产品选择。此外，公司实行费率浮动机制，根据企业实际风险状况等级进行差异化的定价，运用费率杠杆促使企业降低自身经营生产风险。

3. 大幅提高保障

对未参保或无法参保工伤保险的员工也提供保障；对事故造成的第三者人身伤亡和直接财产损失也进行赔偿。针对以往道路危险货物承运人责任保险保障额度偏低的情况，新增危化品运输车辆超额保障，累计保障额度从500万元提高到1 100万元，每次事故保障额度从100万元提高到350万元，提升了企业应对重大事故时的抗风险能力，满足企业的实际需求。

4.争取政府补贴

为了提高企业的参保积极性，保证试点稳步推进，市政府计划拿出2 000万元左右资金，按照年度考核结果，对头3年参加保险的企业每年最高提供50%的保费补贴，对保险公司第三方服务费用提供最高30%金额补贴且每年不少于100万元。通过政保合作，建立起政府、保险公司与企业安全环保良性互动的工作机制。

5.利用第三方安全和环境技术加强服务

一是由环境医院等第三方服务机构定期开展每月至少一次的风险巡查，帮助企业预见性消除安全隐患。二是由当地安全服务公司开展每季一次的"安环培训"，做好对企业现有管理人员安全业务知识培训。三是开展企业特殊作业、应急演练等特殊应急救援预案和从业人员培训等工作。

为切实保障安环保险项目的顺利运行，衢州人保财险公司专门设立了"绿色保险事业部"，负责与有关部门、参保企业以及第三方服务机构的沟通衔接。运用人保财险与清华大学联合开发的环境污染责任保险企业环境风险管理平台，及时录入参保企业风险状况等信息，适时做好与"智慧衢州"平台的对接。在深入探索与实践"保险参与社会管理"职能、助力绿色发展的同时，也推进了公司险种创新和持续快速发展[43]。

6.形成标准

2019年2月11日，衢州市发布了全国首个"绿色保险"地方标准《安全生产和环境污染综合责任保险服务规范》，有效固化安环保险的过程服务，确保服务质量，更好地发挥商业保险的稳定器、助推器作用，助力衢州经济高质量发展、保障民生安全。

三、案例分析

企业防范意识不断增强，风险防控能力不断提升。通过第三方机构对企业日常监督管理形成的高质量风险评估和整改报告以及风险管理培训，使企业及时完善风险防控管理制度，切实提升企业风险防控能力。截至 2018 年年底，第三方服务机构累计提供风险巡查 3 310 次，发现风险隐患 6 215 条，企业平均整改率达 85%。2017 年中央环保督察，市本级参保安环保险的 71 家企业没有一家因环保问题被问责。

1.经济效益

（1）险种更综合，保障更全面。

安环保险是为企业生产经营过程量身定制的一款综合产品，责任范围涵盖涉危化企业的生产、储运和废弃物处置等环节，全面地分散了企业的生产风险，为其提供了全流程、多方位和全生命周期（从生产、储运到废弃物处置）的综合保障，对企业来说这样的一款综合产品更具有吸引力。

安环保险对企业来说还起到了"补短项"、"补空白"和"补过程"的作用。"补短项"是指针对工伤保险赔偿金额与发生事故造成人员伤亡实际赔偿金额存在不足的短板，安环保险实施后，能够大幅度提升参保企业的保障标准，每人保额提升至 100 万元。新增危化品运输车辆超额保障，累计保障额度从 500 万元提高到 1 100 万元，每次事故保障额度从 100 万元提高到 350 万元，极大地提升了企业应对重大事故的抗风险能力，企业防范意识也不断增强。"补空白"是指安环保险的实施将帮助企业弥补员工未参与或无法参保工伤保险的空白、对因安全生产事故造成第三者人身伤亡和直接财产损失的保障空白。"补过程"是指安环保险将实行社会化服务与保险相结合，通过引入第三方安环服务机构，为投保企业开展风险评级、安全巡查、安全培训等服务，加强企业过程管控和事故预防，以期减少事故、减少赔偿、减少政府负担，实现安全与保险的良性互动。

（2）保险费率更优惠，减少企业费用负担。

安环保险对以往分散实施的险种进行综合，责任更广泛，保费更优惠，保费仅为通常收费标准的三折左右，大大减少了企业的费用负担。

（3）政府补贴减轻风险压力。

政府对参保企业提供 50% 的保费补贴，使那些之前缺乏支付能力的企业也可以享受保险公司提供的保障服务，减少了其生产过程中的风险压力。对保险公司提供30%保费补贴（最少不低于100万元），专项用于第三方服务机构开展专业化风险管理工作的经费，并由保险公司实施对第三方机构的管理和考核。通过这种"政保合作"模式，逐步建立起了保险与企业安全环保良性互动的工作机制，有效促进安全环保形势持续稳定好转。

（4）绿色保险保障与服务功效显现。

由衢州市安全生产管理机构牵头，人保财险衢州市分公司派出了7个小组，与71家企业进行现场对接，一企一策制订承保方案。71家企业与人保财险衢州市分公司签订了安环保险投保合同，收入保费920万元，累计为企业提供100亿元的风险保障，有效为企业风险减量，提升了管理水平，助推了企业绿色转型发展，这是对新发展理念的生动实践，对"平安衢州"建设具有积极的推进作用。安环保险通过引进第三方服务机构，为企业提供与安全生产工作、环境风险管理工作相关的技术服务。服务包括现场风险评估、安全技术服务和环境技术服务，以此来降低企业的生产风险。安环保险不但实现了以往的保险赔偿职能，还完善了"保险+服务"功能。

2.社会效益

（1）参保企业满意度高，提升了企业自身安全与环境管理水平。

一是提升企业安全管理效能。由第三方专业机构提供"量身定做"的安全与环境管理方案、安全技术服务和环境技术服务，定期开展安全与环境管理检测，动态"把脉"，进一步增强了企业安全与环境方面的管理水平，也减轻了原先较重的安全管理人力资源负担。二是提升企业自身安全与环境管理水平。第三方服务机构为企业安全与环境管理人员定期开展安环管理知识培训，指导并参与具体管理实践，有效地提升企业安环工作管理水平。

（2）可复制可推广。

安环保险对今后矿山、危险化学品、烟花爆竹、民用爆炸物品、金属冶炼、渔业生产等高危行业风险管控与保障具有借鉴与示范作用，且已相对成熟。安全生产相关管理机构领导分别做出批示给予肯定，全国已有 30 余家省市县政府来衢专题学习考察，国务院政务网站、新华网、安全生产报、中国环境报、浙江日报、浙江卫视等多家国家级和省级媒体都作了相关报道。目前衢州市衢江、常山、开化等区县分别就安全生产责任险或安环保险进行了复制启动，其他县市也在酝酿推广中。

（3）有效缓解检查压力，解决监管人手不足的难题。

第三方专业人员介入后，政府可通过查看第三方机构出具的风险报告更真实地了解企业的生产风险情况，采取有效的管理措施，将风险消灭在萌芽状态。

（4）差异化管理，有效提升自主防范意识。

市政府和保险公司根据企业实际风险状况等级和事故发生率，分别进行差异化补贴和定价；保险公司根据第三方机构服务质量、数量和参保企业事故发生率等数据，对第三方机构进行管理和考核，运用费率杠杆有效提升企业和第三方机构自主防范意识。

四、案例小结

安环保险有效地提升了危化企业安全与环境管理水平、降低了企业经营风险和减少了超标排放、保障和服务了地方绿色经济发展。同时，也体现了绿色保险深度参与社会治理，协助政府解决当前迫切的管理难题的探索、创新与具体实践，促进衢州绿色金融发展综合改革试点工作的开展。这一保险创新为分担社会风险、补齐公共服务短板提供了新的解决方案，达到了政府、企业、保险、社会共赢的效果，是衢州市政保合作又一成功典范。

案例 6：安全生产盯盯保险平台

安全生产盯盯保险平台是中华联合财产保险股份有限公司（以下简称中华财险）浙江分公司安责险风险减量创新项目，是集"保险+专业风险管理+治理结果运用"于一体的新保险模式。采取数字化枢纽式架构，通过链接安责险各方主体，形成集中服务投保人、行业协会、保险公司和专业风险管理机构的能力，并同步发挥辅助监管职能，将智慧安监综合管理平台的安全生产责任险模块服务流程形成完整的闭环，成功实践了"保险风险保障+专业风险管理+科技平台赋能"的创新治理模式。安责险事故预防服务方案主要是围绕着建筑工地涉及安全的"人、机、法、环"4个维度，对重大危险源，由"线上实时监测"服务和"线下专家现场检查"服务两部分组合而成。

一、案例背景

浙江省作为我国化工大省近年来规模效益持续提升，截至2020年年底，省内共有规模以上石油和化学工业企业4 679家，实现工业总产值10 456亿元，总量规模居全国各省市第4位，化工产业安全环保管理的要求高，也为安全生产责任保险发展带来广阔的机遇。安责险全称是安全生产责任保险，作为责任险中的重要品种，承保标的是被保险生产经营单位因生产安全事故造成的人员伤亡和财产损失的赔偿责任，也是发挥保险机构参与风险评估管控和事故预防功能的重要路径。近年来我国对安责险的政策支持持续加码，2021年9月新修订的《中华人民共和国安全生产法》正式实施，要求建设工程施工、危险品生产与储存等八大高危行业强制执行安责险，否则将被处最高20万元的罚款。安责险保费有望跃升至千亿级规模，但在安责险风控新政的强势倒逼下，传统的安全技术咨询暨风控服务模式已无法满足实际需要，市场呼唤的是规模化、标准化以及响应速度快、服务效率高的价值输出，进一步加大了安责险业务风险管控的难度和迫切性。

中华财险作为国内安责险的先锋，也走在安责险标准化管控的前沿，早在2019年中华财险浙江分公司便首次覆盖安全生产责任保险，但受制于业务起步初期缺乏经验，2020年满期赔付率高达204.95%，保险公司亏损较大，面对日益复杂的经营环境和政策监管形势，以及自身安责险风险管理的精细化需求，2022年5月中华财险浙江分公司上线安全生产盯盯系统，引入第三方风控服务，探寻保险公司端、企业端、第三方服务公司端、专家端以及政府端五方联动的安全生产风险管理，实现风险的全方位与专业化管理。

二、案例简述

从安全生产盯盯项目设计的初衷来说，事前风险防控的意义远大于事后赔偿，这就要求保险公司建立一个良好的数字化风险防控和服务体系，引进第三方风控机构专业力量，双重保障可以大大降低事故发生概率，近年来安责险以及建筑安责险的赔付概率均得到显著改善，满期赔付率已经由 2020 年的 204.95% 降到了 2022 年的 13.66%，截至 2023 年 6 月 8 日，安全生产盯盯保险平台合计维护 6 763 笔安责险业务，目前 3 384 笔业务仍在风险服务中。

中华财险浙江分公司积极创新，通过公开招标引入第三方风控机构提升风险管理效能，采取数字化枢纽式链接保险公司、企业、政府、第三方服务机构以及专家端五方主体，形成完整的安责险风险管理闭环。

1.引入第三方风控机构

围绕安责险与建筑安责险业务风险的专业化管理，公司于 2022 年 2 月公开招标引入 11 家第三方专业风控团队并签订合作协议，各中支机构可以根据地区以及服务内容选择意向合作的风控机构，签订补充协议明确各个地区的服务次数、服务内容以及服务费比例，同时 11 家第三方风控机构也形成专家库，促进风控的共享与创新。从系统实际运作模式来看，公司在核心系统录入安责险业务，同时将业务录入安全生产基金系统，随后中支公司或加入的分支机构将其分配给已经签订补充协议的第三方服务机构，风控机构收到服务需求，公司依据风控公司是否提供服务以及服务的质量衡量服务费，其结算也在系统内完成，公司也对此做出第三方服务费比例不超过 20% 的限制。此外，公司也就第三方风控公司引入竞争机制，每年年底公司会根据相关章程规定对系统内的风控机构进行打分展开考核评比，并以此决定后续是否继续合作。

2.连接政府端

安全生产盯盯系统端口除了常规的企业端、保险公司端、第三方服务机构端以及专家端，还引入政府端，目前浙江省也致力于打造安责险服务平台，公司也在积极对接政府端实现数据联通共享，为浙江省政府提供公司的保险数据标本进而为省级服务平台的构建做参考。

3.建立负面客户清单

2023年中华财险浙江分公司新增加负面客户管理模块，第三方风控机构、再保险公司在承保时都可以在系统内查询客户是否属于负面清单客户，如果不属于，公司再进行承保，加强优质客户的筛选效率，从源头降低了承保风险。

4.不断扩展险种

安全生产盯盯系统研发初期主要针对安责险与建筑安责险业务，随着安责险的业务趋于成熟，公司也在此基础上不断扩展险种，如食责险、环责险等，强化风险保障的范围，并结合行业政策与监管要求针对不同的险种推出差异化服务，如风险测算等。

三、案例分析

1.经济效益

提高风险管理效能，降低公司满期赔付率。2020年公司满期赔付率高达204.95%，2021年满期赔付率为45.25%，2021年加装安全生产盯盯系统后引入第三方专业风控团队，由第三方负责投保企业的数据维护、检测，公司风险管理效率大大提高，2022年的满期赔付率已经降至13.66%，未来有望进一步降低赔付压力，释放利润空间。

2.社会效益

（1）构建各相关方主体的联动机制，降低风险事故发生概率。系统构建保险公司、被保险企业、第三方风控服务机构、政府部门以及专家的联动机制，实现信息共享，第三方机构利用专业技术开展安全检查和评估，企业针对问题整改，政府部门加强监管，保险公司提供风险保障和防范建议，专家提供咨询指导，各环节间形成良性互动，加强了安全生产精细化管理与监管，有效防范和减少了安全生产事故的发生，保障了人民群众生命财产安全。

（2）推动保险公司与地方政府在安全生产领域的数据共享与合作。通过与浙江省政府之间的数据共享，也为政府安责险公共服务平台的构建提供参考与决策依据，对保险公司而言，也有助于及时跟进监管动态，提升安责险业务的规范性。整体而言，数据共享可以加强双方合作，形成监管和服务的良性闭环，共同推进区域安全生产水平提升。

四、案例小结

安全生产盯盯系统通过数字化方式构建保险公司、被保险企业、第三方服务机构、政府部门及专家五方联动的安全生产风险管理体系，打通各方之间信息壁垒，建立数据共享和业务协同机制，实现了安全生产管理的全流程闭环。尤其引入第三方专业机构维护、检测数据，确保数据质量，也提升了数据利用效率以及风险管理的精准性，有效降低事故发生概率，提升风险管控效率。此外，通过与政府安全生产公共服务平台共享数据，也实现监管和服务的有机结合，对浙江省政府而言，安全生产盯盯项目帮助政府机构及时了解保险企业和投保企业的实际诉求，也为省级安责险平台的构建提供参考依据，数据共享也提高了监管的执行效率；对保险公司而言，与政府平台的合作可以提高与省级平台的兼容性，及时跟进监管进展，提高保险业务实施的规范性，不仅提升了安全生产监管效能，也使保险服务更符合监管要求，双方实现共赢。

当前我国安责险成为强制险种的时间较短，仍处于起步阶段，安全生产盯盯项目作为中华财险在安责险领域的创新实践，通过多方联动机制以及数字化方式达到了政府、企业、保险公司、社会共赢的效果，有效防范、化解风险，遏制生产安全事故的发生，为浙江省乃至全国安责险的深度推广提供了新的解决思路，也有望促进我国其他地区的安全生产与风险管理。

第5章 绿色保险支持节能降碳增效与碳汇能力巩固案例

本章内容着重梳理绿色保险支持节能降碳增效与碳汇能力巩固相关案例，介绍了草原碳汇遥感指数保险、海洋蓝碳养殖保险、湿地碳汇生态价值保险、滨海生态系统保护的机制创新——蓝色碳汇和绿色保险、上海耕地力指数保险、"农粮保"早稻育秧期成本损失保险、中蜂养殖扶贫保险、衢州市建设工程绿色综合保险、绿色建筑全生命周期"碳达标-碳维持-碳恢复-碳补偿"保险解决方案、供应链网络安全保险10个保险案例。

案例7：草原碳汇遥感指数保险

一、案例背景

据初步估计，世界范围内生态系统的碳储量，森林占39%~40%，草原占33%~34%。研究表明，我国草原植被生物量占全国总生物量的10.3%，草原土壤碳储量占全国土壤总碳储量的36.5%。综合比较来看，草原与森林的碳汇功能同等重要。内蒙古草原广袤辽阔，天然草场面积多达8 666.7万公顷，占全国草场面积的21.7%，是我国最大的天然牧场，其生态地位突出，是祖国北方重要的生态安全屏障。

草原最大的价值在生态，生态最大的经济潜力在碳汇。按照中共中央办公厅、国务院办公厅印发的《乡村建设行动实施方案》要求，应加快建设农业农村遥感卫星等天基设施，创新"卫星遥感+保险"的服务模式，建立融合农业气象要素，灾害监测、预测、诊断、预警、风险分析为一体的农业气象一体化业务平台,实现农业保险理赔定量化、科学化。利用3S(遥感技术、地理信息、定位导航)技术开展草原碳汇保险,是推进数字农险发展和草原碳汇经济发展的重要体现。依托数字化草原碳汇保险,建立草原生态数据库,探索发展草原碳汇经济金融体系,是草原碳汇建设的迫切需求。

二、案例简述

2022年1月21日,全国首单草原碳汇遥感指数保险成功落地内蒙古包头市。本次草原碳汇遥感指数保险是中国太保产险内蒙古分公司基于草原碳汇原理与遥感数据分析,携手内蒙古天合林业碳汇研究院、上海环境能源交易所共同完成的绿色金融创新产品,为包头市达尔罕茂明安联合旗的农牧民提供草原碳汇绿色生态风险保障。此外北京佳格天地科技有限公司(以下简称佳格天地)为本次承保的农牧民提供第三方草原碳汇遥感评估服务,共同促进草原碳汇生态高质量发展。

1.与专业数据应用企业合作

草原碳汇遥感指数保险由中国太保产险携手上海环境能源交易所与佳格天地共同完成。佳格天地是一家农业农村大数据应用企业,基于以卫星遥感为核心的多源数据,佳格天地能够为农业生产管理、农业金融服务等多领域提供时空大数据应用服务。

佳格天地团队对项目进行研究与分析,相较于森林和湿地,草原的生态环境更为复杂,存在更多风险因素。一方面,辽阔的草原上可能遇到干旱、沙尘暴、火灾等各类气候灾害,草畜不平衡也会导致草原生态退化;另一方面,草原自身又拥有相当强劲的恢复力,可以一定程度上修复所遭受的损害。因此草原损失的评估需要综合考虑上述两方面情况,不能仅靠测量单次灾害的影响来判断损益,而需要对其生长季进行长期的整体评估。此外在"双碳"目标中,核心关注的问题是二氧化碳的排放与吸收。传统方式下,获取大气中二氧化碳的浓度数据通常是采用站点实测的方式，即通过在固定地点设置观测站以获取局部二氧化碳的浓度情况。这种测量方式虽然获取的数据精度较高，但往往只能测得局部情况、难以实现大范围的广域监测。

2.创新采用卫星遥感技术

草原碳汇遥感指数保险率先采用了卫星遥感技术，利用该技术获取碳源、碳汇现状与变化情况。通过多次重访草原生长周期，采用结果导向数据来全面评估草原生态，同时解决了评估草原生态状况和碳汇情况两大问题，并在此基础上开发了全新的碳汇保险产品——草原碳汇遥感指数保险。

由于卫星遥感天然具备覆盖面积大、获取速度快等优势，在碳汇指数保险的设计与应用环节中，其能够有效帮助设计者进行科学化统计、建设分析模型，从而设计相关的数字指数指标。在保险承保后，卫星遥感也能够高效地了解碳汇规模，及时获取碳汇损失信号，统计受灾数据，助力理赔等工作的进行。

3.构建严谨合理的保险指标

草原碳汇遥感指数保险基于被保草场全年综合生长情况，根据地区每年调整。在保险期间内，对草地区域每年净初级生产力（NPP）数据进行指标构建，对各期负距平值或平均值进行累加，保险期间结束后进行汇总，计算出"草原遥感指数"，待保险期间结束后，根据区域内的遥感指标，给出各风险单元区域的评估结果和理赔值，供理赔和风险管理参考。

该保险标的是符合下列条件的禁牧区草原和草畜平衡区草原：（1）按照草原奖补政策划定的草原；（2）权属清晰且草原使用者或承包经营者已与政府相关部门签订禁牧责任状（责任书）的草原。该款保险产品的责任是在保险期间内，由于①旱灾；②火灾；③病虫草鼠害；④沙尘暴；⑤低温冷害；⑥雹灾；⑦暴雨、洪水（政府行蓄洪除外）、泥石流、山体滑坡七类因素造成保险草原植被NPP值降低，且按照约定方法测得的保险草原的NPP值低于保险合同载明的标准NPP值时，视为发生保险草原碳汇富余价值损失，保险人按照保险合同的约定负责赔偿。

4.实现草原数据可视化

遥感技术多次重访周期和结果导向的数据能够贴合草原生态评估应用场景，动态监测草原生态状态，并将数据可视化。

NPP指绿色植物在单位面积单位时间内通过光合作用积累的有机物质数量。NPP值基于CASA模型，利用MODIS/NDVI数据、地面气象数据，在地理信息系统（GIS）支持下，通过卫星遥感进行测算与评估。NPP一直被认为是陆地生态系统碳循环和碳平衡的重要指标，是判定生态系统碳汇和调节生态系统的主要因子。因此，使用遥感数据开发草原碳汇遥感指数保险，既考虑到草原生长的特性，又兼顾了指数保险的优势，相关产品具有市场前景，也符合ESG绿色保险的指数化、便捷性的理念。

三、案例分析

1.经济效益

与森林碳汇价值相比，草原碳汇价值研究起步较晚，草原碳汇价值交易存在确立难题。依托保险与碳汇的深度融合，既可以通过保险保障方式深度参与草原碳汇管理，确立碳汇价值，又可进一步确立草原碳汇交易（国家核证自愿减排量，CCER）项目的交易属性。

目前，中国碳市场已成长为配额成交量规模全球第二大的碳市场。上海环境能源交易所是中国太保产险的战略合作伙伴，双方围绕碳资产、碳交易、碳生态等进行产品和服务创新，并在第四届中国国际进口博览会高峰论坛发布。草原碳汇遥感指数保险是双方深化战略合作，服务绿色经济的又一个创新探索，双方将持续推动碳金融工具创新落地，服务国家"双碳"经济。

2.社会效益

草原碳汇遥感指数保险创新使用遥感数据对草原全年的生长情况进行评估，一方面利用遥感技术的客观性和指数保险定损快、赔付快的特点为农户提供高效率、高技术的草原风险管理服务；另一方面该产品遵循绿色发展要求，参考草原碳汇方法学与草原生长原理设计保额与结构，为后续草原生态产品价值实现机制创新奠定基础。

本次草原碳汇遥感指数保险使用遥感技术，对草原全年的生长情况进行实时监测与评估，可视化的草原生态数据有利于政府指导草原牧区制定相关政策，有利于草原牧区防灾减灾体系的建立。

3.生态效益

草原碳汇是指通过草原上的植被的光合作用吸收空气中的二氧化碳，并将其固定在植被或土壤中，从而降低大气中二氧化碳浓度的过程、活动或机制[44]。草地生态系统在全球碳循环和减缓气候变化方面发挥着重要作用。我国天然草原面积约占国土总面积的41.7%，草原是覆盖我国陆地面积最大的绿色植被。

草原碳汇遥感指数保险是草原生态管理的手段之一。草原碳汇功能发挥与草原植被生产力有直接关系。提高草原植被生产力，可增加草原固碳能力，但植被生产力受全球气候变化的影响。当草原碳汇能力（草原植被生产力）因灾害而降低时，本保险以经济补偿形式及时介入草原生态管理，加快草原生态恢复速度。

四、案例小结

内蒙古拥有丰富的自然资源和碳汇潜力，是我国能源储备基地和工业生产基地，因此肩负的任务是双重的，既要输送能源也要节能减排。充分挖掘草原碳汇的巨大功能，就是最好的减排措施，有利于我们从全新的视角重新审视生态产品的重要性，从而采取更加有力的政策和措施加强生态保护和碳汇经济发展。

草原碳汇遥感指数保险立足内蒙古区域优势，结合全面贯彻落实乡村振兴战略的要求，深度融合3S技术，是推进数字农险发展和草原碳汇经济发展的重要体现。此次草原碳汇遥感指数保险的落地，是从金融体系建设方面积极支持内蒙古自治区林草碳汇试验区建设的创新探索，也为草原碳汇后续在CCER市场上市交易和碳金融服务做好充分准备。

目前，我国自愿减排市场项目类型较为单一，草原碳汇尚未进入市场交易，但发展前景广阔。合理利用草地资源，发展草原特色经济和绿色产业，增加草原碳汇的固碳能力，对维护我国草地生态环境和助力"双碳"目标具有重要意义。

案例 8：海洋蓝碳养殖保险

一、案例背景

海洋是地球上最大的活跃碳库，我国拥有丰富的海洋资源，也高度重视例如海草床、藻类贝类养殖、盐沼等碳汇资源开发。"蓝碳"又被称为海洋碳汇，是碳排放权交易的重要对象。自然资源部发布的《海洋碳汇核算方法》行业标准显示，海洋碳汇指"红树林、盐沼、海草床、浮游植物、大型藻类、贝类等从空气或海水中吸收并储存大气中的二氧化碳的过程、活动和机制"。近些年来，养殖企业在经营过程中遇到以下的风险：

一是高温天气：由于气候变化，夏季出现了长时间高温天气，导致海藻和海参养殖的死亡率增加，影响企业收益。

二是海洋环境变化：由于海洋环境的变化，海水温度和盐度波动较大，导致养殖区内的海藻和海参等生长发育受到很大影响。

三是疫病暴发：由于海洋环境污染等因素，海藻、海参、海带等海洋生物在养殖过程中疫病暴发的可能性增加。

牡蛎和紫菜养殖是典型的碳汇渔业、资源环境友好型的海水养殖产业。养殖牡蛎不仅可以有效消除海水富营养化，解决海水养殖业带来的污染问题，具有良好的生态效益，同时还具有较强的碳捕集作用。牡蛎壳 95% 以上的成分是碳酸钙，据推算，每亩牡蛎每年固碳约 1.4 吨，固碳能力是红树林的 7 倍，将成为蓝碳汇的重要实现途径[45]。同时，海洋藻类也是降碳的主力之一，藻类通过光合作用吸收二氧化碳并释放氧气，是海洋碳汇的重要组成部分，浙江象山拍卖全国首单"蓝碳"中就有一部分碳配额来自紫菜养殖行业。

中国太保产险作为我国保险业的领头羊，近年来以资产端和负债端双管齐下助力"双碳"目标的实现，其中应对气候变化便是五大聚焦方向之一，盘活海洋碳汇资源也是重点发力方向。中国太保产险宁波分公司牡蛎养殖气象指数保险和紫菜养殖风力指数保险作为中国太保产险的创新实践，其落地标志着宁波市农业保险服务地方特色农业、助力蓝色碳汇发展方面的又一创新探索成功落地。

二、案例简述

1.设置专属条款

牡蛎养殖气象指数保险和紫菜养殖风力指数保险是根据宁波市牡蛎、紫菜养殖模式及其主要气象风险量身设计的保险产品，具有针对性及可操作性强的特点，能够为养殖户在养殖过程中遭遇台风、大风等灾害性天气导致的损失提供风险保障。根据保险条款，在保险期间内，投保时约定气象站点测到的风速达到保险合同约定的数值，养殖户就可以根据条款约定获得赔偿。其中，牡蛎养殖气象指数保险已列为宁波市政策性农业保险试点险种，牡蛎养殖户投保该保险可享受保费50%的财政补贴，这一政策不仅大幅减轻了养殖户的参保费用压力，也提高了其获得风险保障的积极性，促进本地区"蓝碳"产业平稳健康发展。

2.覆盖面广

自保险落地以来，取得显著成效，紫菜受益351户共82 293亩，累计保额24 857.9万元、保费1 988.63万元，累计赔付906笔，赔款2 057.7万元，财政累计支出994.32万元。2022年7月，浙江省象山县墙头镇7户牡蛎养殖户收到了中国太保产险出具的牡蛎养殖气象指数保险保单，中国太保产险为他们的2 000余亩牡蛎提供了600万元的风险保障。截至目前，赔付21笔，赔款56万元，其中财政支出

30万元，切实做到保障养殖户的生产经营风险，有望吸引更多养殖户购买此类保险产品。

三、案例分析

1.经济效益

通过保险的形式，为海洋产业养殖户在养殖过程中遭遇台风、大风等灾害性天气导致的损失提供保障，提高收入稳定性，为当地海洋养殖业发展提供了保障。同时，通过"蓝碳"保险的激励机制，鼓励海洋养殖户选择更环保、更绿色的养殖方式，提高养殖收入和海产品质量，也将促进海洋牧业可持续发展，保障食品安全。此外，指数保险责任范围明晰，操作流程简单，理赔争议较小，便于标准化运作与推广，对保险公司而言，可以迅速扩大保险覆盖面，扩充资金来源。

2.社会效益

"蓝碳"保险的推广应用，能够让更多海洋养殖户享受到惠民政策，对"蓝碳"产业发展起到了积极的促进作用。通过"蓝碳"保险，海洋养殖户可以获得更多的政策支持和技术指导，提升自身的风险管理能力和适应能力，增强对海洋资源的保护意识和责任感。为当地政府提供解决渔民收入保障的新思路，树立政府在当地的形象和威信。

3.生态效益

牡蛎和紫菜是天然的水体净化系统，在合适的地方以正确的方式进行养殖，不仅饲料零投喂，而且养殖的牡蛎和紫菜还能过滤水体、为鱼类和蟹类等生物提供栖息地，在为人们提供海鲜的同时，促进沿海生态环境的改善与恢复。通过"蓝碳"保险，可以有效地评估和奖励海洋养殖户对水体净化和固碳贡献的价值，提供经济激励鼓励其保护海洋生态系统，实现经济效益和生态效益的统一，进而促进低碳发展和适应气候变化。

4.环保效益

海洋蓝碳养殖保险的推广实施，可以促进海洋养殖业转型升级，推动养殖方式向生态友好型、低碳循环型转变。海洋碳汇是一种非常珍贵的自然资源，通过海洋蓝碳养殖保险，可以为海洋养殖户提供经济上的支持和激励，鼓励其采用低碳环保的养殖模式，促使养殖户主动提高环境管理水平，让他们更积极地参与到海洋生态保护中来，实现海洋生态与经济双赢的目标。同时，保险也会倒逼养殖户规范生产方式，推动养殖业向更科学、规范、高效的方向发展，避免养殖行业产生大量的废弃物和污染物，最大限度减少对海洋环境的损害。

5.保险行业创新发展效益

海洋蓝碳养殖保险的推广实施促进了保险行业的创新和发展。传统的农业保险往往只关注农作物的生产量和收益，而对于海洋养殖业等本身具有碳减排属性的"蓝碳"行业涉及较少。通过海洋蓝碳养殖保险的推广实施，保险公司可以更好地了解海洋养殖业的风险和特点，积累相关保险产品的经验数据，助力创新开发更贴近实际情况的"蓝碳"保险产品，此外，"蓝碳"保险也可以扩展保险公司的业务范围，开拓海洋经济新领域，丰富公司产品体系，推动保险公司业务转型升级，构筑核心竞争壁垒。

四、案例小结

在对传统海洋渔业保险完善补贴的基础之上，精耕海洋高质量发展的蓝图，亦绕不开"蓝色保险"的身影。"蓝碳"保险概念的提出，对保险业机构而言是一个巨大的历史机遇。保险业积极投身蓝色海洋领域，研发和推行相关领域服务和金融产品，一方面有利于涉海产业发展的制度环境改善，通过保险的力量分散海洋产业经营中的巨大风险，为践行海洋强国的战略贡献力量，支持我国海洋经济高质量发展；另一方面也给保险业机构自身开拓新的市场增长点带来机遇，"蓝碳"保险为保险公司提供了广阔的创新业务空间，这是一次共建、共赢、共创、共享的历史机遇，保险业通过金融之力推动海洋强国建设将大有可为。

案例 9：湿地碳汇生态价值保险

一、案例背景

湿地被誉为"地球之肾"，储碳总量占陆地生态系统的 35%，是生态价值最高的生态系统之一，但由于人口的快速增长、不断扩大的生产和消费以及气候变化带来的影响，世界上 90% 的湿地已出现不同程度的退化，35% 的湿地已在过去 50 年中消失，对全球生物多样性和生态系统功能造成了巨大威胁。近年来我国高度重视生态保护，2005 年时任浙江省委书记习近平首次提出"绿水青山就是金山银山"，即"两山"理论，关键路径就是推进生态产品价值转化，其中湿地作为碳汇系统的重要组成部分，湿地碳汇的价值转化是重中之重。

从我国代表湿地来看，浙江省杭州湾国家湿地公园位于我国滨海湿地的南北分界线上，属于典型的近海与海岸湿地生态系统，也是中国八大盐碱湿地之一，但目前滨海湿地生态产品价值实现机制方面的试点仍是空白。在当前严峻的碳达峰碳中和形势下，基于滨海湿地超强的固碳能力和潜力，滨海湿地"蓝碳"资源作为我国碳汇资源的重要来源参与碳排放权交易，将是指日可待、前景可期的。一方面，由于我国对海洋"蓝碳"，包括滨海湿地的"蓝碳"研究起步较晚，其计量监测和项目开发方法均未完善，相关政策也不明确，滨海湿地开发项目无法参加自愿碳市场交易；另一方面，因 CCER 项目的备案申请处于暂停状态，滨海湿地项目开发在近期也无法进入强制碳交易市场。国际碳市场的 CER、VCS 项目开发收益低、周期长、成本高，项目开发的经济性差，并不适合。

在此情况下，宁波杭州湾湿地建设管理有限公司积极就湿地碳交易等"双碳"工作进行技术、信息和能力储备，探索滨海湿地碳汇生态价值转化途径，形成《杭州湾国家湿地公园"双碳"工作研究》等专业报告。而近年来金融业也高度重视

"双碳"目标，创新碳金融工具，运用市场机制减少温室气体排放，中国太保作为保险业龙头，旗下中国太保产险也走在碳保险的前沿，不断创新碳汇保险产品，推动生态产品的市场化机制，这与湿地公园方的探索方向不谋而合。因此，在湿地公园方、保险公司和银行三方共同努力下，2022年4月全国首个滨海湿地碳汇生态价值保险金融服务方案顺利落地。

二、案例简述

1.保险方案

湿地碳汇保险创新采用降雨和台风两个气象指数，保障湿地因台风、干旱等自然灾害受损导致湿地碳汇损失的风险，项目的落地进一步强化了碳金融市场创新发展，创新气候信贷、气候保险等金融工具，为以湿地为代表的绿色生态产业提供更加丰富的气候风险管理工具。

2.快速理赔

2022年9月14日，12号台风"梅花"直袭浙江，对宁波市造成重大灾害影响，强风造成湿地内已保险植物的主干折断、倒伏甚至死亡，导致被保险人所拥有或管理的湿地恢复成本升高、碳汇富余价值灭失，中国太保产险按照保险合同快速启动赔付程序，并于9月15日上午向杭州湾国家湿地公园管理方支付了24.6万元赔款，为湿地公园因台风造成的损失第一时间提供了救灾支持，加快湿地碳汇生态价值恢复。

3."产品-模式-路径"三位一体湿地碳汇生态价值保险新模式

湿地碳汇生态价值保险在国内首创"产品-模式-路径"三位一体新模式，台风过后，中国太保产险根据湿地的地理坐标位置与台风"梅花"风圈的位置等因子综合核定台风灾害损失，大大加快定损和理赔速度，赔款主要用于灾后湿地碳汇资源救助和碳源清除、湿地资源培育，以及加强生态保护修复等与湿地碳汇富余价值生产活动有关的费用支出，充分保障杭州湾湿地的健康发展。

三、案例分析

1.经济效益

湿地碳汇生态价值保险项目委托第三方专业机构，参考国内外湿地碳汇方法学和最新研究成果，对湿地碳汇价值和修复成本进行核定，研发了全国首个湿地碳汇生态价值保险。该保险是以湿地的碳汇富余价值（包括固碳经济价值和修复成本）为补偿依据，保障湿地因台风、干旱等自然灾害受损进而导致湿地碳汇量减少的碳汇保险，将极大地提高湿地灾后救助、修复能力和效率。

2.社会效益

湿地碳汇生态价值保险保障了湿地碳汇价值及修复成本，银行则基于湿地碳汇价值对湿地运营单位进行授信，进一步支持湿地生态价值的开发和提升，充分保障杭州湾湿地的健康稳健发展，而银行的绿色信贷可以为湿地管理方提供稳定的资金支持，资金直接用于提升湿地基础设施建设、完善湿地管理体系、开发湿地生态旅游等，让湿地公园的生态价值进一步延展。在这一模式下，政府、保险、银行、湿地管理方充分合作，形成了以生态价值为基础的绿色金融生态圈，能够有效与绿色发展、经济转型、产业升级对接，为绿色金融可持续发展注入强劲动能。

3.生态效益

该项目探索了杭州湾湿地碳汇价值在地方经济发展中发挥"双碳"作用的新路径，也为各类政府公共区域碳汇价值的充分发挥提供了新思路。杭州湾湿地的碳汇价值不仅仅可用于湿地自身的发展和建设，在明确方法学的基础上，进一步解决了前湾新区大发展过程中如何实现大力引进大型新兴企业时保持碳平衡的问题，具体而言，新区引进的企业可以购买湿地的碳汇配额，通过碳交易机制抵消企业的部分碳排放量，湿地碳汇价值将得到进一步重视，为杭州湾新区后续通过湿地价值实现碳中和和绿色产业发展提供了思路，也是探索区域性碳汇价值多元化的一种尝试。

四、案例小结

本案例展示了湿地碳汇生态价值保险在应对气候变化和促进生态文明建设方面的积极作用。通过与银行合作，为湿地保护提供了资金来源和风险分担，为绿色金融创新提供了借鉴。湿地碳汇生态价值保险落地和银保合作绿色金融新模式的开展，实现了湿地保险产品和绿色金融模式的双创新。以风圈、风力等因子综合核定台风灾害损失，建立了"产品-模式-路径"三位一体湿地碳汇生态价值新模式。

该项目是以湿地碳汇价值的初步确认为基础，以湿地的碳汇富余价值（包括固碳经济价值和修复成本）为补偿依据，保障湿地因台风、干旱等自然灾害受损进而导致湿地碳汇量减少的碳汇保险。其赔款可用于灾后湿地碳汇资源救助和碳源清除、湿地资源培育及加强生态保护修复等与湿地碳汇富余价值生产活动有关的支出。项目委托第三方专业机构，参考国内外湿地碳汇方法学和最新研究成果，对湿地碳汇价值和修复成本进行核定，研发了全国首个湿地碳汇生态价值保险，填补了国内湿地碳汇价值保险的空白，极大地提高了湿地灾后救助、修复能力和效率，体现了地方政府和保险公司在碳汇价值应用方面的探索，对国内扩大湿地资源利用、推动绿色金融支持湿地保护与发展具有重大开拓性意义。本案例也反映了政府、企业和社会各方对湿地碳汇生态价值的认识和重视，为推动我国湿地碳汇市场化和国际化奠定了基础。

案例10：滨海生态系统保护的机制创新——蓝色碳汇和绿色保险①

一、案例背景

2021年联合国《生物多样性公约》第15次缔约方大会在中国昆明举行，与会

---

① "一带一路"绿色发展国际联盟．"一带一路"生物多样性保护案例报告［EB/OL］．［2023-02-10］．http://www.brigc.net/zcyj/bgxz/2021/202110/P020211025594625270491.pdf.

各方磋商"2020年后全球生物多样性框架"，海洋生态保护是全球关注的热点问题，国际社会提出"在2030年之前保护全球30%的海洋"的目标。联合国政府间气候变化专门委员会（IPCC）2019年9月发布的《气候变化中的海洋和冰冻圈特别报告》显示人类活动已对海洋生态产生重大影响，同时发现大幅减少温室气体排放、保护和恢复生态系统以及精心管理自然资源利用将为保护海洋和生态圈提供机遇，可以为适应未来变化提供支持，限制对生计的威胁并带来诸多额外的社会效益。

保护国际基金会（Conservation International，CI）长期致力于海洋生态保护，并以红树林保护作为海岸带和滨海生态系统保护的突破口。红树林是地球上最为重要的物种之一，在全球范围，红树林每年为防范海岸带的洪水灾害贡献了820亿美元的经济价值，锁住陆地森林系统近10倍的二氧化碳。然而，近50年来，地球上丧失了近半数的红树林。为了保护红树林，保护国际基金会在滨海地区开展了"绿色+灰色"基础设施建设，即在原有人工设施基础上叠加基于自然的解决方案，既增强了抗击洪水、暴风和海平面急速上升等极端灾害的能力，又能为当地社区提供淡水和渔业资源，还能吸收空气中的二氧化碳，可谓是"一举三得"。

2013年菲律宾遭受史上最强台风"海燕"重创。2020年，保护国际基金会与菲律宾中部地区的政府和社区合作，开展"绿色+灰色"基础设施建设试点，以增强其对气候变化的韧性，例如在建造防洪堤的同时恢复红树林。

二、案例简述

1.保险案例目标

2020年至今，保护国际基金会、恢复保险服务公司（Restoration Insurance Service Company，RISCO）在菲律宾实施该项目。在这个案例中，保护国际基金会尝试了"蓝色碳汇+绿色保险"的特色创新模式，希望实现生态保护、气候变化、经济发展和社区参与等多重效益：

目标一：保护和恢复以红树林为代表的滨海生态系统。

目标二：封存二氧化碳并适应气候变化降低自然灾害的影响。

目标三：将红树林的生态价值以保险费和蓝色碳汇收入的形式充分体现。

目标四：鼓励当地社区参与生态保护，创造就业机会并提高收入。

2.具体做法

保护国际基金会与保险公司合作，创立了生态恢复保险服务公司。RISCO通过服务费用和碳信用额度的形式，将红树林的生态价值纳入保险产品，以支持当地社区的红树林生态系统恢复和保护工作，优先投资红树林生态系统易受自然灾害影响的发展中国家滨海地区。RISCO的业务先从菲律宾开始，并拟向印度尼西亚、墨西哥、巴西、马来西亚等市场拓展。

（1）收入来源。

蓝色碳汇：根据国际自愿碳减排标准机构（Verified Carbon Standard Association，VERRA）的湿地恢复和保护方法论开发红树林蓝色碳汇，并通过强制和自愿碳排放机制将蓝色碳汇销售给减排企业来获得经济收入。

保险收入：由于红树林生态系统的保护和恢复有助于减缓自然灾害及保险公司的相应理赔，RISCO每年会得到保险公司支付的生态服务费。

（2）主营业务。

项目点选择：RISCO会根据红树林资源、受保或可保资产和自然灾害的风险等因素选择项目所在地和所在国。

保险公司/投资者引入：RISCO会将红树林保护和恢复所产生的经济收益纳入保险产品的财务和风险评估模型，并参与相关保险和再保险业务的开发。

红树林生态系统的保护和恢复：RISCO会直接或通过当地第三方开展红树林生态系统的保护和恢复及相关监测。

蓝色碳汇开发：RISCO会获得蓝色碳汇的合法产权、准备递交项目设计文件（PDD）、开发和销售蓝色碳汇及制订碳汇收益分配方案等权利。

（3）关键利益相关方。

该项目涉及众多利益相关方，如滨海当地社区和居民、滨海资产所有者、保险公司、蓝色碳汇权所有者、蓝色碳汇购买者等。

（4）开发。

"蓝碳"指储存在红树林、潮汐盐沼和海草床土壤、地上活生物质（叶、枝、干）、地下活生物质（根）和非活体生物质（如凋落物和枯死木）中的碳。与陆生生态系统中储存的碳一样，"蓝碳"是在相对较短的时间内（几年到几十年）被植物活体固定下来的碳。不同于陆地生态系统，滨海生态系统土壤中固定的碳可大范围且长时间封存，因此形成巨大的碳存量。每年全球有 1.9% 的红树林资源遭受损失，从而释放出 2.4 亿吨二氧化碳，相当于 5.88 亿桶石油，或 130 万车煤、63 座燃煤发电厂、5 050 万辆汽车所产生的二氧化碳。

正因为红树林强大的固碳能力和潜力，目前国际上开发了不少方法学，将滨海生态保护和恢复活动认证为蓝色碳汇。其中最主要的是国际自愿碳减排标准机构所开发的核证碳标准（Verified Carbon Standard，VCS）认证。VCS 是目前全球使用最广泛的自愿温室气体排放标准，已有超过 1 600 个经 VCS 认证的项目累计减少 5 亿吨的二氧化碳和其他温室气体排放。蓝色碳汇的 VCS 认证要经过 5 个步骤，如图 5-1 所示。

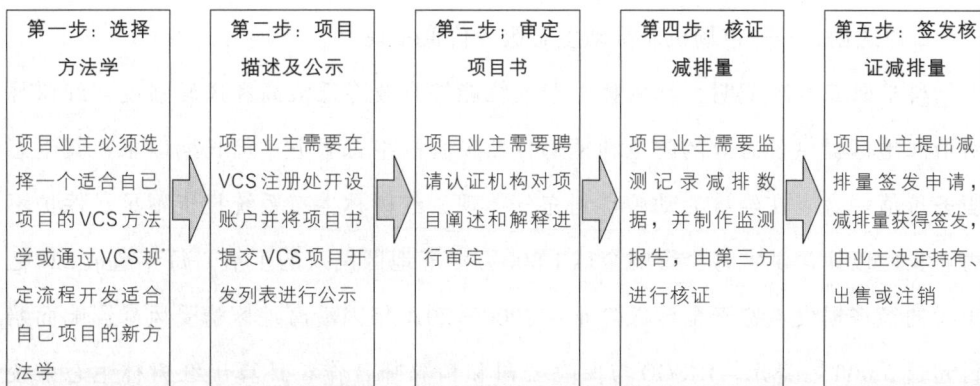

第一步：选择方法学	第二步：项目描述及公示	第三步：审定项目书	第四步：核证减排量	第五步：签发核证减排量
项目业主必须选择一个适合自己项目的 VCS 方法学或通过 VCS 规定流程开发适合自己项目的新方法学	项目业主需要在 VCS 注册处开设账户并将项目书提交 VCS 项目开发列表进行公示	项目业主需要聘请认证机构对项目阐述和解释进行审定	项目业主需要监测记录减排数据，并制作监测报告，由第三方进行核证	项目业主提出减排量签发申请，减排量获得签发，由业主决定持有、出售或注销

图 5-1 蓝色碳汇 VCS 认证步骤

而蓝色碳汇项目的融资渠道有来自国际公约框架下的公共资金机制，也可以通过市场手段，主要是碳市场。企业为了碳履约、碳中和及履行社会责任而投资滨海生态系统保护和恢复，从而获得蓝色碳汇。如2020年苹果公司与保护国际基金会合作，在哥伦比亚加勒比海岸开发了一个蓝色碳汇项目。该项目的实施保护了9 600公顷红树林并恢复了1 800公顷红树林，经VCS认证，在30年的项目期限内可产生超过1.4万亿吨二氧化碳当量的核证减排单位（Verified Carbon Units，VCUs）。由于哥伦比亚从2016年开始在全国范围征收碳税，当地企业可通过购买该项目所产生的蓝色碳汇来抵扣应缴碳税。

三、案例分析

1.机构创新——第一家将气候风险管理与保险业务相结合的专业公司

目前保险业在应对气候变化领域普遍存在两个问题，一是保险公司未能将预测或防范气候风险的投入和努力与保费定价结合起来；二是在保费精算模型中，还是主要依靠历史数据，未能充分考虑潜在的气候变化风险。RISCO 是第一家旨在推动保险行业对应对气候变化做出系统性响应的社会企业，将红树林生态系统的保护和恢复对气候减缓和适应的贡献与创新保险业务和保费定价紧密结合起来。

2.模式创新——市场机制推动生态服务价值实现

科学研究不断证明，红树林生态系统能够有效降低浪高和风暴强度，红树林对沿海地区提供了有效的防范和抵御自然灾害的生态服务。但长期以来，其生态服务价值一直未在经济活动中得到充分体现，红树林生态系统投资不足、保护不力。长此以往，洪灾将会影响全球1 800万沿海地区民众的生活，每年造成820亿美元的经济损失。鉴于全球保险业在2000—2010年因沿海地区遭受风暴影响而赔付超过3 000亿美元，RISCO 与保险公司和精算师合作，计算出红树林生态系统保护和恢复的成本和收益，并将相关数据嵌入保费定价模型，将红树林的生态服务价值通过保险费用的支付体现出来。

同时，红树林生态系统的固碳能力产生蓝色碳汇，将其应对气候变化的生态服务价值通过碳排放权交易机制得到实现。RISCO 商业模式如图 5-2 所示。

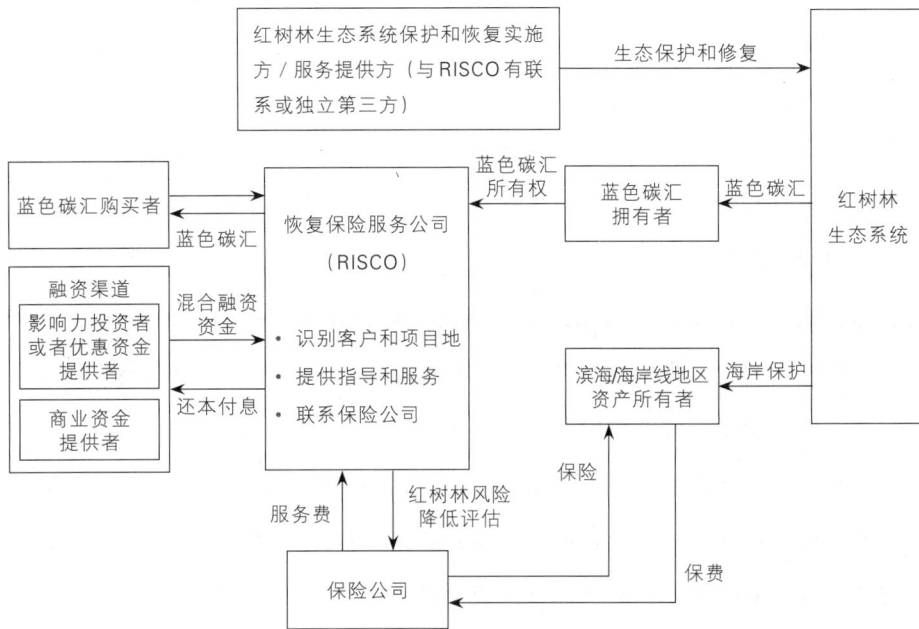

图 5-2　RISCO商业模式

3.多重效益——实现了经济、社会和生态环境的多重效益

（1）为保险公司提供了生态服务，有效降低保险公司的赔付率。

（2）通过保险公司支持的年费和蓝色碳汇交易收入，为红树林生态系统保护和恢复提供了稳定的资金。

（3）由于可以分享到保险公司年费和蓝色碳汇收入，当地社区民众获得激励积极开展红树林保护和恢复工作，这为他们提供了新的就业机会。

（4）该项目可帮助菲律宾保护和恢复4 000公顷的红树林，生态效益突出。

该项目在10年内固碳60万吨，相当于1.27万辆汽车一年的减排量，应对气候变化效果明显。

四、案例小结

1.实现多重惠益与权衡取舍——生物多样性保护、应对气候变化和经济社会发展的协同

本案例充分体现了通过市场机制实现生物多样性保护、应对气候变化、经济社会发展等多重惠益。加强以红树林为代表的滨海生态系统的保护和恢复，减少自然灾害对当地社区和经济社会的影响。生物多样性保护助力减少气候变化带来的负面影响，保护或恢复红树林等成熟的生态系统可以消除大气中的二氧化碳并储存碳，可以减少因气候变化带来的极端气候和自然灾害，包括洪水和风暴潮等。基于红树林在防灾抗灾和应对气候变化中所提供的生态服务价值，保险公司和碳交易市场为保护红树林生态系统提供稳定的资金。红树林保护工作及其资金投入为当地社区提供了就业岗位，提升人民福祉。同时，当地为了保护红树林生态系统，也主动放弃对生态环境有影响的开发性和生产性项目和产业。

2.实现参与机制的包容性——各利益相关方协同推进红树林保护

在本案例中，对红树林生态系统进行市场化的保护，涉及众多利益相关方，地方社区和居民，是开展红树林保护的实施者和受益人；金融机构，是红树林保护的投资者；企业，是蓝色碳汇的购买方；保护国际基金会，是项目发起人，也是最新理念、最佳实践和科学方法的引入者；RISCO，是为实施这个项目专门成立的特殊目的机构（Special Purpose Vehicle，SPV），负责项目的运行和协调。

因此，通过市场机制推动红树林生态系统保护绝非易事，需各利益相关方共同参与，发挥各自重要的作用。同时，也需要有效的机制设计来维护各方利益，鼓励各方积极做出贡献，降低交易成本，提高项目运行效率。

3.实现可持续性和可复制性——充分发挥绿色金融产品和模式创新

引入市场机制和创新模式，充分调动各利益相关方积极性，是可持续开展生态环境保护的原动力。这个案例中，保险公司充分认识到以红树林为代表的滨海生态系统的保护和恢复有助于降低公司自然灾害事件赔付的风险，并将生态保护视为一

项服务而支付费用。将生态环境保护与企业和金融机构的核心业务紧密结合，将生态环境效益与经济财务回报紧密结合，是调动社会资本参与生态环境保护的非常有效的方式，值得学习和推广。

红树林保护和恢复需引入市场机制，鼓励社会资金投入，要充分发挥绿色金融的重要作用。在本案例中，从金融工具的风险偏好和期限匹配看，保险产品是很适合支持生态环境保护项目的。中国从 2012 年起陆续制定发布了推动绿色信贷的一系列政策，2016 年又建立了绿色金融体系，大力推动绿色信贷、绿色债券、绿色保险、绿色基金等创新金融工具和模式支持生物多样性和生态系统保护和恢复。中国推动绿色金融的相关经验和实践，也值得各国在生态环境保护和应对气候变化中参考和借鉴。

案例 11：上海耕地地力指数保险

为深入贯彻党的十九大、党的二十大精神，更好夯实粮食安全根基，守住耕地红线，稳步提升耕地质量，上海市松江区联合太平洋安信农业保险股份有限公司（以下简称太安农险公司）开展耕地地力指数保险试点工作，探索运用保险机制强化农户保护耕地的意识，通过保险机制正向引导农户积极参与耕地保护，在培育耕地保护新动力、建立耕地质量数据库、提高农产品质量安全、填补保险助力耕地保护空白等方面取得了卓越成效。本案例亮点在于将传统的灾害补偿保险模式转变为"正向激励"保险模式，一定程度上解决了耕地补贴文件规定和实际操作中补贴发放大多未与地力指标改善量化结果挂钩、缺乏可量化的刚性激励约束机制的问题，具有良好的理论和实践意义。

一、案例背景

党的十九大报告提出"严格保护耕地，扩大轮作休耕试点，健全耕地草原森林河流湖泊休养生息制度，建立市场化、多元化生态补偿机制"。党的二十大报告中进一步明确要"全方位夯实粮食安全根基，全面落实粮食安全党政同责，牢牢守住十八亿亩耕地红线"，同时"健全种粮农民收益保障机制和主产区利益补偿机制"。国务院关于实施乡村振兴战略的意见中明确指出"深入实施藏粮于地、藏粮于技战略，严守耕地红线，确保国家粮食安全""稳步提升耕地质量，强化监督考核和地方政府责任"。自2016年起，农业部将粮食补贴、良种补贴和农资补贴三项合并成农业支持保护补贴发放，20%的农资综合补贴存量资金用于支持粮食适度规模经营，此外80%的补贴加上农民直接补贴和农作物良种补贴资金，用于耕地地力保护。

值得注意的是，虽然现有耕地保护制度鼓励农民采取秸秆还田、深松整地、轮作休耕、化肥减量等保护耕地地力措施得到了广大农民的配合，取得了一定的成效，但在现有政策文件规定和实际操作中，补贴发放大多未与地力指标改善量化结果挂钩，缺乏可量化的刚性激励约束机制。因此，需要进一步激发农户自身的参与动力，进一步明确目标，通过过程监督，让耕地保护结果可衡量，并形成长效机制。

在这一背景下，为服务国家耕地保护战略，太安农险公司探索运用保险机制强化农户保护耕地的任务，在上海市松江区开展了耕地地力指数保险试点工作。

二、案例简述[45]

1.耕地地力的基本概念

耕地地力指耕地的基础能力，也就是由耕地土壤的地形、地貌条件、成土母质特征、农田基础设施、培肥水平、土壤理化性状等综合构成的耕地生产能力。耕地地力代表了耕地系统某一发展阶段的稳定产出，既反映了耕地基础支撑系统的本质特征，又反映了耕地实施能动系统对系统状态的控制效果。耕地地力指标的研究是土壤质量监测与管理当中一项相当基础的工作，可为有效保护耕地质量、合理开发与利用耕地、耕地的流转补偿以及占用耕地、毁坏耕地的补偿与处罚等提供参考依据。

2.松江区耕地地力指数保险主要内容

2017 年年底，太安农险公司在上海市松江区推出了全国首个耕地地力指数保险，保险主要内容如下：

一是投保对象和保险标的。投保对象为从事粮食生产的新型农业经营主体，投保耕地为该投保对象实际生产粮食用地。

二是承保的耕地地力指标。这包括承保土壤有机质含量和耕层厚度两个地力指标。

三是保险责任。被保险人在政府耕作制度的指导下，进行农业生产的同时对耕地地力进行保护，并经专业机构对耕地地力进行评价，给出保单约定的地力指标数据。以投保时的耕地地力指标为基准，根据耕地地力的提升幅度，保险公司按照约定的"增幅水平"给付保险金。

四是保险期间和投保期间。保险期间为 1 年，鉴于短时间内耕地地力指标变化不显著，建议投保农户连续投保 5 年，投保期间为每年 12 月底前。

五是保险金额。根据每亩耕地保护的投入成本来设定保险金额。

六是土壤检测。在试点区域，引入第三方土壤检测机构，制订检测方案，按照方案内容开展检测工作。同时，根据项目计划，在承保和理赔时都需要进行检测工作。

七是赔偿处理。根据数据提升幅度，确定对应的增幅水平，保险公司根据"增幅水平"确定对应的给付比例，最高赔付比例可达 100%。

八是保险承保情况。2017 年第四季度，耕地地力保险在上海市松江区落地试点，共承保水稻耕地面积约 8 万亩，约占全区水稻耕地面积的 80%，实现保费收入 600 多万元。

三、案例分析

1.经济效益

上海耕地地力指数保险，将传统的灾害补偿保险模式转变为"正向激励"保险模式，通过保险机制鼓励和监督农民保护和提高耕地质量。具体来讲，农户每年只需缴纳少量保险费，待保险期限届满后，如果土壤的有机质含量和耕层厚度年度环比正增长，就可按照合同约定获得一定比例的保险金，能够起到促进农民增收的效果。

同时，对保险公司来说，考虑到投保耕地实际投保一揽子保险，包括种植业生产保险、耕地地力保险、收入保险等多险种组合，耕地地力的改善有利于农业生产，可以降低其他险种的保险经营风险，总体而言，有利于承保公司的经营稳定性。

2.社会效益

上海耕地地力指数保险虽然尚未到期，具体保险理赔结果未知，但根据项目开展前期基础数据、耕地保护措施及精算结果，预计该险种的保险补偿可以有效促进农户保护耕地的积极性，显著提高试点区域耕地质量，体现了农业保险所承担的社会责任。

3.生态效益

上海耕地地力指数保险很好地响应了党中央"更好夯实粮食安全根基，守住耕地红线，稳步提升耕地质量"的要求，通过保险的激励设计改变了农民的生产行为，改善了耕地质量，并且加强了农民保护耕地、可持续发展的意识，具有良好的社会效益。

四、案例小结

结合以上案例，我们认识到上海耕地地力指数保险通过保险机制正向引导农户积极参与耕地保护，形成生态保护长效机制，并在以下方面为全国后续的实践提供了宝贵的经验：

1.培育耕地保护新动力

上海市在切实抓好农田基础设施建设的同时，在粮食家庭农场中推进落实秋播"三三"制茬口，开展绿肥种植和冬季深翻、秸秆全量还田、有机肥推广等一系列耕地质量保护和提升措施，但耕地地力是否得到有效保护仍缺乏有力的数据评判。通过引入耕地地力指数保险长效机制，并与家庭农场考核机制联动，提高财政资金利用率，进一步激励了被保险人保护耕地的积极性，从而培育了耕地保护新动力。

2.建立耕地质量数据库

以保险为抓手，引入第三方专业土壤检测机制，严格量化检测指标，以结果为导向，引领耕地地力保护工作的推进。同时，倒逼耕地地力质量检测新常态，每个项目周期内开展3次土壤检测工作，及时、准确、有效地把握耕地质量，建立耕地质量数据库，为乡村振兴战略的实施提供数据积累，为政府决策提供基础。

3.提高农产品质量安全

食品安全的源头是原材料农产品，农产品质量安全的源头是土壤和生产过程，而土壤又是生产的基础。通过强化农户耕地保护积极性、加强耕地地力提升，从生产端控制农产品的农田土壤环境质量，从而有效提高农产品质量安全。

4.填补保险助力耕地保护空白

耕地地力指数保险为国内首创，探索了农业保险在现代农业发展中的新功能，在政府职能转变过程中发挥了一定的作用，同时引导保险行业积极参与到国家战略实施中来。

5.提供"正向激励"宝贵实践经验

耕地地力指数保险通过将传统的灾害补偿保险模式转变为"正向激励"保险模式，在一定程度上解决了耕地补贴文件规定和实际操作中补贴发放大多未与地力指标改善量化结果挂钩、缺乏可量化的刚性激励约束机制、使现行耕地地力保护补贴政策的实际作用大打折扣的问题。在后续的完善和发展中，要着重关注生产者保护耕地的意识薄弱、政府和保险公司顾虑较多、保险产品设计和定价难度较大等问题。

案例12："农粮保"早稻育秧期成本损失保险

一、案例背景

水稻产业是衢州市农业支柱产业之一，总产量占全省稻谷产量的10%，2022

年衢州市早稻播种面积30.2万亩，总产量12.03万吨，单产398.43公斤，分别比2021年增加1.54万亩、0.81万吨、6.85公斤，增幅分别为5.37%、7.22%和1.75%，在浙江11个地市中，衢州早稻面积、总产量分别列第二、第三位，粮食生产功能区建设走在了全省前列，主要种粮大户基本参保政策性水稻保险，保险期间是水稻秧苗移栽成活返青后开始、直播稻从种植齐苗后开始，至收获离开田间时止，不包含育秧期间的水稻损失责任。

衢州市早稻育秧以集中育秧为主，育秧期间（直播出苗期间）秧苗及直播种易受低温、阴雨、高温、干旱等气象风险及病虫害影响，导致秧苗生长停滞甚至烂种，需要农户补种补苗甚至翻田改直播，农资调配压力较大，影响耕种进度，农户损失较重。2020年3月下旬正值早稻育秧，受连续阴雨、低温及由此引发的立枯病等影响，部分秧苗死亡，经统计全市逾3万亩早稻种植受到影响，仅江山市就占了1.37万亩，经济损失达370万元。

中国人民保险集团股份有限公司作为保险业国家排头兵，也高度重视农业保险的发展，构建了"以中央政策性险种为主导，地方政策性险种、商业型险种和创新型险种为补充"的立体式农险产品体系，2022年前8个月，人保财险累计承保三大主粮4.0亿亩，共为6 051万户次农户提供了农业风险保障1.43万亿元。针对衢州市的早期规模育秧风险，为保障衢州市粮食生产安全，服务乡村振兴发展，在市农业农村局及绿色金融条线的指导与支持下，人保财险衢州市分公司先后组织农业专家论证，并赴一线与种粮大户展开实地调研、座谈，创新开办了"农粮保"早稻育秧期成本损失保险。

二、案例简述

1.保险责任

在保险期间内，由于低温、连续阴雨、高温、干旱、病虫害等直接造成育秧期保险早稻无法移栽、无法正常出苗甚至烂种烂苗，且损失率达到20%（含）以上的，保险人依照保险合同的约定负责赔偿。

2. 保险金额

该项目主要保障农户成本损失，按照常规早稻的育秧盘约 3 元/盘，种植时每亩用量约 50 盘；再生稻育秧盘约 10 元/盘，种植时每亩用量约 25 盘；其他杂交早稻育秧盘约 7 元/盘，种植时每亩用量约 30 盘测算，参照保险早稻各品种的物化成本，制定单位保险金额如下：常规早稻每亩保额 150 元，再生稻每亩保额 250 元，其他杂交早稻每亩保额 210 元，直播稻每亩保额 300 元。

3. 保险数量

根据保险早稻移栽（直播）后的种植面积计算保险数量。

4. 保险费率

基于农业保险高质量发展的要求，以保成本、保大灾、可持续经营为原则，制定保险费率为 10%，基本实现保本微利经营。

5. 保障措施

（1）获得市县财政支持。早稻育秧期成本损失保险由市、县两级财政进行保费补贴，具体补贴方案跟随"衢农保"农业综合保险补贴方案的不同而改变。通过财政补贴资金的放大效应，让种植户获得一份保障，以推进规模化育秧，进一步统一优良品种种植和推动机插秧种植，并为发展订单农业打好基础。

（2）特色保险理赔服务。人保财险衢州市分公司严格按照《农业保险条例》规定，将惠农政策、承保情况、理赔结果、服务标准、监管要求"五公开"，做到承保、定损、理赔"三到户"，不惜赔、不拖赔，切实提高承保理赔效率，建立科学精准高效的查勘定损机制，实现保费管理与理赔结果公开透明，共同推进农业保险工作，充分发挥保险在促进农业增效、稳产保收方面的独特优势。

三、案例分析

1. 经济效益

稳定农户收益，分散种植风险。早稻育秧期成本损失保险能够覆盖早稻在育秧期由于各种自然风险导致无法移栽的成本损失，保证农户正常的耕种进度，补偿农户经济损失。通过政府财政资金的支持，进一步节省了农户自付的保险费用，让种粮农户得到了"真金白银"的实惠。

2.社会效益

一是填补水稻育秧期种植成本损失保障空白，保障粮食生产安全。伴随全球温度攀升，近年来极端天气频发，粮食安全也面临严峻挑战，"农粮保"作为浙江省首个水稻育秧期保险产品，不仅填补了衢州市水稻育秧期种植成本损失保障的空白，也帮助农户在秧苗受极端天气影响生长停滞以及烂苗时有足够资金快速补种秧苗，保证粮食生产的稳定性，进而保障了粮食生产安全。自2021年该险种开办以来，覆盖面稳步增长，已为176户农户的早稻秧苗提供了2 782万元的风险保障，保费收入278.24万元；累计已决案件54件，赔款约125万元，涉及农户54户。

二是促进农业供给侧结构性改革，加速农业规模化进程。一方面，保险公司为降低赔付概率，会主动引导农户选用优良品种，提高育秧质量和产量；另一方面，保险由政府财政提供补贴，降低农户保费压力，分散农户经营风险，也有助于推广应用规模化机械化育秧技术，为发展标准化、规模化种植奠定基础，从供给端促进农业改革。

三是完善全生命周期农业保险，为其他地区提供参考经验。相比传统保险偏重中后期，以产量损失为结果导向，"农粮保"聚焦早期的水稻育秧期阶段，实施"承保+减损+赋能+理赔"新模式，将防灾减灾环节前置，实现全生命周期农业保险，最大限度减少粮食损失，也为其他地区的保险机构因地制宜扩展农业保险业务提供有益参考，助力农业高质量发展。

四、案例小结

"农粮保"充分发挥农业保险的"风险稳定器"、"防灾减损器"和"产业助推器"作用，因地制宜将保险服务送至田间地头，用农业保险让广大农民兄弟真切得到实惠，通过金融手段保障了国家粮食安全。

1.风险稳定器

在自然灾害频发的环境下,"农粮保"切实保障了衢州市水稻育秧期种植成本损失风险,稳定了农户的收益。通过政府财政补贴降低农户保费压力,也有助于扩大保险的覆盖面,分散更多风险。

2.防灾减损器

当自然灾害发生时,通过"农粮保"的保险赔款,农户有较为充足的资金补种秧苗或者翻田改造,保障耕种进度,最大限度减少粮食损失。此外,保险公司为降低赔付概率也会主动参与优质种子选品,将防灾减灾环节前置,降低灾害发生概率。

3.产业助推器

保险公司的选品引导以及政府的补贴支持都有助于推广规模化育秧,从供给端促进农业产业改革,此外,"农粮保"聚焦早期育秧阶段的风险,也为农业保险全周期覆盖提供有益参考,并为其他地区的推广提供启示。

案例13:中蜂养殖扶贫保险

一、案例背景

浙江省开化县中蜂养殖历史悠久,千百年来以传统方式将专制木桶安放在土房、岩石等冬暖夏凉之处进行原生态养殖,被山区老百姓誉为"天财"。据2018年开化县畜牧业生产统计数据,全县共有中蜂养殖场(户)2 200余个,养殖量达3.1万余群,养殖量位居全省首位,年产土蜂蜜120余吨,产值达3 000万元,中蜂产业数量、产量和产值等均实现了"倍增"。

开化发展中蜂产业具有"自然资源、蜂种特色和政策机遇"三大优势和良好的发展前景,前期取得了一定成绩,但在产业发展过程中也暴露出产业体系尚未形成、产业化程度始终不高、技术水平相对低等问题;同时,经过前期走访沟通、实地调研，中蜂养殖过程中容易因自然灾害、病虫鼠害、农药中毒等导致逃蜂或死亡，中蜂扶贫效果有待提振。

为促进开化养蜂业健康快速发展，促使养蜂业逐步实现组织化、规模化、机械化、产业化，也为加快推进当地现代养蜂业和生态农业的发展，当地通过开办中蜂养殖扶贫保险，推动菜单式扶贫项目有效落地，促进地方农业增产、农民增收、生态增效。

二、案例简述

经过多次组织专家培训探讨保险模式以及深入中蜂养殖一线实地调研对接农户需求，2019年5月6日，开化县政府递交了《关于开展中蜂养殖保险试点工作的请示》（开农险办〔2019〕3号），按照"政府引导、市场运作、自主自愿、公开公平公正运行"的基本原则，以支农惠农、服务"三农"为宗旨，采用低保费、保成本、财政适当补贴的承保方式，申报开展地方财政补贴型中蜂养殖保险产品（开化县扶贫专用）试点工作，切实提高抵御自然灾害和病害的能力、降低养殖风险。从保费结构来看，保费由财政负担90%，蜂农自费10%。为进一步缓解农户保费压力，县财政对低收入农户养殖中蜂给予100%保费补贴。

1. 保险责任

在保险期间内，由于火灾、爆炸、暴雨、山洪（政府行蓄洪除外）、山体滑坡、泥石流、地震、建筑物倒塌、空中运行物体坠落、病虫鼠害、农药中毒、其他类蜂侵害等直接造成保险中蜂每次一群以上逃蜂或全部死亡，视为保险事故发生，保险人按照保险合同的约定负责赔偿。

2. 保险金额及费率

保险中蜂的每群保险金额参照投保时饲养成本确定，分为500元、600元两种，保险费率定为5%。

3. 赔偿处理

当保险中蜂发生保险责任范围内的逃蜂或死亡后，保险公司根据流蜜期的不同按照各自的比例进行赔偿，且每次事故的绝对免赔率为20%。

三、案例分析

1.经济效益

保障蜂农经营风险，稳定收益。自2019年开化县中蜂养殖扶贫保险创办以来，目前已取得显著成效，2019—2022年，累计为1 454户蜂农的26 967箱中华蜜蜂提供了1 536.83万元的风险保障，保费收入76.84万元，其中县财政补贴71.58万元；累计为1 302户蜂农的7 236箱蜜蜂支付了210.79万元赔款，有力解决了蜂农因灾返贫的问题，助力实现脱贫扶贫决战决胜。此外，通过财政补贴部分覆盖或者全部覆盖保费的模式，切实考虑蜂农的实际困难，也降低了蜂户的保费压力，让蜂户得到真切的实惠。

2.社会效益

巩固扶贫成果。开化县中蜂养殖扶贫保险是全省首创农险扶贫专属产品，是开化县政府落实《开化县加快中蜂产业发展的实施意见》产业扶持及菜单式扶贫的具体行动，是开化县精准扶贫、促进农民增收的重要举措。

保障农业生产稳定性，保障粮食安全。据联合国粮食及农业组织的数据，蜜蜂等传粉媒介影响着35%的世界作物产量，可以增加全球87种粮食作物的产量，还能帮助一些药用植物生长。中蜂养殖扶贫保险通过保障开化县中蜂的养殖风险，促进中蜂养殖业发展壮大，提升规模效益的同时，也有望带动农业的稳定生产，进而保障粮食安全。

四、案例小结

开化县中蜂养殖扶贫保险作为全省首创农险扶贫专属产品，通过县政府、保险公司、蜂农等多方联动，运用政府引导、市场运作、农户自主参与的机制，深度整合行政资源与保险资源，形成产业扶持与风险保障的合力，最大限度促使保险发挥风险保障效用的同时也推动了中蜂产业发展，有效帮助农户防范生产风险、稳定收入、脱贫致富。此外，引入县财政对低收入农户全额补贴的机制，有效缓解农户保费压力，真正实现了惠农、扶贫的效果。

通过保险促进规模化养殖，也为地方特色产业发展提供有力保障，促进形成产业链、实现产业扶贫，有力防范返贫问题。该案例也为其他地区结合产业特色，推广保险与扶贫的深度融合，巩固脱贫攻坚成果提供了有益参考。

案例14：衢州市建设工程绿色综合保险

一、案例背景

2018年3月浙江省住房和城乡建设厅下发《关于印发〈浙江省住宅工程质量保险试点工作方案〉的通知》（建建发〔2018〕78号），衢州是五个试点地区之一。这为衢州市工程建设领域提供建设工程绿色综合保险机制，通过保险风险保障功能，提高安全生产风险防范和化解能力，提升安全生产管理水平；提升工程质量水平，有效消除工程质量通病；建立"事前预防、事中管理、事后服务"的保险工作机制，培育和发展建设（住宅）工程质量保险市场；发挥保险公司参与住宅工程质量过程管理功能；提升保险风险管控能力，在建立建设（住宅）工程质量风险管理机制、培育工程质量风险管理机构和专业团队、规范工程风险评估和过程质量管控等工作中有效发挥保险参与管理机制；通过保险赔付功能，及时化解质量纠纷，保障住宅产权人合法权益，促进社会和谐稳定。

二、案例简述

人保财险衢州市分公司2020年开展试点的"建设工程绿色综合保险"包括建设工程投标保证保险、建设工程履约保证保险、业主合同款支付保证保险、建筑企业人工工资支付保证保险、施工单位工程质量责任保险（或建设工程保修保证保险）、工程质量潜在缺陷保险、施工安全生产责任保险和公众责任保险八个险种。

（1）建设工程投标保证保险：建设工程投标保证保险是指保险公司为投标人向招标人提供的，保证工程项目投标人按照招标文件规定履行投标义务的保险。建设工程投保人在投标时提交与保险公司签订的已经生效的投标保证保险合同（或保险单），应视同已经缴纳投标保证金。

（2）建设工程履约保证保险：建设工程履约保证保险是指保险公司为承包人（包括承接相应业务的勘察、设计、施工、监理等单位，下同）向建设工程发包人提供的，保证承包人履行工程建设合同义务的保险。投保人在建设合同签订时提交与保险公司签订的已经生效的履约保证保险合同，应视同已经缴纳履约保证金。

（3）业主合同款支付保证保险：业主合同款支付保证保险是指由保险公司为工程项目发包人向工程项目承包人提供的，保证发包人按工程建设合同约定支付合同款的保险。投保人在建设合同签订时提交与保险公司签订的已经生效的业主合同款支付保证保险合同，应视同已经提交工程款支付担保。

（4）建筑企业人工工资支付保证保险：建筑企业人工工资支付保证保险是指由保险公司为工程项目承包人向工程项目所在地建设行政（或人力社保）主管部门提供的，保证工程承包人按规定支付建筑务工人员工资的保险。建筑业企业提交与保险公司签订的已经生效的建筑企业人工工资支付保证保险合同，应视同已经提交人工工资支付保证金。

（5）施工单位工程质量责任保险：施工单位工程质量责任保险是指由施工单位投保的，保险公司根据保险条款约定，对于建设工程竣工验收合格，并经保险人委托的工程质量风险评估机构检查通过的，在法定保修期内，因施工方责任造成的潜在缺陷所导致的物质损坏，履行赔偿义务的保险。施工单位在工程竣工验收前提交与保险公司签订的已经生效的施工单位工程质量责任保险合同，应视同已经提交工程质量保证金。

（6）工程质量潜在缺陷保险（IDI）：工程质量潜在缺陷保险是指由建设单位投保的，保险公司根据保险条款约定，对在保修范围和承保期限内出现的由于工程质量缺陷所导致的物质损坏，履行赔偿义务的保险。建设单位投保工程质量潜在缺陷保险的项目，可在住宅物业保修金减免、商品房预售、建设成本列支等方面给予适当的倾斜政策。

（7）施工安全生产责任保险：保险机构为投保的生产经营单位提供安全生产事故预防服务。当被保险人在工程施工过程中发生生产安全事故，造成从业人员或者第三者人身伤亡及第三者的直接财产损失时，由保险公司在保险金额内进行赔偿。按照本保险获得经济赔偿，不影响参保的生产经营单位从业人员（含劳务派遣人员）依法请求工伤保险赔偿的权利。

（8）公众责任保险：由物业管理公司投保，在保险期间内，被保险人在保险合同载明的场所内依法从事生产、经营等业务时，因该场所内发生的意外事故造成第三者人身伤亡或财产损失，依照中华人民共和国法律，由被保险人承担的经济赔偿责任，保险人按照保险合同约定负责赔偿的责任保险。将公众责任保险纳入本方案，旨在解决建设单位或物业管理公司在对电梯设备和消防设备管理使用过程中发生人员伤亡的赔偿处理问题。

三、案例分析

1.经济效益

自 2020 年衢州人保财险推出建设工程绿色综合保险以来，目前已取得显著成效，2022 年衢州人保财险共承保建设工程绿色综合保险 4 000 单，保费 3 000 万元，提供风险保障超 106 亿元。建设工程绿色综合保险已基本获得市场认可，且运行良好。

2.社会效益

（1）通过保险保障机制，解决住宅工程业主的后顾之忧，解决质量投诉和安全事故发生时的处理矛盾。发挥保险社会综合治理功能，在风险发生时通过保险公司第一时间的先行赔付，解决违约、拖欠工资、质量安全事故等问题发生时的维权问题，防止形成群体性事件，有效保障社会稳定。

（2）通过工程保险制度的实施，推动政府职能转变，减轻政府部门工程质量和安全生产监督管理压力。通过保险引入独立第三方风险管理机构开展承保单位事前事中事后的风险管理，完善建筑行业的风险管控体系，有效防范工程风险，促进社会信用体系的建设，建立"守信激励，失信惩戒"的市场机制，借此推进法治政府和服务政府的建设，把政府的角色回归到宏观监管的位置，提高政府监管效率。

四、案例小结

人保财险衢州市分公司试点的"建设工程绿色综合保险"覆盖全生命周期工程风险，实现建筑开发商、业主、政府、保险企业四方联动共赢局面，对建筑开发商而言，保险可以有效分散建设工程的经营风险，稳定现金流；对业主而言，有保险作为第三方信用背书，也保障了自身权益，当风险发生时有保险解决维权问题；对政府而言，通过保险引入独立第三方风险机构可以提升建筑行业风险管理效率，使政府回归监管角色，提高行政效率，促进社会稳定；对保险企业而言，建设工程绿色综合保险可以扩展业务渠道，全生命周期的保险模式也提高了人保财险在建筑工程保险领域的核心竞争力，以衢州为试点，也为其他地区提供了可复制的路径。

随着试点的逐步完善，工程风险管理也对保险企业与政府合作提出更高的需求，对政府而言，未来可发力保险服务标准的量化与统一，以及给予财政补贴激励保险机构主动引入第三方风险管理机构；对保险企业而言，可重点推进工程质量潜在缺陷保险这一核心险种，缓解政府对工程质量的管理和监督压力。这也为其他地区复制"建设工程绿色综合保险"提供了创新思考方向，提高推广的可行性。

案例15：绿色建筑全生命周期"碳达标-碳维持-碳恢复-碳补偿"保险解决方案

绿色建筑保险保障的是绿色建筑施工方的责任风险。简单来说，施工方在建造前购买一份绿色建筑保险，来保证建成后的绿色和节能性能，银行据此保险单给开发商进行绿色授信，建造完成后进行性能评定，如果没有实现最初的绿色或节能承诺，保险公司将按照合同进行赔付。同时，保险公司为了减少赔付，会全程参与到绿色建筑的施工和运行过程中，降低项目不达标的风险。国任财产保险股份有限公司（以下简称国任保险）在长三角地区积极布局绿色建筑保险，针对绿色建筑全生命周期的保险保障需求初步搭建了"保险+科技+服务"的解决方案，通过专业第三方的科技力量，为绿色建筑提供设计诊断、施工监理、运营维护、改造提升等全方位的"碳达标-碳维持-碳恢复-碳补偿"服务。

一、案例背景

我国建筑全过程能耗、碳排放约占全国总量的50%，建筑行业的绿色转型对实现"双碳"目标至关重要。近年来我国提高绿色建筑标准要求政策导向越发明确，2021年住房和城乡建设部发布新修订的国家标准《绿色建筑评价标准》，目前已有江苏、浙江等15个省份印发《绿色建筑条例》等法规文件，以深圳市发布的《绿色建筑条例》为例，要求所有新建筑达到一星级标准，公共事业类建筑须达到二星级标准。当前，我国建筑行业绿色转型面临两个错配难题。一个是性能错配，绿色建筑评价在建筑工程竣工后进行，建筑设计与运行之间存在性能错配，无法确保专案建成后绿色性能与当初设计完全相符。另一个是时间错配，二星级以下建筑在竣工后直接评定，三星级建筑在运营期结束后评定。引入绿色建筑保险机制，以市场化手段保证绿色建筑实现预期的星级标准，可以有效破解从绿色设计向绿色运行转化的难题。由此也催生了建造商对绿色建筑风险保障的需求。

作为深圳市保险企业的排头兵，国任保险近年来发展迅猛，2021年保费规模突破100亿元，正式迈入财险行业"百亿俱乐部"，稳步扩展市场份额的同时，国任保险也高度重视社会责任承担，积极探索绿色保险支持绿色产业的新路径，针对绿色建筑全生命周期的保险保障需求，国任保险结合专业第三方科技，提供多层次的绿色建筑保险产品以及全方位的"碳达标-碳维持-碳恢复-碳补偿"服务。

二、案例简述

国任保险结合绿色建筑全生命周期，按建造前、建造中、运行维护阶段分别推出绿色责任保险，主要做法如下：

（1）建造前的阶段：主要包括绿色建筑的设计责任险、勘察责任险、监理责任险以及开发贷款履约保证险。分别对应保障设计失误、勘察不当、监理失职、开发商无法按期偿还开发贷款等风险。

（2）建造中的阶段：主要包括绿色建筑性能责任保险以及性能潜在缺陷责任保险。

绿色建筑性能责任保险：绿色星级认定包括两个环节，其一是建筑竣工验收时会检测绿色性能是否达标；其二是竣工验收后需要运行一年左右上报住建部申请绿色星级标志。任一环节失败建造商都要进一步付费对建筑展开改造提升，绿色建筑性能责任保险就为该部分改造费用做兜底保障。

性能潜在缺陷责任保险：建筑在建造或者设计施工等各个环节可能存在一定缺陷，但竣工验收时并未检测到，而是超过两年建筑质量保证期性能缺陷逐渐暴露，保险公司针对这一风险做出保障。

（3）运行维护阶段：主要包括性能损失责任保险以及节能收益责任保险。

节能收益责任保险部分，保险公司主要提供改造服务以及配套风险保障。对于已建成的建筑，保险公司对其展开绿色化改造，如中央空调机组、光伏保温设施等，倘若改造性能没有达到预设标准，保险公司会就性能损失提供补偿。

目前保险公司已在运维阶段实现"保险+科技+服务"模式，实现建筑全过程的监控，保险公司可以在原有中央空调系统加装智能化控制软硬件系统以及管理平台，通过依托平台实现实时动态控制空调开关、出风量以及温度等，达到精细化管控甚至无人监控的效果，如设备对接智能物联网监控设备后可以实现自动化的定期巡查，无须人工，即通过科技的力量降低运维成本。

在收费模式上主要有两种选择：其一是客户一次性全额支付改造费用，公司将保费包括在改造费用中，此后节能收益全部归客户所有；其二是保险公司提供免费改造，但会按比例抽取节省的电费收益。在定价方面，公司会综合考虑改造费用、运维成本、风险敞口对冲成本以及适当的利润，综合报价给客户。在节能目标划定上，保险公司往往会报给客户较为保守的节能率数据，以保证后续超额完成节能目标。在保障年限方面，考虑到绿色建筑保险处于初级阶段，保单以1~3年为主。

在能耗处理方面，公司创新性推出零固废处理模式，保险公司以服务的方式承包固废处理的投保工作，将固废交由合作的第三方单位集约化处理。

三、案例分析

1.经济效益

对绿色建筑开发商而言，绿色建筑保险可以降低建筑以及运维阶段的经济风险，稳定了项目收益，提高项目整体的经济效益和可行性。在绿色建筑保险的背书下，绿色建筑开发商也有动力积极扩展创新绿色建筑相关服务，进而推动绿色建筑消费在建筑行业的整体占比。

对保险公司而言，在业务扩展方面，结合建筑行业政策变动及时推出创新型保险满足绿色建筑开发商需求，促进绿色建筑开发规范发展的同时也可以实现收入来源的补充；在收费模式方面，国任保险积极创新，推出"保险+科技+服务"的模式，探索节能效益未来现金流的转化，解决建筑绿色化改造主体融资难题，同时增加了保险公司稳定的现金流收入，实现双方共赢的局面。

2.社会效益

促进建筑行业绿色化转型，助力"双碳"目标落实。通过绿色建筑保险覆盖绿色建筑全生命周期的风险，可以充分发挥金融资源配置的作用，实现从金融端倒推建筑行业的绿色化转型，促使建筑行业绿色改造软着陆，而绿色建筑行业作为降低碳排放的关键一环，也进一步推动"双碳"目标落实。

3.环境效益

"保险+科技+服务"的模式有力推动建筑的节能化改造，降低了建筑行业整体的能耗，减轻资源消耗，融入科技应用后特别是在建筑运营阶段可以实现精细管理能源使用，提高能源利用率，此外，零固废的处理模式也降低了污染排放，进一步提高了环境效益。

四、案例小结

绿色建筑全生命周期"碳达标-碳维持-碳恢复-碳补偿"保险解决方案采取"保险+科技+服务"的模式，对绿色建筑提供设计、施工与运营全生命周期的保障与服务，这也是保险产品最大的创新点。通过将保险融入节能化改造服务，既扩展了保险公司的收入来源，也增强了建筑公司运维阶段的风险保障力度；通过数字技术实现建筑运营全过程的精准监控与管理，降低了能源消耗与运营成本，也为绿色保险扩展数字化应用场景提供了重要经验。

在实际保险推广过程中也对政策端提出更高的需求，其一是制定详尽的配套细则，便于保险业务的标准化，也可以提高政府机构的监管效率；其二是公开绿色建筑操作认定环节，便于保险划分理赔责任，也便于开发商针对关键环节开展绿色化改造，带动整体绿色建筑行业提质增效；其三是对绿色建筑保险提供兜底机制以及创新激励，促进保险企业大胆创新保险产品，扩展风险保障范围，也可以加速建筑行业的绿色转型进程，落实"双碳"目标。以上也为其他地方政府推广绿色建筑全生命周期保险、开展与保险企业的合作提供了创新思路参考，进而做好绿色建筑保险发展的制度保障，促进绿色建筑市场的健康运转。

案例16：供应链网络安全保险

根据欧盟网络安全局（ENISA）2021年发布的一份调查报告，68%以上网络安全攻击事件来自供应链攻击，且可能在一年内增加四倍，这是对全球经济的最大网络安全威胁之一。中国太保产险推出的供应链网络安全保险是针对供应链体系中的上下游单位，对其核心企业的系统安全和信息保障定制的一体化保险解决方案。促使上下游企业在纳入供应链运行机制时，须保障自身系统及其供应链进程中相关信息资产的双重安全，并进而一定程度地保证其指定供应链核心企业的作业安全以及供应链全流程的整体安全。保险人通过保障供应链上下游各单位对其核心企业的系统安全责任，来对整个供应链网络和信息安全管理进行兜底，一旦被保险企业因其系统隐患或漏洞发生网络安全事件，影响核心企业正常营运或导致信息泄露时，保险人承担相应赔偿责任。

一、案例背景

卡巴斯基最新《供应链网络安全潜在威胁及挑战》调查报告显示，在供应链危机期间，有30%的组织遭受网络攻击的数量有所增加。供应链攻击通过渗透或攻击位于供应商链中的企业来针对整个供应链组织。如果其中一个实体的网络安全威胁防护能力较差，或者关闭某些特定的网络安全协议，就可能成为进入更广泛的供应链网络的入口点。风险可能有很大差异，并增加了公司面临威胁的复杂性。

社会对供应链的依赖无疑已经引起了威胁行为者的注意，这些行为者无论出于何种动机，都破坏并造成了经济损失。全球供应链的相互联系为网络犯罪分子提供了一个有吸引力的目标，如果可以在供应链社区中轻松传播，则可能会产生巨大影响。

中国在全球供应链中的地位是毋庸置疑的，中国坚持以高水平开放促进高质量发展，推动世界经济复苏的决心和愿望需要更加安全的环境来保障。我国高度重视软件供应链安全问题，不断建立、健全了一批法律法规、标准制度。尽管软件供应链安全相关标准规范可以在一定程度上提升软件供应链安全，但是若想进一步减少和转移软件供应链网络安全风险，需要引入网络安全保险机制，通过网络安全保险，大力提升软件供应链的安全保障能力。

二、案例简述

2022 年 9 月，中国太保产险发布具有创新意义的供应链网络安全保险产品，并举行首单签约仪式，宁波市网信办、宁波市金融局、宁波市银保监局等相关领导共同见证了签约活动，国科信安（宁波）数字科技有限公司作为技术支撑方联合中国太保产险向客户代表递交了"供应链网络安全责任保险合同书"。

该产品基于"科技风控+保险服务"模式，提供针对供应链上下游单位对供应链核心企业的一体化网络安全保险解决方案，保证了指定供应链核心企业的作业安全以及供应链全流程的整体安全。一旦被保险企业因其系统隐患发生网络安全事件，影响核心企业正常营运或导致信息泄露时，保险人承担相应赔偿责任。

1.主要的保险责任

（1）应急响应费用。

在保险期间内发生上述保险事故，为避免和减少损失扩大，保险人可以指派经保险双方认可的第三方专业机构作为咨询顾问或事故处理专家对被保险人的计算机系统进行风险咨询与评估，事故处理、名誉恢复与理赔鉴定等应急服务及解决方案产生的费用，保险人依据保险合同规定的相应赔偿限额并扣除相应的免赔额（率）后负责赔偿。

被保险人对被指定的专业机构开展工作应给予相应配合。如保险合同未列明第三方专业机构，保险人可以指派经被保险人认可的具有合法执业资格的专业机构。应急响应费用涵盖以下 3 个方面：

一是检测、鉴定费用。被保险人出于以下目的指定第三方专业机构进行检测、鉴定服务所产生的必要费用：①确认保险事故是否已经发生或正在发生；②确定保险事故的原因；③确认保险事故的影响程度与范围；④避免或降低保险事故的建议。

二是名誉恢复公关费用。在保险事故已造成被保险人公司、董事会成员、总裁、总经理、合规负责人、信息安全负责人或法律负责人的名誉受到损害的情况下，为了消除或减轻这种负面的社会影响和舆论压力，被保险人在保险事故发生后的一个月内可指定第三方公共关系专业机构向公共媒体及平台投放宣传文案、采取传播措施及发布新闻活动所发生的必要的、合理的费用。此项费用不包括与保险事故无关的企业广告、传播、宣传、新闻发布活动费用。

三是通知费用。由于被保险人发生保险事故而寻求法律咨询或法务代理、通知第三者以及依照法律法规规定的任何主管机构而产生的必要的、合理的费用。

（2）营业中断损失。

保险人在保险期间内首次在其计算机系统中发现了网络安全事件且造成被保险人计算机系统全部或部分中断，导致被保险人营业受到干扰或中断，由此而产生的赔偿期内的毛利润损失及工作成本增加，保险人按照保险合同约定的赔偿限额、赔偿期负责赔偿。

（3）数据恢复费用和硬件维修费用。

被保险人的计算机系统发生保险事故造成被保险人数据丢失、损毁、修改、损坏、破坏或删除，且被保险人在保险期间内首次发现的，则被保险人为了重新获得、更换或恢复被保险人的计算机系统在受损前存储在其中并因保险事故发生而导致损坏、丢失或损毁的数据所支出的合理、必要的费用，保险人依据保险合同规定的相应赔偿限额并扣除相应免赔额（率）负责赔偿。赔偿包含以下方面：①由被保险人的备份数据介质中重新导入数据或程序而产生的费用；②置换和重新更新系统和标准程序数据的合理、必要费用；③该项费用不包括因系统、数据升级或重新设计、配置超过保险事故前的状态而发生的额外费用；④经保险双方认可的第三方专业机构核实确实无法以合理的方式重新获得、更换或恢复数据，则该项费用仅限于被保险人为做出这样的判定而产生的合理、必要的费用。

此外，因上述保险事故，产生的对被保险人计算机系统的任何硬件进行更换或维修的费用。但需事先经保险人认可，保险人依据保险合同规定的相应赔偿限额并扣除相应免赔额（率）负责赔偿。

（4）网络勒索损失。

由于被保险人的计算机系统遭受网络攻击、网络安全事件而被勒索、敲诈，被保险人在保险期间内首次发现，在取得保险人书面同意的情况下为调查和解决网络勒索威胁所产生的下列损失和费用，保险人按照保险合同规定的赔偿限额并扣除相应的免赔额（率）后负责赔偿。赔偿包含以下方面：①由指定的专业机构调查和处理网络勒索事件的合理、必要的相关处置费用。②对向相关执法机构报告、配合执法机构进行调查的相关费用。除非执法机构要求披露或另有事前书面约定，否则投保人、被保险人、保险人均应对此保险合同及相关保险责任的条款和条件保密。

2.保险主要做法

（1）建立"技术+保障"堡垒。

中国太保产险协同安全产业领军专家、北邮的学者、国科信安共同搭建模型，建立保险服务平台。针对供应链上下游企业定制一体化产品，通过共同认可的第三方专业机构介入，不断提升投保客户的安全短板，降低保险投入和风险，通过"技术+保障"的形式最终提升社会整体安全水平，形成良性的循环。

面对愈来愈长的网络防线，保险公司也积极和跨界专家合作研究，推出防御产品有效组合，创新相应的保险产品，不断完善供应链网络安全保险的细则和种类。

（2）联合上下游产业，协同应对网络安全问题。

保险公司积极发挥协调作用，使上下游企业、保险公司、服务机构达成一个联盟。上下游产业和服务机构通过保险公司进行高效的信息交流共享，协同应对信息传递之间的威胁，对上下游企业同时提供保障，才能达成最佳的效果。

三、案例分析

1.经济效益

（1）填补需求空白，分担企业风险。

分担企业遭受黑客网络攻击的风险，实现网络安全经济风险转移，可靠计量由于网络安全问题带来的企业名誉损失，加强对企业无形资产的保护。对供应链网络信息提供保障，是帮助企业做大做强的助力。

同时，保险公司和第三方专业机构的介入解决了企业，尤其是中小企业，在深度依赖信息技术化的同时网络安全面临专业人员供应不足、防御成本过高等问题。

（2）保护供应链安全，推动经济复苏。

在全球经济大分工和国内社会大分工的背景下，随着经济复杂性、信息化复杂性，每个企业都是供应链中一环，从而形成环环相扣的经济循环。供应链网络安全保险对上下游同时提供保障，避免"一次攻击、多方受害"，并有效降低安全风险，减少损失，控制风险沿供应链扩散，从而保障我国经济稳定高质量发展。

2.社会效益

（1）有助于削减供应链网络安全问题带来的恐慌，降低经营风险，提振投资信心。

（2）填补安全防范空白，建设良好经营环境。中国太保产险通过推出创新产品，带动国内保险市场在网络安全保险领域取得更大突破，为供应链体系的各类企业提供无缝隙全生命周期的网络安全风险管理、损失补偿、保障服务，真正打造具有中国特色的网络安全保险模式。

四、案例小结

网络安全保险在中国保险市场尚属起步阶段，作为新兴行业的网络安全企业也仍处于蹒跚学步阶段。这是一个崭新的尝试，是保险参与网络安全保护的先行试验，为我国供应链网络安全防范提供宝贵经验：

（1）供应链网络安全保险是一个有良好发展前景的保险类型。

目前，网络安全问题日益重大，供应链网络安全受到攻击的频率和攻击所造成的经济损失都在增长。在中国，网络安全保险仍然是一个新的概念，这方面的保险产品仍然存在缺口。我们希望更多企业开发网络安全保险产品以丰富该市场。

（2）凝聚多方力量，高效整合资源，协同应对网络安全问题。

保险公司、上下游产业和第三方专业机构形成联盟，各自发挥所长，凝聚最大力量，解决安全领域需求和供给割裂的困局，提升供应链安全整体水平。网络安全产业的多领域专家共同合作，能够建立复杂完善的网络安全防线。同时，保险公司具有非常强大的展业和经济保障能力，同网络安全产业形成互补，降低网络安全风险，保护供应链网络信息安全。

（3）对全球网络安全保险的发展具有典范意义。

中国太保产险推出的供应链网络安全保险是中国地区首个该类型保险。这是在网络安全保险领域的又一次大胆尝试，也是基于"科技风控+保险服务"模式的一次质的飞跃。这次尝试将会推动网络安全保险的发展。

第6章 绿色保险支持绿色交通与绿色低碳全民行动案例

本章内容着重梳理绿色保险支持绿色交通与绿色低碳全民行动相关案例，介绍了电动自行车综合保险、"太保碳普惠"平台建设2个保险案例。

案例17：电动自行车综合保险

电动自行车是市民广泛使用的绿色交通工具，具有节能环保、方便快捷等优点，也存在着管理不规范、安全隐患多等问题。作为全国绿色金融改革创新先行区，衢州市依据全省首部电动自行车管理地方性法规，运用政保合作机制，推行电动自行车综合保险。此举加强了电动自行车管理，稳妥解决了事故赔偿问题，有利于市民绿色出行。本案例亮点在于具有良好的推广普及价值。政保协同合作，取得了良好的风险控制效果和社会效益。

一、案例背景

交通运输领域是碳排放的重要领域之一，推动交通运输行业绿色低碳转型对于促进行业高质量发展、加快建设交通强国具有十分重要的意义。其中电动自行车作为一种绿色环保的交通方式，已经成为广大市民日常出行的主要选择之一，它具有节能环保、方便快捷等优点，也是推动交通运输领域绿色化转型的关键一环。但伴随我国电动自行车保有量快速增长，管理不规范、安全隐患多等问题也时有出现，如非法拼装改装、乱停乱放等。

二、案例简述

作为全国绿色金融改革创新先行区，衢州市依据全省首部电动自行车管理地方性法规，运用政保合作机制，从今年 5 月开始推行电动自行车综合保险，加强电动自行车管理。

其主要做法如下：

1.制定地方性法规

2016 年 12 月 1 日省人大常委会批准实施了《衢州市市区电动自行车管理规定》，这是全省首部、全国第二部电动自行车管理的地方性法规，规定第二十四条明确指出"鼓励电动自行车所有人或者使用人投保车辆第三者责任险、驾乘人员人身意外伤害保险和车辆盗抢险"，为开展电动自行车综合保险奠定了法规基础。

2.研究制定保险方案

衢州市政府有关部门联合保险机构，制定电动自行车综合责任保险方案，保险责任方面，覆盖车辆第三者责任险、驾乘人员人身意外伤害保险和车辆盗抢险，赔偿限额方面，包括整车盗抢险新车 1 200 元、非新车 800 元，第三者责任保险 5 万元（其中医疗费用 5 000 元）和附加车上人员责任保险 2 000 元，每辆电动自行车的保费 60 元。为明确理赔责任，保证保险业务的顺利展开，保险方案也对投保人的产权界定提出明确要求，车主投保前，须先到公安交通管理部门办理电动自行车登记上牌，非法拼装改装的电动自行车一律不准登记上牌。投保后，由合作的第三方科技公司为车辆加装防盗芯片，加强车辆安全管理。

3.建立政保合作机制

人保作为国内保险业的先行者，早在 2006 年就已经正式推出国内首款电动自行车综合保险，集人身意外伤害险、意外伤害医疗险和第三者责任险为一体，只需要付 50 元或 100 元的保险金额就可享受到最高 6 万元的赔付金。衢州市市财政、公安等部门积极对接人保等国内领头险企，参考其保险经验，推行电动自行车综合保险，最终由人保财险衢州市分公司、中国太保产险衢州中心支公司和人寿财险衢州中心支公司组成共保体，最大限度实现保险公司间的优势互补，共同解决电动自行车安全管理和事故赔偿等问题。在保费金额以及具体构成方面，保费60元，由政府补贴10元，车主自缴50元，其中上牌和加装防盗芯片费用由市财政另行承担，财政补贴的放大效应也有助于保险快速扩大覆盖面。

三、案例分析

本案例的效益主要为社会效益：

1.加强了电动自行车安全管理

城市电动自行车交通事故频发。2016年，衢州市区共发生电动自行车交通事故11 180起（不含自行调解的微小事故），占全部交通事故总数的45%；死亡121人，占交通事故总死亡数的38%。通过电动自行车综合保险，该市在较短时间内提高了车辆登记率，实现了电动自行车的牌照管理，杜绝了非法拼装改装电动自行车上路，大幅减少醉酒驾驶、超速驾驶等交通违规行为。在上牌过程中，公安部门对车主进行道路交通安全教育，纠正"只要发生交通事故，就是机动车的错"的错误观念，促进电动自行车安全、文明出行，减少交通安全隐患。

2.稳妥解决事故赔偿问题

大多数电动自行车车主往往骑行风险防范意识淡薄，电动自行车一旦发生事故，会对骑行人员和其他交通参与者造成直接经济损失和人身伤害。此前，由于法规和保险机制缺失，电动自行车事故赔偿一直是个难题，容易引发矛盾和纠纷，其理赔也将对个人及家庭造成较大的经济负担。实行电动自行车综合保险，不仅有利于减少事故率，还妥善解决了事故责任分担和赔偿问题，促进社会和谐稳定。同时，防盗芯片可以对电动自行车运行轨迹进行定位，一旦失窃，便于警方追查。即使被盗车辆无法找回，保险公司也能先行赔付，弥补车主损失，稳定车主情绪。

3.有利于市民绿色出行

电动自行车综合保险有利于发挥电动自行车绿色出行的优点，同时减少因事故引发的交通拥堵。各有关保险公司成立电动自行车理赔专组，开展远程定损、"直赔"等服务，如人保"车险理赔无忧"将服务理念延伸至电动自行车理赔，切实做到"最多跑一次"。如果发生电动自行车交通事故，保险公司可启动快速理赔机制，双方车辆及时撤离，有效缓解主干道和高峰期的交通堵塞问题，促进市民绿色出行。

4.促进交通行业绿色化转型

电动自行车综合责任保险低成本、高保障的优势，可以充分保障车主面临交通事故的赔付风险，有望促进居民电动自行车消费，提高绿色交通工具整体的比重，从消费端推动交通运输领域的绿色化转型，避免交通行业绿色转型硬着陆，进而带动"双碳"目标的平稳实现。

四、案例小结

作为全国绿色金融改革创新先行区，衢州市发力交通运输领域绿色化转型，推出全省首部电动自行车管理地方性法规，提供法规支持以及财政补贴支持，运用政保合作机制，推出共保体的模式实现险企的资源互补，电动自行车综合保险的推行，在提高电动自行车管理效率、缓解电动自行车交通事故赔付压力、推进市民绿色出行方面均取得积极成效。目前，该市市区已上牌投保电动自行车达25万多辆，投保率达83%，保费收入1 500余万元，为市民提供了超过125亿元的保障。目前该保险已向衢州市全市推广，未来有望辐射至长三角地区乃至全国。

案例18："太保碳普惠"平台建设

一、案例背景

在我国政府向国际社会公开承诺碳减排目标的大背景下，我国启动了以碳排放权交易为主的市场化机制政策手段。全社会温室气体排放来自农业、工业、交通、建筑、居民生活等活动，而目前我国碳市场出于管理成本考虑，主要控制高耗能、高排放的工业企业排放，鼓励规模较大的减排项目。另一方面，为使全社会达成低碳发展的共识，我国政府不仅要在企业层面下功夫，还要着力从个人消费端推动低碳减排。但是，个人消费端排放具有"小、散、杂"的特点，难以采用与行业、企业节能减排相同的方法进行引导，为倡导民众参与低碳行动，通过消费减碳助推产业链绿色转型，碳普惠制度应运而生。具体而言，碳普惠是指对小微企业、社区家庭和个人的节能减碳行为进行具体量化和赋予一定价值，并建立起以商业激励、公益激励、政策鼓励和核证减排量交易相结合的正向引导机制。当前，我国北京、广东、河北等省市已经建立或正在筹划针对个人消费端的、政府牵头的碳普惠机制，涉及居民生活的绿色交通、垃圾分类、绿色消费等领域；在民间层面，支付宝旗下的"蚂蚁森林"项目已经成为我国受众最广泛的碳普惠产品；碳普惠相关研究已经成为近年来的热点，多地政府、企业尝试通过碳积分形式建立小范围的针对个人的碳普惠机制。

根据国家"双碳"目标和党的二十大报告关于绿色发展的要求，上海、重庆、深圳、广东4地陆续发布省级碳普惠专项政策，北京、山东、江苏、浙江等13个地区也先后开展省级碳普惠相关规划，以个人碳账户为基础的碳普惠成为"双碳"目标行动的重要和基础领域。碳普惠通过"政府搭台、企业唱戏、全民参与"的模式，逐渐成为金融业支持实体经济转型发展的新动能，也是提高市场主体和公众参与积极性的重要实现途径。

碳普惠与新能源汽车的使用结合也是一个关注的热点，经过近20年来我国新能源汽车产业飞速发展，我国已经成为全球最重要的新能源汽车制造和销售市场之一。新能源汽车的使用也融入了人们日常生活的方方面面。2022年新能源汽车销量为688.67万辆，同比增长95.62%，占汽车总销量的25.64%。其中纯电动汽车销售535.31万辆，同比增长84.55%。

中国太保积极推进可持续绿色保险创新工作，继2022年第五届中国国际进口博览会期间，联合中国国际进口博览局开展"零碳进博·零塑办博"碳普惠行动计划之后，率先推出国内保险业首个碳普惠平台——"太保碳普惠"平台，如图6-1所示。"太保碳普惠"平台基于"碳普惠+新能源车"以及结合用户的日常，构建了非常具有特色的碳账户平台。

图 6-1　"太保碳普惠"平台小程序链接与主页

二、案例简述

中国太保产险作为国内绿色保险的领军险企，高度重视碳金融的前沿探索，并于2023年推出了"太保碳普惠"平台，首次亮相碳博会，这也是国内保险业首个通过用户授权、单一用途的，对客户低碳减排行为进行测算和激励的碳普惠平台，也代表着保险业在"碳中和"领域的最新探索成果。

"太保碳普惠"是基于微信小程序开发，面向公众并以建立个人碳账户为基础的应用平台。用户在平台中可通过多种低碳场景、低碳行为获取碳积分，并用碳积分兑换相关奖励，旨在倡导和鼓励公众积极践行碳普惠、参与绿色低碳行为。

"太保碳普惠"小程序引导用户通过"碳积分任务"去完成相应的低碳行为，并获取碳积分，小程序共设定了如图6-2所示的8类低碳场景。

图 6-2　"太保碳普惠"低碳场景

1.低碳场景———新能源车行驶

新能源车行驶场景是前期推出的8个低碳场景中最重要的场景之一，相比较传统燃油车，同样单位的新能源车行驶产生的碳排放量要少很多；碳普惠平台会根据新能源车车主行驶和充/耗电情况、经过科学算法模型计算出用户的碳减排量和碳积分。通过与专业第三方机构合作，完成支持方法学认证、数据模型搭建以及用户的新能源车行驶相关数据交互。用户完成车辆绑定后，该小程序会在首页生成该辆新能源车的碳积分能量球，从而让用户获取碳积分。

2.低碳场景二——新能源车置换

用户将原先的燃油车置换为一辆新能源车后，也会在日常生活中为碳减排做贡献。因此，该碳普惠平台设计了新能源车置换的低碳场景。该场景完成有两个条件：（1）用户需要有一辆在中国太保产险投保过（有历史保单或者有效保单）的新能源车；（2）用户有过一辆燃油车，在使用新能源车时已置换掉。满足这两个条件的用户，可以完成这个低碳任务，获取相应的碳积分。

3.低碳场景三——步行

相比新能源车，步行是人们日常生活中更为常见的活动。微信、支付宝等平台也都有日常运动步数的接入。用户在日常行走锻炼身体的同时，获得一定的碳积分也是更为喜闻乐见的低碳行为。该碳普惠平台通过获取用户微信步数，兑换相应的碳积分。

4.其他低碳场景四——自助投保、自助报案、自助查勘、电子保单与电子发票

该碳普惠平台同时设计了自助投保、自助报案、自助查勘等场景，用户可以通过相应功能，进行保险保单的在线全流程投保、车险保单客户出险之后自助报案、自助报案后自助查勘，获取碳积分。而电子保单和电子发票则出于"无纸化"的考虑，减少纸制品的消耗，节约资源，从而减少用户日常的碳足迹。

此外，该碳普惠平台还设定以下几个功能模块，打造低碳社区平台：

1.碳社区指引

通过"碳社区"功能接入，协助用户在这里获取目前8类低碳场景的规则说明和操作指引。同时植入了智能客服，为用户解惑答疑。用户可以通过智能客服对话页面，咨询相关问题，也可在智能客服无法解答时通过"转人工"由在线人工客服为用户进行解答和服务。

2.积分兑换专区

在通过低碳行为取得足够的碳积分后，用户可以通过"兑换专区"，选择需要

的奖励进行兑换。可供兑换的奖励有充电服务、陪驾服务、精洗服务和普通洗车，如图6-3所示。

图 6-3　"太保碳普惠"平台积分兑换专区

目前对新能源车车主来说比较有吸引力的是充电服务和陪驾服务。充电服务是可以作为充电卡使用，目前已经覆盖全上海的公桩；陪驾服务是针对由燃油车转开新能源车的用户，在未适应新能源车相关操作时，可以通过叫陪驾人员，来进行单次2个小时的指导，协助用户进一步熟悉新能源车的各种功能。

"太保碳普惠"平台自2023年5月在上海正式落地以来，用户数量持续快速增长，1个月内参与的平台用户达到1万余人；在2023年首届上海国际碳博会上首次亮相，受到上海市、区级领导和新闻媒体的高度关注，同时也吸引了众多观众的现场互动参与，获得了较多好评与认同。

三、案例分析

1. 社会效益

"太保碳普惠"平台通过在保险业内先行先试碳普惠机制，在业内树立碳普惠平台标杆，此举有望带动保险业及其他金融企业陆续加入和建设碳普惠平台，推进碳普惠机制的落地实施。

"太保碳普惠"平台以数字化形式实现对公众绿色行为的量化记录，帮助公众减排，同时协助政府了解公众的减排情况，为政府的碳普惠决策提供支撑，这也是构建"政府为主导、企业为主体、社会组织和公众共同参与"的环境治理体系在企业端的重要体现和示范实践。

2. 环境效益

"太保碳普惠"平台特有的新能源车行驶和新能源车置换场景，可有效引导用户购置和使用新能源车。使用新能源车来替代传统燃油车，不仅可以让公众摆脱对石油这种不可再生能源的依赖，同时可大幅减少车辆制造和使用环节的排放污染，对环境污染物的减排和碳排放的减少都有非常重要的作用。因此，碳普惠机制中，新能源车在"双碳"目标实现过程中扮演着重要的"削峰填谷"的角色。

3. 公众效益

"太保碳普惠"平台利用移动互联网、大数据等技术，依据碳普惠方法学，可视化、数字化个人的低碳减排贡献，为公众提供参与"双碳"目标的平台；通过市场化的激励手段，引导和激励公众积极参与低碳行动，将绿色低碳行为转换为绿色低碳收益，获得环境和经济双重收益，让大众成为"碳中和"的参与者与受益者，充分发挥个人力量助力国家实现"碳中和"目标。

4. 企业效益

平台的用户通过完成"太保碳普惠"平台的众多低碳行为和低碳任务（特别是保险特色相关），可与企业进行多场景的高频互动，在培养用户绿色低碳意识的同时，持续提高用户体验、提升用户黏性，赋能企业在主营业务端的用户留存与转化。

四、案例小结

"太保碳普惠"是中国太保产险在碳金融生态领域的一项重要保险创新，通过具有保险特色的低碳场景搭建，构建具备双碳属性的高频互动场景，使公司与用户之间形成强关联，将提升客户经营与践行社会责任有机黏合，将公司发展规划与国家发展战略紧密结合，进而驱动形成保险业的绿色低碳生态圈，实现新时期低碳转型可持续发展。

通过微信小程序，结合用户新能源车使用、步行等日常活动，以"碳积分能量球"充分融入用户低碳生活的日常，对推广低碳生活理念、促进生活方式绿色转型起到了积极的促进作用，也为保险行业积极探索碳普惠平台建设提供了有益探索。

第7章　绿色保险支持生态保护与气候变化应对案例

本章内容着重梳理绿色保险支持生态保护与制度变化应对相关案例，介绍了野生动物肇事公众责任保险、"水质无忧"保险、安惠保巨灾保险、气象指数类保险产品4个保险案例。

案例19：野生动物肇事公众责任保险

一、案例背景

2021年10月12日，国家主席习近平在联合国《生物多样性公约》第十五次缔约方大会领导人峰会上发表主旨讲话，倡导"共同构建地球生命共同体"，指出"保护生物多样性有助于维护地球家园，促进人类可持续发展"。云南省是我国生物多样性最丰富的省份，虽然国土面积仅占全国的4.1%，但地理环境得天独厚，植被类型丰富，野生动物种类繁多，素有"动物王国"和"物种基因库"的称誉。云南省也采取了诸多措施，积极保护野生动物，在全国率先颁布《云南省生物多样性保护条例》，这是我国第一部地方性生物多样性保护法规，起到生态文明排头兵建设良好的表率作用。但随着野生动物种群数量有所恢复和增加，野生动物伤害人畜、损害农作物的情况经常发生，人身伤亡与财产损失又反过来加剧了人类对野生动物的敌意与捕杀，叠加政府财力有限，最开始无补偿或者补偿过低，野生动物与人类活动的矛盾越来越突出，已经成为一个既敏感又带有全局性的问题。

为深入贯彻《野生动物保护法》，有效缓解保护野生动物与野生动物肇事之间的矛盾，2009年云南省林业厅与中国太保产险云南分公司通过大量的实地勘察和潜心调研，开发出全国首款"野生动物肇事公众责任保险"产品，以野生动物对区域内群众造成的人身伤害及财产损失为赔偿范围，创新生态补偿机制，引入保险为政府职能服务的理念，逐步实现由政府补偿向商业保险赔偿的转变，标志着中国化解野生动物侵害风险和保护生态资源的体系更加完善和多元化。

二、案例简述

1.设置属地特色服务电话

中国太保产险云南分公司承保野生动物肇事公众责任险（以下简称"野责险"）项目，主要承保地点为云南省普洱市、西双版纳傣族自治州，考虑到各民族语言的复杂情况，全国统一服务电话不能满足项目需求，特别设置了使用傣语等少数民族语言的当地报案电话，降低语言障碍。

2.成立专项服务团队

为保证野责险项目的顺利开展，中国太保产险云南分公司针对野责险项目专门成立了从省分公司到地州中心支公司的多层级垂直管理的专项服务团队，投入GPS、无人机等专业设备，确保受损农户出险后第一时间进行查勘定损，从而确保快速、高效、准确进行赔付，保障农户权益，提高保险服务的公众满意度。

3.开发野责险专用查勘工具，RPA实现自动化

野责险项目以服务体验为牵引，全流程整合业务及理赔，提升工作效能，从机制创新、服务创新、制度创新三个方面全面打造野责险服务。在制度创新方面，将每一个服务流程重新定义，出台野责险详细的管理办法，将服务工作做优做实；在服务创新方面，自主研发出"爱象随"野责险智能理赔平台，将原来靠人力手工完成的查勘定损手写单证等环节，全部实现线上化作业，做到了老百姓现场报案、现场查勘录入专项APP，服务人员现场定损，OCR识别群众信息提交，从而达成当天报案当天支付的客户体验，真正意义上做到了"象走即赔"。平台自上线以来取得

显著成效，共计处理案件 31 201 件，赔款金额 5 602 万元，惠及 26 874 户农户，相比起原来的手工单证流转，日均处理案件量从 10 件到目前 101 件，效率提升了 10 倍，相当于每月节省下 18 个人的工作量。

4.建立野责险专属绿色通道

野责险项目为政府采购项目，保费的划付涉及国家、省级、市级及县级的配套资金，由于配套资金的划付问题，保费入账时间较晚。但是为了受损的老百姓能及时恢复生产生活，中国太保产险云南分公司勇于承担社会责任，在保费未划付的前提下提前开展赔付工作。

在发生人象冲突导致的人身伤亡案件中，中国太保产险云南分公司积极采取入院探视、医疗费垫付、伤残免鉴定等暖心服务措施，全程跟进案件进展，随时听取伤者及其家属的困难，为伤者送温暖、解急难。为了保证被野生动物袭击致伤的伤者能够得到及时的医治，避免因医疗费用不到位导致的治疗不力，中国太保产险云南分公司与当地医院达成合作，只要是辖区内因野生动物肇事受伤的人员均可以到医院进行免费的救治，由中国太保产险云南分公司直接将医疗费支付到医院。

三、案例分析

1.经济效益

通过保险的形式，一定程度上减轻了由于野生动物活动造成的农业、林业损失，保障了农户的经济利益。避免当地居民因为经济损失而对野生动物产生敌意，或因为缺乏收入而破坏森林。同时，保险的落实也促进了当地的生态旅游业发展。野责险有助于当地从业者积极开发相关旅游项目以及产品，带动产业链发展，推动当地旅游业快速健康发展，增加当地的旅游收入。

2.社会效益

以保险赔付的方式，保障了当地居民的收入，减轻了野生动物保护与当地社会发展的尖锐矛盾，避免了当地居民因为对野生动物活动破坏农业作物后导致当地居民收入来源大幅减少。通过保险的形式，增强了当地居民对野生动物的认识和尊重，提高了他们的环境意识和责任感，进而也便于政府开展生物多样性保护工作。同时，通过与政府合作的形式，树立了良好的政企合作典范，进一步营造了良好的社会氛围。

整合保险资源与行政资源，缓解政府的财政压力。通过购买服务，充分利用保险公司在当地已有的人力资源、服务网络、技术力量和管理经验，减少政府在机构设置、人员编制等方面的行政经费投入，实现在生物多样性保护过程中行政资源和保险资源的优势整合。此外，保险也可以平滑野生动物肇事不确定性带来的财政支出波动，缓解财政压力。同时，将部分救助的财政支出转换为保险费补贴，通过保险公司解决直接补偿在地域管辖、资金短缺等方面的问题，实现野生动物肇事风险在空间、时间范围内的分散。在发生严重灾害损失的情况下，可以发挥财政资金的引导放大效应，满足受灾群众快速恢复生产生活的资金需求，减少对野生动物肇事产生的敌意。

3.生态效益

通过该保险，一定程度上解决了野生动物与人类活动矛盾的问题，避免了当地居民通过各种方式驱赶、伤害野生动物，提高了当地居民对于保护野生动物的意识，切实保护当地生物多样性与生态平衡。保障野生动物在适宜的、不受人类影响的环境中自由生存和繁衍，当地居民也可以在保险保障下，充分开发利用当地自然资源发展旅游经济，促进地区经济可持续发展，实现了人与自然的共赢。

四、案例小结

云南省素有"动物王国"之称，野生动物种类丰富，但是野生动物肇事风险也进一步增加。起初，野生动物肇事后政府缺资金、人力少的问题尖锐，如今通过"野生动物肇事公众责任保险"的方式，有效整合保险资源与行政资源，实现了保护生态环境与服务当地经济发展协同的目标。这种方式不仅为受害者提供了及时的赔偿和救助，也为保护野生动物和维护社会稳定起到了积极的作用。同时，这种方式也促进了政府、保险公司、社会组织和公众之间的合作和沟通，提高了社会对野生动物保护的认识和参与度，助力建立地球生命共同体。

案例 20：“水质无忧”保险

一、案例背景

2018 年，长三角区域一体化发展上升为国家战略，太浦河作为串联长三角、联通江浙沪的重要桥梁纽带，是“生态绿色”的象征，是“一体化发展”的缩影，也是“示范区”的先行实践。2020 年，中国太保产险与江苏苏州吴江区、上海青浦区、浙江嘉善县三地人民政府共同签署《长三角生态绿色一体化发展示范区绿色保险战略合作协议》，在战略合作框架下，吴江区河长办联合青浦、嘉善创新建立太浦河水质无忧保险项目，通过引入商业保险保障太浦河水质安全。中国太保产险创新推出“水质无忧”保险，针对环境污染事故造成的治理费用这一痛点提供事前有预警、事后有赔付等环境风险管理服务。2022 年 1 月，中国太保产险与三地河长办联合签署《太浦河水质无忧保险项目协议》，中国太保产险参与太浦河水质管理，转变传统的政府监管模式，创建了长三角跨界河湖治理新模式。

太浦河先后流经吴江、嘉善、青浦，是示范区一体化的象征。近年来，苏州市吴江区大力实施太浦河“沪湖蓝带”计划，太浦河水质持续向好，连续 48 个月达到Ⅲ类标准。

作为苏州市吴江区 2021 年度示范区建设重点改革项目之一，太浦河“水质无忧”保险项目不仅是江苏省，也是示范区内的首个水质保险项目，项目将进一步巩固太浦河治理成果，通过花费固定的小额成本，依靠保险杠杆功能，规避风险导致的损失，成为长三角一体化发展和联合河长制再深化的又一创新举措。

二、案例简述

太浦河是太湖流域最大的人工河道之一，全长57.2公里，流经江苏、浙江和上海3省市15个乡镇。2022年1月，中国太保产险苏州分公司与吴江、嘉善、青浦水务局签约江苏省首单"水质无忧"保险。首张保单保障了太浦河因自然灾害或意外事故导致突发环境污染事件，保额500万，保障期限1年。

1.主要保险责任如下：

（1）在保险期间内，发生自然灾害、意外事故导致突发环境污染事件，被保险人根据法律、法规或相关政府部门规定为清理保单载明的河流、湖泊中的污染物而实际支付的直接且必要的环境污染清理费用，保险人将根据本合同的约定负责赔偿。

（2）保险事故发生后，被保险人为控制污染物的扩散以减少损害，实际支付的直接、必要且合理的费用，保险人根据本合同的约定负责赔偿。

（3）保险事故发生后，被保险人为查明和确定保险事故的性质、原因所支付的必要的、合理的费用（以下简称"事故鉴定费用"），包括政府为查明事故原因及相关责任而聘请具备相应资质的专业机构（部门）进行检验（检测）、勘查（勘探）、评估（评价），并出具具备相应效力的报告所发生的应由被保险人承担的费用，保险人按照本合同的约定负责赔偿。

2.定制化保险服务方案

"水质无忧"保险综合"保险+科技+服务模式"，履行对绿水青山许下的承诺。通过一张地图、一份保单，综合运用四项技术，客户可根据实际需求，定制保险服务方案，解决治水之忧，从而实现水质无忧。具体服务方案内容如下：

（1）通过高分辨卫星遥感技术，实现定期对指定水域的无死角监测。实时监测水域的变化，对异常情况进行及时分析和处理。

（2）利用无人机飞行测绘，对卫星遥感数据实时核实、确定污染范围。通过无人机快速到达涉污区域，拍摄高清图片或视频，与卫星数据进行对比，精确判断水域的污染程度和影响范围。

（3）在高风险区域，组建 AI 视频监控体系，通过图像识别技术，发现倾倒垃圾、漂浮物聚集、船舶堵塞等风险，并进行实时预警。AI 视频监控可以 24 小时不间断地监视水域的动态，识别出可能造成污染或危害的行为或物体，及时预警反馈。

（4）在水域中布设水质监测物联网设备，动态监测水体数据，实现水质指标的线上化、可视化管理。水质监测物联网设备可以实时采集水体的温度、pH 值、溶解氧、氨氮、总磷等指标，并通过云平台传输到管理端，形成数据报告和图表，方便管理者随时查看和分析水质状况。

（5）综合以上科技手段，结合中国太保产险风险雷达，为政府提供指定水域多维一体的风险地图，并通过辖内机构的协同配合，持续推进水体监测信息共享，助力共开共治的新格局。水质无忧保单将对可能出现的水污染风险提供完善的保险保障服务。

三、案例分析

"水质无忧"保险秉持了中国太保产险公司的 ESG 理念，依据 ESG 报告指引重点，识别 ESG 风险，制定应对策略，优化运营体制。在实施中考虑环境、社会、治理的影响，推动各个职能部门将相关指标与要求整合融入日常运营中，推进中国太保产险成为"行业健康稳定发展的引领者"。从利益相关性、决策机制、监督执行等几个方面，倡导从尽责管理职责出发，充分发挥机构投资者的影响力，引导被投企业在内的利益相关方，共同努力构建绿色发展生态圈，支持我国经济社会可持续发展，助力"双碳"目标的实现。

"水质无忧"保险解决了因突发的环境污染事故造成相关治理费用的问题，一定程度上减少了政府环境污染治理不确定性带来的财政支出波动性，保障地方财政的稳定性。此外，保费收入可以专款专用于扶持当地环保产业发展，推动地方经济可持续发展，形成良性循环。

通过"保险+科技+服务"的新模式，基于"防大于治"的理念，将风险环节前置，预防先行，治理作为后续保障，组建保险服务综合体，加强落实"水质无忧"项目涉及的风险监测、定期河道检查、交流培训、宣传及咨询管理服务工作，保证河道流域水质，减少环境污染事故。太浦河"水质无忧"保险项目具有事前有预警、事后有赔付等主要内容，保险公司将定期提供由专业检测机构出具的水质检测报告，多角度分析水质，做好提前预警。同时，成立中国太保产险青年员工护河队，定期开展志愿巡河，进企业、进学校、进社区宣传节水、爱水、护水知识。

"水质无忧"保险有利于长三角生态绿色一体化发展，实现经济建设和环境保护双赢的局面，为长三角践行"绿水青山就是金山银山"的理念探索路径和提供示范。保险通过与地方政府合作助力企业绿色发展，是不少保险机构面向未来的发展方向，也成为当前推动解决我国工业产业高污染高耗能问题的重要途径。

四、案例小结

1.政府与保险优势合力破解难题

在全面推行河长制的背景下，通过保险公司提供相应保险产品服务，积极配合政府参与水环境防治工作，助力政府环境治理职能的市场化转移，共同应对存在的风险，深度整合保险资源与行政资源，充分发挥协同效应，实现政府、保险公司的共治共保，以市场化的手段，通过花费固定的小额成本，依靠保险杠杆功能，规避风险导致的损失，成为长三角一体化发展和联合河长制再深化的又一创新举措。

2.具有全国复制推广的潜力

"水质无忧"模式成熟且可操作性强，通过"保险+科技+服务"实现河道治理事前有预警、事后有赔付，在长三角地区已实现推广复制，同时该项工作得到了各级政府、人民银行、监管部门领导和社会各界的高度肯定，取得了良好的社会效应和生态效应。苏州地区已在汾湖元荡水域、同里镇白蚬湖、黄泥兜、南星湖水域区域、张家港金港街道等10条镇村级河道复制推广落地，随着试点经验的逐步积累，"水质无忧"有望成为具有普适性的保险模式，可以在全国其他地区的重要河流实施推广，为全国水环境治理提供新的市场化解决方案。

3.具有宣传强化的社会效应

保险公司成立了青年员工护河队，青年护河队员在日常巡查过程中，将结合进企业、进学校、进社区等活动，提升河湖周边企业负责人、社区群众节水、爱水、护水意识，以达到社会层面的共同治理。

案例 21：安惠保巨灾保险

一、案例背景

全球气候正经历以"变暖"为主要特征的显著变化。近年来，我国极端天气气候事件呈多发、频发态势，强降雨、高温、城市内涝等风险进一步加剧。随着我国经济的快速发展，城镇化水平的大幅提高，社会财富聚集，人口密度增加，各类风险相互交织、相互叠加，巨灾风险治理工作必将面临更加复杂严峻的形势和挑战。

从国内外的巨灾保险实践来看，巨灾保险在应对气候变化、减轻灾害风险等方面都能够且已经起到了积极的作用。中国有 2 800 多个行政区县，这些基层单位是巨灾风险的直接承受者但却鲜有巨灾保险覆盖。巨灾对地方政府的直接影响是财政支出的波动风险，而我国当前的现实情况是"大灾不够，小灾盈余"。为进一步发挥巨灾保险在我国防灾减灾体系建设中的功能作用，中国太保产险聚焦广阔的县域巨灾空白市场，首创了全国性的县域巨灾指数保险产品"安惠保"，为全国各个区县提供地震、台风、强降雨和低温冷害等方面的差异化巨灾风险保障。

二、案例简述

基于专业的巨灾模型以及多年的气象观测数据，"安惠保"创新提供全国性县域巨灾指数保险产品，以政府部门的应急救灾财政支出为保障对象，以灾害事件的物理强度指标为理赔依据，实现"一灾因一方案，可自由搭配""一县域一方案，可精准定制"，能够为全国各个区县提供地震、台风、强降雨和低温冷害等方面的差异化巨灾风险保障。"安惠保"巨灾指数保险首单在河北省赞皇县落地，恰逢当年汛期，华北地区陆续遭受极端强降雨天气影响，各地防汛抗灾压力剧增，"安惠保"很好地发挥了社会稳定器作用，为地方抢险救灾、恢复重建提供了有力保障。

2021年8月，安徽省芜湖市繁昌区应急管理局通过中国太保产险，购买"安惠保"巨灾民生保险，总费用100 001.87元。保障对象为繁昌区常住人口，包括临时往来繁昌区的各类人员。保障内容包含因暴风、龙卷风、飑线、沙尘暴、台风、热带风暴，雷击、暴雨、洪水，暴雪、冰雹、寒潮、地面塌陷、地裂缝、突发性滑坡、崖崩、山体崩塌、泥石流、干旱、森林草原火灾等自然灾害救助。

相较于一般风险，巨灾的低频高损特征对保险公司提出了更高的要求。中国太保产险始终致力于提升巨灾风险的管理能力：一方面建立了科学的巨灾风险评估模型、风险雷达系统和大灾综合指挥平台，逐步提升巨灾定价、大灾预警、灾害减损等能力；另一方面，与市场上主要再保人形成了良好的巨灾保险再保合作和技术交流，提升风险分散能力和专项技术积累。

中国太保产险自主研发的风险雷达灾害预警和风险评估信息平台，通过融合地理空间数据、自然灾害数据、实时气象数据以及保险业务数据，实现了承保、理赔、风勘三位一体的闭环风险管理。可实时对外提供基于GIS技术的风险管理服务，根据台风、暴雨、冰雹等十余种灾害天气的历史发生率、危险等级、影响范围、持续时间等详细指标进行损失预估、地域累计风险评估、气象灾害自动预警。

1.保险设计中的指数选择

台风的成灾指数为近中心2分钟最大平均风速，强降雨的成灾指数为连续3日累计降雨量，地震的成灾指数为里氏震级。成灾指数由指数计算机构提供，经保险人、被保险人确认后采用。

在保险期间内，同一编号的台风造成的灾害事件视为一次台风事件。在一次台风事件期间，台风中心进入本合同载明的台风巨灾框内且成灾指数达到保险单载明的起赔标准时，视为保险事故发生，指数计算机构按照监测到的最大成灾指数计算赔付金额。

在保险期间内，合同载明的有效观测站监测到连续 3 日累计降雨量达到 50 毫米，则该连续 3 日的首日为一次强降雨事件开始日，当连续 3 日累计降雨量低于 50 毫米，则该连续 3 日的最后一日为一次强降雨事件结束日。在一次强降雨事件期间，有效观测站监测到的成灾指数达到合同载明的起赔标准后，视为保险事故发生，指数计算机构按照监测到的最大成灾指数计算赔付金额。

在保险期间内，连续 30 日发生的地震，包括前震、主震及余震，视为一次地震事件。在一次地震事件期间，地震震中位于合同载明的地震巨灾框内、震源深度小于等于 100 公里且震级达到保险单载明的起赔标准时，视为保险事故发生，指数计算机构按照监测到的最大成灾指数计算赔付金额。

2.保险责任免除

出现下列任一情形的，保险人不承担赔偿责任：（一）台风事件发生日不在保险期间内；（二）震源深度大于 100 公里。

三、案例分析

1.经济效益

一是发挥保险杠杆作用，减轻政府财政负担。我国现行的巨灾风险管理体制以政府为管理主体，以财政为支持，且重视灾后赈灾救灾，轻视灾前防灾减灾。从历史统计数据来看，我国每年拨付的自然灾害救灾专款仅占年均自然灾害损失的 2.4%，两者之间存在巨大差距。此外，在现行主要模式下一旦发生巨灾，政府唯一通过调整财政预算结构来拨付更多资金用于灾后救助及恢复重建，必然会引起财政的严重不稳定。"安惠保"巨灾指数保险，旨在消除公共财政救灾款的实有资金属性与巨灾风险或有属性的矛盾，有效缓解了地方灾后重建的资金压力，起到稳定财政和放大财政资源的作用。

二是丰富补偿渠道，完善巨灾救助体系。我国县域巨灾损失的补偿渠道相对单一，且只能满足低层次和小范围的巨灾损失补偿。与政府补偿相比，保险补偿具有灵活性高、经济效率高、补偿限额高、赔付速度快等诸多优势特点。国外发达国家和地区保险行业对巨灾损失承担的赔付比例约在35%～40%，而我国目前仅为10%左右。通过"安惠保"巨灾指数保险，可以促成我国县域地区巨灾风险治理由人民群众和政府承担损失向保险市场分层分担损失的格局转变，最终形成政府救灾、保险补偿及其他社会资源补充的多层次一体化巨灾救助体系。

三是实现救灾资金预算化。通过巨灾保险制度，将应急的救灾财政资金转化为每年的巨灾保费财政预算，放大财政支出的效应，形成常态化机制。以市场化和制度化的方式建立起应对巨灾的资金储备，减少灾年财政可能出现的收支不平衡，平滑灾害引起的政府财政波动。

2.社会效益

发挥保险专业优势，加强社会防灾减灾能力。加强事前风险防控是经营"安惠保"巨灾指数保险过程中降低赔付成本的重要手段，也是经营模式创新的重要领域。中国太保充分发挥专业优势及数据积累优势，参与综合灾害研究、风险技术研发、风险管理体系建设等。同时，通过日常风险查勘及赔案处理及时发现风险隐患，提出防灾防损建议，降低损失发生频率及损失程度。

减轻政府防灾救灾压力，提升全社会保险意识和幸福感。通过保险业参与防灾减灾和灾害救助全过程，将政府事后救援转变为以商业保险为主、社会广泛参与的事前安排，有效减轻了政府抗灾救灾压力，民众享受到高效有序的大灾保险理赔服务，较好地起到了"缓冲垫"和社会"稳定器"的作用。

3.环境效益

促进政府职能转变，提高社会应对气候变化能力。传统以政府为主导的气候变化应对工作，从巨灾风险管理的角度来看，重视灾后赈灾救灾，轻视灾前防灾减灾。"安惠保"巨灾指数保险，可以将气候变化应对工作更多地向市场转移，发挥市场配置资源的基础性作用。此外，在灾后理赔、恢复重建方面，保险公司借助其服务网络和人力资源优势，可以更快查清损失，确保人民群众及时、公平地获得赔偿，最终使得社会应对气候变化能力不断提高。

四、小结

"安惠保"巨灾指数保险在河北省赞皇县落地以来快速发展，目前已推广至陕西蓝田县、江苏金湖县、苏州吴中区等多个区县，很好地发挥了社会稳定器作用，为地方抢险救灾、恢复重建提供了有力保障。

对保险公司而言，依托风险雷达灾害预警和风险评估信息平台，通过数字化手段实现风险的量化，厘清责任范围，简化理赔流程，既保证了保险理赔的科学性与准确性，也有助于保险业务快速扩大覆盖面。

对地方政府而言，通过引入保险机构的社会资本，有效缓解了财政压力，平抑气候不确定性带来的灾后财政支出，提升整体对巨灾的应对能力。

案例 22：气象指数类保险产品

一、案例背景

胡柚（香柚）、油茶、茶叶等特色产业是衢州市目前重点扶持培育的一批农业产业，是各地的典型代表产业，对促进县域内农业产业高质量发展、支持乡村振兴具有重要作用。但是由于地理、气候等因素影响，农作物在生长过程中容易遭受低温霜冻、高温热害等灾害，不仅给农户带来了巨大的经济损失，也阻碍了产业经济的健康发展，因此，农户对气象指数类保险有巨大且迫切的需求。

为进一步拓展政策性农业保险覆盖面，提升政策性农业保险水平，人保财险衢州市支公司主动对接市场需求，第一时间向上级公司总经理室和农业保险部/保险扶贫办汇报并开展谋划，在省、市、区三级农险办的指导帮助下，公司自 2018 年起先后自主研发了常山县油茶低温气象指数保险、江山市茶叶低温气象指数保险、开化县茶叶低温气象指数保险、衢江区茶叶综合气象指数保险、常山县柑橘（橙、柚）低温气象指数保险 5 款创新型定制化气象指数类保险产品，大大增强农户抵御自然灾害防范能力，促进各类产业持续健康发展。

二、案例简述

1.保险责任

各类气象指数保险产品均以约定气象观测站实测气象数据为依据，当投保区域内约定气象站点的气象灾害指数达到或超过设定标准时，视为保险事故发生，茶农不需走报案和索赔程序，保险公司即根据约定标准给予赔偿。而且，茶农可根据实际情况选择性购买这款保险产品中的一项或多项，最大程度给予茶农选择的权利。

2.保险金额

各类产品根据各种类农作物年生长期内所发生的生产成本确定保险金额，每亩1 000至2 500元不等，其中常山油茶每亩保额2 000元，柑橘（橙、柚）每亩保额2 500元，江山与开化的茶叶每亩保额均为1 500元，衢江茶叶每亩保额低温责任1 500元、高温热害责任1 000元、干旱责任1 500元。

3.保险费率

由于现有气象站点状况以及各个乡镇遭遇气象灾害风险不同，导致各地费率不同。投保人可以依据种植区域实际情况选择气象观测站作为主站与备份站，若选定主站出现故障，则以对应备份站同期数据代替。该保险通过差异化的保险费率，更为贴近客户实际的需求。

4.组织保障

一是由各区县政策性农业保险工作协调小组办公室牵头，做好统筹协调工作。各有关部门认真组织开展宣传活动，多方位、多层次宣传相关政策规定、目标意义及经验做法，充分调动农户的参保积极性。

二是县级财政落实相关配套资金，对农户进行保费补贴。目前5款气象指数产品保费补贴比例在70%～80%不等，其中油茶气象指数保险已被纳入省级特色险种，由省级财政补贴 30%、县级财政补贴 40%，其余 4 款产品均由县级财政补贴。以 "茶叶综合气象指数保险" 为例，保费为政府补贴 70%，茶农自负 30%，每亩最高保额可达 4 000 元。

三是人保财险不断提升服务能力，加强与乡镇沟通协作，优化程序，健全承保理赔业务服务网络，做好承保和定损理赔工作。

四是为农民提供全方位风险保障。以 "茶叶综合气象指数保险" 为例，该保险产品首次将低温、高温、干旱三个影响茶叶生长因素列入保险范围，全面保障茶叶生产过程中的风险因素。

三、案例分析

1.经济效益

扩大风险保障范围，稳定农户收益。自 2018 年人保在衢州开发气象指数类保险产品以来，保障的风险因素不断扩展，保险业务稳步扩张，截至 2023 年 5 月，累计已为 262 户次种植户提供超过 1.2 亿元的风险保障，保费收入 1 261.82 万元；已结赔款共计 895.73 万元，惠及农户 187 户次，有效缓解了种植户的灾后压力，充分发挥了政策性农业保险经济补偿和社会治理功能，切实让农户得到实惠，为衢州市农业产业保驾护航。

标准化合同，扩大保险业务覆盖面。综合气象指数保险通过预先设定的高温热害、低温冻害、干旱等气象灾害指数来提高保险合同的标准化，大大简化了理赔流程，有助于保险公司迅速扩大业务覆盖面，扩展市场份额。

2.社会效益

促进农业产业高质量发展。气象指数类保险产品的开办进一步增强了农户抵御自然风险能力，对助力衢州市做优做强 "3+X" 特色优势产业，促进农业产业高质量发展、支持乡村振兴具有重要意义。

四、案例小结

1.为全国探索气象指数类保险提供了经验借鉴

通过预先设定的高温热害、低温冻害、干旱等气象灾害指数来提高保险合同的标准化，大大简化了理赔流程，有效提升了农户抵御自然灾害风险的能力，解决政府、农民后顾之忧。

2.为绿色产业应对气候变化提供了积极探索

农业作为受气候影响较大的产业，其产业效益与天气息息相关。气象指数类保险在农业领域的应用为其他绿色产业适应气候变化提供了案例参考。其他绿色产业，如太阳能光伏电站、风电场等，可以参考气象指数类保险，探索类似的保险产品，以应对气候变化带来的潜在风险。

第8章 附录

本章附录内容梳理了我国国家层面、地方层面以及企业层面的绿色保险典型政策文件。

8.1 《银行业保险业绿色金融指引》

2022年6月1日，中国银保监会印发《银行业保险业绿色金融指引》。该《指引》将银行业保险业发展绿色金融上升到战略层面，同时提出银行业保险业应将环境、社会、治理（ESG）要求纳入管理流程和全面风险管理体系，被视为中国绿色金融发展的重要里程碑。《指引》共36条，从组织管理、政策制度及能力建设、投融资流程管理、内控管理与信息披露以及监督管理5个方面对银行保险机构提出了相关要求，全文如下：

银行业保险业绿色金融指引

第一章 总则

第一条 为促进银行业保险业发展绿色金融，积极服务兼具环境和社会效益的各类经济活动，更好助力污染防治攻坚，有序推进碳达峰、碳中和工作，根据《中华人民共和国银行业监督管理法》《中华人民共和国商业银行法》《中华人民共和国保险法》等法律法规，制定本指引。

第二条 本指引所称银行保险机构包括在中华人民共和国境内依法设立的开发银行、政策性银行、商业银行、农村合作银行、农村信用社、保险集团（控股）公司、保险公司、再保险公司、保险资产管理公司。

其他银行业金融机构和保险机构绿色金融管理参照本指引执行。

第三条 银行保险机构应当完整、准确、全面贯彻新发展理念，从战略高度推进绿色金融，加大对绿色、低碳、循环经济的支持，防范环境、社会、治理风险，提升自身的环境、社会、治理表现，促进经济社会发展全面绿色转型。

第四条 银行保险机构应当有效识别、监测、防控业务活动中的环境、社会、治理风险，重点关注客户（融资方）及其主要承包商、供应商因公司治理缺陷和管理不到位而在建设、生产、经营活动中可能给环境、社会带来的危害及引发的风险，将环境、社会、治理要求纳入管理流程和全面风险管理体系，强化信息披露和与利益相关者的交流互动，完善相关政策制度和流程管理。重点关注的客户主要包括以下四类：

（一）银行信贷客户；

（二）投保环境、社会、治理风险等相关保险的客户；

（三）保险资金实体投资项目的融资方；

（四）其他根据法律法规或合同约定应开展环境、社会、治理风险管理的客户。

第五条 中国银行保险监督管理委员会（以下简称银保监会）及其派出机构依法负责对银行保险机构绿色金融业务活动实施监督管理。

第二章　组织管理

第六条 银行保险机构董事会或理事会应当承担绿色金融主体责任，树立并推行节约、低碳、环保、可持续发展等绿色发展理念，重视发挥银行保险机构在推进生态文明体系建设和促进经济社会发展全面绿色转型中的作用，建立与社会共赢的可持续发展模式。

第七条 银行保险机构董事会或理事会负责确定绿色金融发展战略，审批高级管理层制定的绿色金融目标和提交的绿色金融报告，指定专门委员会负责绿色金融工作，监督、评估本机构绿色金融发展战略执行情况。

第八条 银行保险机构高级管理层应当根据董事会或理事会的决定，制定绿色金融目标，建立机制和流程，明确职责和权限，开展内部监督检查和考核评价，每年度向董事会或理事会报告绿色金融发展情况，并按规定向银保监会或其派出机构报送和对外披露绿色金融相关情况。

第九条　银行保险机构总部和省级、地市级分支机构应当指定一名高级管理人员牵头负责绿色金融工作，根据需要建立跨部门的绿色金融工作领导和协调机制，统筹推进相关工作。

银行保险机构应当给予绿色金融工作负责人和相关部门充分授权，配备相应资源，并在绩效考核中充分体现绿色金融实施情况。

第十条　鼓励银行保险机构在依法合规、风险可控的前提下开展绿色金融体制机制创新，通过组建绿色金融专业部门、建设特色分支机构、设置专岗专职等方式，提升绿色金融服务质效和风险管理水平。

第三章　政策制度及能力建设

第十一条　银行保险机构应当根据国家绿色低碳发展目标和规划以及相关环保法律法规、产业政策、行业准入政策等规定，建立并不断完善环境、社会、治理风险管理的政策、制度和流程，明确绿色金融的支持方向和重点领域，对国家重点调控的限制类以及有重大风险的行业制定授信指引，实行有差别、动态的授信或投资政策，实施风险敞口管理制度。

第十二条　银行保险机构应当以助力污染防治攻坚为导向，有序推进碳达峰、碳中和工作。坚持稳中求进，调整完善信贷政策和投资政策，积极支持清洁低碳能源体系建设，支持重点行业和领域节能、减污、降碳、增绿、防灾，实施清洁生产，促进绿色低碳技术推广应用，落实碳排放、碳强度政策要求，先立后破、通盘谋划，有保有压、分类施策，防止"一刀切"和运动式减碳。坚决遏制高耗能、高排放、低水平项目盲目发展，加强对高碳资产的风险识别、评估和管理，在保障能源安全、产业链供应链安全的同时，渐进有序降低资产组合的碳强度，最终实现资产组合的碳中和。

第十三条　保险机构应当根据有关法律法规，结合自身经营范围积极开展环境保护、气候变化、绿色产业和技术等领域的保险保障业务以及服务创新，开发相关风险管理方法、技术和工具，为相关领域的生产经营者提供风险管理和服务，推动保险客户提高环境、社会、治理风险管理意识，根据合同约定开展事故预防和风险隐患排查。

第十四条　银行保险机构应当制定针对客户的环境、社会、治理风险评估标准，对客户风险进行分类管理与动态评估。银行机构应将风险评估结果作为客户评级、信贷准入、管理和退出的重要依据，并在贷款"三查"、贷款定价和经济资本分配等方面采取差别化的风险管理措施。保险机构应将风险评估结果作为承保管理和投资决策的重要依据，根据客户风险情况，实行差别费率。

银行保险机构应当对存在重大环境、社会、治理风险的客户实行名单制管理，积极行使作为债权人或股东的合法权利，要求其采取风险缓释措施，包括制定并落实重大风险应对预案，畅通利益相关方申诉渠道，建立充分、及时、有效的沟通机制，寻求第三方核查或分担风险等。

第十五条　银行保险机构应当建立有利于绿色金融创新的工作机制，在依法合规、有效控制风险和商业可持续的前提下，推动绿色金融流程、产品和服务创新。

第十六条　银行保险机构应当重视自身的环境、社会、治理表现，建立相关制度，加强绿色金融理念宣传教育，规范经营行为，实行绿色办公、绿色运营、绿色采购、绿色出行、"光盘"行动等，积极发展金融科技，提高信息化、集约化管理和服务水平，渐进有序减少碳足迹，最终实现运营的碳中和。

第十七条　银行保险机构应当加强绿色金融能力建设，建立健全相关业务标准和统计制度，强化对绿色金融数据的治理，完善相关管理系统，加强绿色金融培训，培养和引进相关专业人才。必要时可以借助合格、独立的第三方对环境、社会、治理风险进行评审或通过其他有效方式，获得相关专业服务。

第四章　投融资流程管理

第十八条　银行保险机构应当加强授信和投资尽职调查，根据客户及其项目所处行业、区域特点，明确环境、社会、治理风险尽职调查的内容要点，确保调查全面、深入、细致。必要时可以寻求合格、独立的第三方和相关主管部门的支持。

第十九条　银行保险机构应当对拟授信客户和拟投资项目进行严格的合规审查，针对不同行业的客户特点，制定环境、社会、治理方面的合规文件清单和合规风险审查清单，审查客户提交的文件和相关手续的合规性、有效性和完整性，确信客户对相关风险点有足够的重视和有效的动态控制，符合实质合规要求。

第二十条　银行保险机构应当加强授信和投资审批管理，根据客户面临的环境、社会、治理风险的性质和严重程度，确定合理的授信、投资权限和审批流程。对在环境、社会、治理方面存在严重违法违规和重大风险的客户，应当严格限制对其授信和投资。

第二十一条　银行保险机构应当通过完善合同条款督促客户加强环境、社会、治理风险管理。对涉及重大环境、社会、治理风险的信贷客户和投资项目，应当在合同正文或附件中要求客户提交环境、社会、治理风险报告，订立客户加强环境、社会、治理风险管理的声明和承诺条款，以及客户在管理环境、社会、治理风险方面违约时的救济条款。

第二十二条　银行保险机构应当加强信贷和投资资金拨付管理，将客户对环境、社会、治理风险的管理状况作为信贷和投资资金拨付的重要依据。在已授信和投资项目的设计、准备、施工、竣工、运营、关停等相关环节，合理设置环境、社会、治理风险评估关卡，对出现重大风险隐患的，可以按照合同约定中止直至终止资金拨付。

第二十三条　银行保险机构应当加强贷后和投后管理，对有潜在重大环境、社会、治理风险的客户，制定并实行有针对性的管理措施。密切关注国内外法律、政策、技术、市场变化对客户经营状况和行业发展的影响，加强动态分析，开展情景分析和压力测试，并在资产风险分类、准备计提等方面及时做出调整。建立健全客户重大环境、社会、治理风险的内部报告制度和责任追究制度，在客户发生重大环境、社会、治理风险事件时，应当督促客户及时采取相关的风险处置措施，并就该事件可能造成的影响及时进行报告。

第二十四条　银行保险机构应当根据自身实际积极运用大数据、区块链、人工智能等科技手段提升绿色金融管理水平，不断完善产品开发、经营销售、投融资管理等业务流程，优化对小微企业融资、线上融资等业务的环境、社会、治理风险管理，结合业务特点在风险评估、尽职调查、合规审查、信贷管理、投后管理等方面采取差异化、便捷化的管理措施，提高风险管理的覆盖面和有效性。

第二十五条　银行保险机构应当积极支持"一带一路"绿色低碳建设，加强对拟授信和投资的境外项目的环境、社会、治理风险管理，要求项目发起人及其主要承包商、供应商遵守项目所在国家或地区有关生态、环境、土地、健康、安全等相关法律法规，遵循相关国际惯例或准则，确保对项目的管理与国际良好做法在实质上保持一致。

第五章　内控管理与信息披露

第二十六条　银行保险机构应当将绿色金融政策执行情况纳入内控合规检查范围，定期组织实施内部审计。检查发现违规问题的，应当依据规定进行问责。

第二十七条　银行保险机构应当建立有效的绿色金融考核评价体系和奖惩机制，落实激励约束措施，完善尽职免责机制，确保绿色金融持续有效开展。

第二十八条　银行保险机构应当公开绿色金融战略和政策，充分披露绿色金融发展情况。借鉴国际惯例、准则或良好实践，提升信息披露水平。对涉及重大环境、社会、治理风险影响的授信或投资情况，应当建立申诉回应机制，依据法律法规、自律管理规则等主动、及时、准确、完整披露相关信息，接受市场和利益相关方的监督。必要时可以聘请合格、独立的第三方，对银行保险机构履行环境、社会、治理责任的活动进行鉴证、评估或审计。

第六章　监督管理

第二十九条　银保监会及其派出机构应当加强与相关主管部门的协调配合，推动建立健全信息共享机制，为银行保险机构获得绿色产业项目信息、企业环境、社会、治理风险相关信息提供便利，向银行保险机构提示相关风险。

第三十条　银保监会及其派出机构应当加强非现场监管，完善非现场监管指标，强化对银行保险机构管理环境、社会、治理风险的监测分析，及时引导其调整完善信贷和投资政策，加强风险管理。

第三十一条　银保监会及其派出机构组织开展日常监管和监督检查，应当充分考虑银行保险机构管理环境、社会、治理风险的情况，明确相关监管内容和要求。

第三十二条　银行保险机构在开展绿色金融业务过程中违反相关监管规定的，银保监会及其派出机构可依法采取监管措施，督促银行保险机构整改。

第三十三条　银保监会及其派出机构应当加强对银行保险机构绿色金融业务的指导，在银行保险机构自评估的基础上，采取适当方式评估银行保险机构绿色金融成效，按照相关法律法规将评估结果作为银行保险机构监管评级、机构准入、业务准入、高管人员履职评价的重要参考。

第三十四条　银保监会及其派出机构应当指导银行保险行业自律组织积极发挥作用，通过组织会员单位定期进行绿色金融实施情况评价，开展绿色金融教育培训、交流研讨、调查研究、推荐专业人才等方式，促进绿色金融发展。

第七章　附则

第三十五条　本指引自公布之日起实施。

银行保险机构应当自本指引实施之日起1年内建立和完善相关内部管理制度和流程，确保绿色金融管理工作符合监管规定。

第三十六条　本指引由银保监会负责解释。

8.2 《绿色保险业务统计制度》

（1）中国银保监会办公厅关于印发绿色保险业务统计制度的通知

各保险公司：

为贯彻落实新发展理念，发挥保险在建立健全绿色低碳循环发展经济体系、促进经济社会发展全面绿色转型中的积极作用，根据《中国银保监会关于印发银行业保险业绿色金融指引的通知》（银保监发〔2022〕15号）等文件要求，银保监会制定了《绿色保险业务统计制度》（以下简称《统计制度》），现予印发，请遵照执行。并就有关事项通知如下：

一、准确把握绿色保险的内涵及意义

绿色保险，是指保险业在环境资源保护与社会治理、绿色产业运行和绿色生活消费等方面提供风险保障和资金支持等经济行为的统称。负债端包括保险机构围绕绿色低碳、可持续发展提供的保险产品和服务；资产端包括保险资金在绿色产业进行的投资。按照重点突出、急用先行的原则，《统计制度》仅统计绿色保险负债端业务。

绿色保险，不仅在加强环境等风险管理、助力绿色产业发展和绿色技术新成果应用、加强环境生态保护等方面发挥积极作用，还可不断提升公众和社会的绿色环保意识，引导社会资源投向，促进经济社会生态优先、节约集约、绿色低碳发展，是落实国家生态文明整体战略、推进美丽中国建设、助力碳达峰碳中和目标实现的有效举措。

二、充分认识建立绿色保险业务统计制度的重要性

绿色保险业务统计制度可系统、全面地呈现保险业务在推动绿色发展方面的功能作用，促进行业对已开展绿色保险业务的统计管理，提升绿色保险业务质量，引导行业持续加强对绿色发展各细分领域保险业务的创新。各公司应高度重视绿色保险业务统计工作，准确把握绿色保险定义及其内涵，紧密围绕绿色发展理念，高质量地做好绿色保险业务统计工作。

三、分步骤有序推进绿色保险业务统计工作

各公司应于2022年12月起按月开展试报送，试报送阶段报送《绿色保险业务统计表》的全国数据。自2023年7月起，各公司正式报送《绿色保险业务统计表》的全国及各省（自治区、直辖市、计划单列市）数据。

四、其他工作要求

1.各公司要加强绿色保险能力建设，强化绿色保险业务数据治理，优化信息系统建设，建立健全对绿色保险产品、绿色产业客户和绿色保险标的的识别及管理机制。为做好正式报送准备工作，自 2023 年 1 月起各公司应对服务绿色产业客户的保险业务进行标识。

2.各公司应明确绿色保险业务统计工作归口部门和责任人，并指定一名联系人，于 2022 年 12 月 1 日前将责任人及联系人信息反馈至联系邮箱。

3.各公司应对上报数据的真实性、准确性、完整性负责。数据一经上报，不得随意修改。数据存在错报、迟报、瞒报、漏报等情况的，银保监会将视情况采取监管措施，严肃追究公司及相关人员责任。

4.执行过程中如有问题，请及时与银保监会财险部联系。

（2）绿色保险业务统计制度

一、引言

本制度根据《中华人民共和国保险法》等法律法规，以及《关于构建绿色金融体系的指导意见》《绿色产业指导目录》《银行业保险业绿色金融指引》等文件制定，旨在收集保险公司绿色保险业务数据，反映各保险公司绿色保险业务发展情况。

二、一般说明

（一）报表名称：绿色保险业务统计表

（二）统计内容：主要统计各保险公司绿色保险业务情况，包括三方面内容：一是为环境、社会、治理风险（ESG）提供保障的保险业务；二是为绿色产业提供保障的保险业务；三是为绿色生活提供保障的保险业务。

（三）填报机构：各保险公司总公司

（四）报送口径：

1.本统计表按照产品维度和客户维度相结合的方式进行统计。按照产品维度进行统计是指相关保险产品发生的所有业务均纳入统计。按照客户维度进行统计，是指所有与客户（即投保人或被保险人）自身绿色产业经营相关的保险业务原则上均纳入统计；鼓励有条件的保险公司，结合保险标的具体情况，进一步判断保险业务是否属于绿色保险，并纳入相关绿色产业统计科目项下。

第一部分（环境、社会、治理风险保险业务）和第三部分（绿色生活保险业务）按照保险产品维度进行统计。第二部分（绿色产业保险业务）以客户维度为主进行统计。对于组合类保险产品，按具体产品拆分填列；对于保障责任较为综合的保险产品，产品责任可拆分的按具体产品责任拆分填列，产品责任不可拆分的按主要产品责任归属填列。针对同一客户属于多个产业、无法准确拆分的，按照其主要经营产业进行归类统计。

2.第二部分中，绿色产业分类标准参照《绿色产业指导目录（2019年版）》《节能环保清洁产业统计分类（2021）》《国民经济行业分类（GB/T4754-2017）》等国家标准执行。

3.本统计表绿色保险业务承保和理赔情况包括"保单数量""原保险保费收入""保险金额""赔付件数""赔款支出"等统计指标，其统计口径与保险统计信息系统报送要求保持一致。

4.本统计表仅统计非寿险业务，即财产保险业务（包括财产损失保险、责任保险、信用保险和保证保险等业务）以及意外伤害保险业务、健康保险业务。

5.未开展相关绿色保险业务的公司，在表格相应单元格填写"0"。

（五）报送层级。各保险公司需同时报送全国数据和省级区域（包括省、自治区、直辖市、计划单列市）数据。

（六）报送频度和报送时间：各保险公司按月进行统计报送，每月结束后10个工作日内报送截至上个月末的绿色保险业务当年累计数据。

（七）报送路径：通过"创新业务统计信息系统"绿色保险业务模块报送。

（八）数据单位：万元、件

（九）填报币种：人民币

三、具体说明

1.环境、社会、治理（ESG）风险保险业务。

［1.1气候变化风险类保险］：指为气候变化、低碳转型提供风险保障的保险产品。

［1.1.1巨灾保险］：指为预防和分散自然灾害等事故可能造成的重大人员伤亡、财产损失和社会风险，促进灾后应急管理和社会秩序恢复的保险产品。

［1.1.2碳保险］：指为减少碳排放所产生的特定交易、技术、行为和设备提供保障、降低损失风险的保险产品。

［1.1.A涉及绿色产业的保险业务］：统计气候变化风险类保险业务中为绿色产业（参见2.绿色产业保险业务）提供风险保障的情况。

［1.2环境风险类保险］：指以环境保护为目的，为各类环境损害事件提供风险保障的保险产品。

［1.2.1环境污染责任保险］：指为企业环境污染事故责任提供风险保障的保险产品。

［1.2.2船舶污染责任保险］：指为船舶环境污染事故责任提供风险保障的保险产品。

［1.2.A涉及绿色产业的保险业务］：统计环境风险类保险业务中为绿色产业（参见2.绿色产业保险业务）提供风险保障的情况。

［1.3社会治理风险类保险］：指服务于社会治理，为矛盾纠纷高发领域提供风险保障且与可持续发展密切相关的保险产品。

［1.3.1安全生产责任保险］：指为安全生产事故责任提供风险保障的保险产品。

［1.3.A涉及绿色产业的保险业务］：统计社会治理风险类保险业务中为绿色产业（参见2.绿色产业保险业务）提供风险保障的情况。

［1.4其他］：指其他为环境、社会、治理（ESG）领域风险提供风险保障的保险产品。

[1.4.A涉及绿色产业的保险业务]：统计其他保险业务中为绿色产业（参见2.绿色产业保险业务）提供风险保障的情况。

2.绿色产业保险业务。

[2.1生态环境产业]：指服务于生态系统的保护修复，优化生态安全屏障，提升生态系统质量和稳定性的产业，主要包括生态农业、生态保护和生态修复等。

[2.1.1生态农业]：指以合理利用农业自然资源和保护良好生态环境为前提，能够实现较好经济效益、生态效益和社会效益的现代农业。

[2.1.1.1生态种植业]：主要包括现代农业种业、绿色有机农业、林下种植、农作物种植保护地和保护区建设运营等产业。

[2.1.1.2生态林业]：主要包括森林资源培育、碳汇林、植树种草及林木种苗花卉、林业基因资源保护、森林游憩和康养等产业。

[2.1.1.3绿色畜牧业]：主要包括林下养殖、病死畜禽无害化处理体系、畜禽养殖废弃物贮存处理利用设施建设等。

[2.1.1.4绿色渔业]：主要包括碳汇渔业及净水渔业、稻渔及盐碱水渔农综合利用、循环水养殖、深水抗风浪及不投饵网箱养殖等。

[2.1.2生态保护和生态修复]：指从事生态保护和生态修复活动的产业，主要包括天然林资源保护，动植物资源保护，自然保护区建设和运营，国家公园、世界遗产和国家级风景名胜区保护性运营，农村土地综合整治等。

[2.2清洁能源]：指为全社会提供清洁能源产品或服务的产业，主要包括太阳能产业、风能产业、水力发电产业、核能产业、生物质能产业、智能电网产业、天然气产业、传统能源清洁高效利用产业等。

[2.2.1太阳能产业]：指太阳能资源开发和应用的产业，主要包括太阳能发电装备制造、太阳能利用设施建设和运营等。

[2.2.2风能产业]：指风能资源开发和应用的产业，主要包括风力发电装备制造、风力发电设施建设和运营等。

［2.2.3 水力发电产业］：指水力发电资源开发和应用的产业，主要包括水力发电和抽水蓄能装备制造、大型水力发电设施建设和运营等。

［2.2.4 核能产业］：指核能资源开发和应用的产业，主要包括核电装备制造、核电站建设和运营等。

［2.2.5 其他］：指其他清洁能源产业，包括生物质能、智能电网、地热能、海洋能、氢能、天然气、清洁燃油、煤炭清洁生产和清洁利用等产业。

［2.3 基础设施绿色升级］：指提升重大基础设施建设的绿色化程度、提高人民群众的绿色生活水平的相关产业，主要包括建筑节能与绿色建筑、绿色交通、环境基础设施、城镇能源基础设施、海绵城市、园林绿化等。

［2.3.1 建筑节能与绿色建筑］：主要包括绿色建筑的设计和建造、装配式建筑的设计和建造、对既有建筑实施节能及绿色化改造等。

［2.3.2 绿色交通］：主要包括城乡公共交通系统建设和运营，共享交通设施建设和运营，货物运输铁路建设和运营，环境友好型铁路建设和运营，充电、换电、加氢和加气设施建设和运营，智能交通体系建设和运营等。

［2.3.3 园林绿化］：主要包括公园绿地建设、养护和运营，道路绿化建设和养护管理，绿道系统建设、养护管理和运营等。

［2.3.4 环境能源基础设施］：主要包括污水处理设施建设和改造、生活垃圾处理设施建设和运营、城镇污水收集系统排查改造建设修复、城镇集中供热系统清洁化运营和改造、海绵城市建设等。

［2.4 节能环保产业］：指从事资源能源节约和循环利用、生态环境保护装备制造和产业活动的相关产业，主要包括高效节能设备制造、先进环保设备制造、资源循环利用设备制造、新能源汽车和绿色船舶制造、节能改造、污染治理和资源循环利用服务等。

［2.5 清洁生产产业］：指从事生产全过程的废物减量化、资源化和无害化的相关产业，主要包括产业园区绿色升级、无毒无害原料替代使用与危险废物治理、生产过程废气处理处置及资源化综合利用、生产过程节水和废水处理处置及资源化综

合利用、生产过程废渣处理处置及资源化综合利用等。

[2.6绿色服务]：指与绿色产业相关的咨询服务、项目运营管理、项目评估审计核查、监测检测、技术产品认证和推广等。

[2.7其他]：指以企业为投保人或被保险人，为其他绿色产业、绿色项目、绿色产品提供风险保障的保险产品。

3.绿色生活保险业务。

[3.1新能源汽车保险]：指为新能源汽车提供风险保障的保险产品，包括机动车商业保险和机动车交通事故责任强制保险。

[3.1.A涉及绿色产业的保险业务]：统计新能源汽车保险业务中为绿色产业（参见2.绿色产业保险业务）提供风险保障的情况。

[3.2非机动车保险]：指为非机动车提供风险保障的保险产品。

[3.2.A涉及绿色产业的保险业务]：统计非机动车保险业务中为绿色产业（参见2.绿色产业保险业务）提供风险保障的情况。

[3.3其他]：指为其他绿色出行、绿色居住、绿色消费等活动提供风险保障的保险产品。

[3.3.A涉及绿色产业的保险业务]：统计其他保险业务中为绿色产业（参见2.绿色产业保险业务）提供风险保障的情况。

四、统计报表勾稽关系

[4]=[1]+[2]+[3]-[1.1.A]-[1.2.A]-[1.3.A]-[1.4.A]-[3.1.A]-[3.2.A]-[3.3.A]

[1]=[1.1]+[1.2]+[1.3]+[1.4]

[2]=[2.1]+[2.2]+[2.3]+[2.4]+[2.5]+[2.6]+[2.7]

[3]=[3.1]+[3.2]+[3.3]

[1.1]=[1.1.1]+[1.1.2]+[1.1.3]

（省略部分）

8.3 《江西保险业加快发展绿色保险的指导意见》

2021年7月27日，江西银保监局发布了《江西保险业加快发展绿色保险的指导意见》，明确提出了江西绿色保险发展的总体要求、具体举措和保障措施。《指导意见》明确提出三大方面16项具体举措，包含健全绿色保险组织体系、完善绿色保险产品体系以及健全绿色保险管理机制。以下是《江西保险业加快发展绿色保险的指导意见》全文。

江西银保监局发布《江西保险业加快发展绿色保险的指导意见》

各银保监分局，恒邦财产保险公司，各保险公司江西分公司，省保险业协会：

绿色保险是绿色金融体系的重要组成部分。为深入贯彻党中央国务院关于推进生态文明建设的重大决策部署，认真落实银保监会和江西省委省政府工作要求，引导督促全省保险机构积极参与国家生态文明试验区（江西）建设，加快发展绿色保险，全面提升保险业服务江西经济社会绿色发展的能力和质效，现结合实际，制定本指导意见。

一、总体要求

坚持以习近平生态文明思想为指导，牢固树立可持续发展理念，以服务碳达峰碳中和战略部署为核心，把发展绿色保险放在深化金融供给侧结构性改革工作整体布局中统筹推进，通过健全组织、完善机制、创新产品、优化服务，着力构建现代绿色保险服务体系，充分发挥保险业在促进经济社会绿色发展中特有的风险管理和风险保障功能。紧扣服务"美丽中国 江西样板"建设，建立健全一套务实有用、运行有效、服务有序的绿色保险管理机制，创新发展一系列功能多样、保障到位、市场接受度高的绿色保险产品体系，不断深化绿色保险发展理念，浓厚绿色保险发展氛围，将绿色保险打造为江西绿色金融改革的新亮点。

二、主要任务

（一）健全绿色保险专业组织体系。探索在绿色产业聚集地发展绿色保险子（支）公司、绿色保险事业（分）部等绿色保险专业经营机构，在客户准入、业务流程、绩效考核、理赔管理等方面实施差异化经营。有条件的机构要积极设立绿色保险创新实验室、绿色保险创新中心等特色机构，集中资源专司绿色保险研发推广，不断提升绿色保险服务专业化水平。

（二）发展环境保护与污染修复类业务。积极推广赣江新区环境污染责任保险"政企保"合作模式，在全省环境与社会风险较高、环境污染事件较为集中的领域开展环境污染责任保险业务，逐步扩大环境污染责任保险覆盖面。探索开展船舶污染损害责任保险、危险废物环境污染责任保险等绿色保险产品，主动为传统行业企业提供专业化环境与社会风险管理服务。

（三）发展生态资源保护类业务。围绕保护本身具有环保功能或作用的生态资产，创新发展森林保险、野生动物肇事公众责任保险等绿色保险产品，助力缓解社会与自然环境矛盾。扩大森林保险承保责任范围，提供涵盖火灾、风雹、霜冻、干旱、鼠灾等多种自然灾害的风险保障。

（四）发展气候变化风险管理类业务。稳妥有序开展农业巨灾保险试点，将洪涝灾害、旱灾、冻灾等作为保险灾害种类，逐步覆盖水稻种植、畜牧水产养殖等农业相关领域，不断丰富农业风险灾害保险产品，保障农业农村经济稳定运行。顺应低碳发展趋势，积极发展碳保险、气候保险等绿色保险业务，助力市场主体有效应对和预防气候变化对生产经营造成的不利影响。

（五）发展绿色产业支持类业务。强化绿色产业技术、装备、产品、人员等方面的风险保障，积极发展绿色产品质量责任保险、绿色建筑保险、关键研发人员健康险或意外险等业务。加快发展绿色产业履约保证保险、科技保险、专利保险等业务，深化首台（套）重大技术装备保险和新材料首批次应用保险补偿机制试点，支持企业开展科技创新，促进科技成果产业化发展。深化地方特色优势农产品保险试点工作，实施"一县一品"工程，加快发展农产品完全成本保险、收入保险、价格保险，推广"保险+期货"模式，持续推进农业保险扩面、增品、提标。

（六）发展绿色生产生活行为引导类业务。充分发挥保险费率杠杆调节作用，引导社会公众践行绿色消费和绿色生活方式。通过建立农业保险理赔与病死牲畜无害化处理联动机制、工伤保险浮动费率机制等方式，激励企业绿色生产、绿色发展。倡导低碳生活方式，将低碳环保类消费品等纳入承保范围，探索开展新能源汽车保险、机动车里程保险等业务，提振消费者对环保产品性能的信心。聚焦消费提质升级，稳步发展个人绿色消费保证保险，拉动绿色消费产品需求。

（七）发展绿色投资类业务。保险法人机构要强化保险资金绿色运用，综合运用股权、债权、基金、资产支持计划等多种方式提供长期稳定的资金支持。保险公司省级分公司要加强与总部的沟通联动，积极向总部推荐优质绿色项目，助力扩大江西绿色发展资金来源。

（八）建立专业对接服务机制。构建贯穿投保、承保、理赔等环节的绿色保险服务体系，为市场主体提供"事前预警、事中响应、事后减损"的全流程风险保障和风险管理服务。积极为拟投保主体开展投保前环境与社会风险管理评估，主动提供专业风险管理指导，对符合的主体做到愿保尽保。积极实施差别费率定价机制，将保险费率与投保主体所属行业、企业环境与社会风险管理水平等挂钩，并在承保期间提供持续的"环保体检"服务，引导与协助其提升环境与社会风险管理水平。对于绿色保险业务，实施应赔尽赔快赔，探索建立重大案件赔款预付机制和小额案件赔款快付机制，帮助企业尽早恢复正常生产经营。

（九）建立信息科技赋能机制。充分运用人工智能、大数据、云计算、区块链、生物识别等新兴技术，对传统保险业务流程进行绿色化再造，推动实现保险定价精准化、服务供给定制化、营销渠道场景化、风险管理智能化。强化客户信息安全保护，提升突发事件应急处理水平。

（十）建立正向激励引导机制。在内部资源配置、绩效考核、业务管理等方面做出有利于推动绿色保险发展的制度安排。财产险公司综合绩效考评指标体系中，应设置绿色保险考核评价指标，将绿色保险发展情况纳入对经营机构的综合经营考核及其班子成员的个人绩效考评，定期对相关条线、分支机构开展考评工作，并强化考评结果运用。

（十一）建立专业队伍培育机制。合理规划人员配备，加强专业复合型人员的培养和引进，充实绿色保险人才储备。强化绿色保险培训，针对高管人员、业务管理和营销人员等各不同岗位员工开展专题培训，完善培训内容，丰富培训方式。

（十二）建立公众宣传教育机制。开展形式多样的宣传活动，多视角、多层次、多渠道宣传绿色保险理念、绿色金融政策和绿色保险产品服务，提高社会对绿色保险服务认知。加强同业交流，积极推广经验做法，不断巩固发展绿色保险工作成效。

三、保障措施

（一）加强组织领导。各保险公司省级分公司和法人机构要成立绿色保险工作领导小组，指定一名高管人员具体分管，明确一个部门归口管理，加强业务统筹，加大资源倾斜，全力推进绿色保险发展工作。

（二）抓好推进落实。各保险公司省级分公司和法人机构要根据本指导意见，确立绿色保险发展战略，细化目标任务，明确责任分工和具体举措。定期评估绿色保险工作情况，按年度形成绿色保险工作报告，于次年2月底前报对口监管部门。各级保险业协会要加强业务指导，积极搭建学习交流平台。

（三）强化监管引领。监管部门要持续监测、定期分析绿色保险业务发展情况，探索建立专项考核评价制度，督促机构不断提升绿色保险服务质效。强化与地方政府及相关部门的协同联动，推动出台配套财税支持政策或奖励政策，推动共享生态环境、绿色产业等相关信息，为绿色保险发展提供强力外部保障。

8.4《关于加快绿色保险转型发展的指导意见》

2022 年 6 月 24 日，安徽省淮北银保监分局制定了《关于加快绿色保险转型发展的指导意见》，引导保险机构结合淮北市实际情况，牢固树立绿色发展理念，加快绿色保险发展，全面提升服务绿色发展能力，助力实现"双碳"目标，在打造绿色转型发展示范城市中贡献保险力量。该《指导意见》为加快当地环境改善、应对气候变化和资源节约高效利用等方面提供商业保险风险管理服务和保险资金支持。全文如下：

关于加快绿色保险转型发展的指导意见

绿色保险是指在环境改善、应对气候变化和资源节约高效利用等方面提供的商业保险风险管理服务和保险资金支持，是绿色金融的重要组成部分，在助力绿色产业发展、节能减排、污染防治等方面发挥着独特作用。为引导保险机构全面提升服务绿色发展能力，助力实现"双碳"目标，现结合实际，制定本指导意见。

一、总体要求

坚持以习近平生态文明思想为指导，牢固树立新发展理念，强化监管引领，健全组织体系，完善政策支持，创新产品服务，加强统计监测，着力构建现代绿色保险服务体系，充分发挥保险业的经济补偿、资金融通和社会管理功能，为打造绿色转型发展示范城市贡献保险力量。

二、主要任务

（一）加强组织领导，完善管理体系建设。鼓励保险机构积极争取上级机构支持，加大对淮北资源倾斜，在绿色产业集聚区设立或改建绿色保险支公司、绿色保险事业部等绿色保险专营机构，实施差异化经营，制定年度及中长期目标，明确高管及牵头管理部门，加大绿色保险推广，提升绿色保险专业化服务水平。

（二）践行绿色发展理念，提升经营管理能力。积极宣传绿色发展理念，规范经营行为，推行绿色办公。加强绿色保险统计分析，建立完善内部考核评价体系和奖惩机制，定期对相关业务条线和分支机构开展考评。健全绿色保险专业人才培养机制，加大绿色业务培训力度，打造绿色保险人才队伍，不断提升绿色保险经营管理能力。

（三）强化科技赋能，提升保险服务针对性。鼓励保险机构运用科技创新，加快推进产品服务、商业模式创新，构建贯穿投保、承保、理赔等环节的绿色保险服务体系。通过大数据、人工智能等技术应用于保险服务场景中，对传统保险业务流程进行绿色化再造，完善产品定价、服务供给、营销场景、风险管理等关键环节，不断提升消费者服务体验。

（四）创新培育特色产品，健全绿色保险产品体系。深化淮北地方特色优势农产品保险推广工作，加快发展农产品完全成本保险、价格保险、指数保险，探索"保险+期货""保险+基金"等新模式推进，加强涉农信贷与涉农保险合作。支持保险机构推动优质农产品品质保证保险等相关保险产品的开展，助力种业振兴。鼓励开办天气指数保险、农作物气象指数保险、农业巨灾保险、碳保险等创新保险产品，提高重大灾害应对能力。

（五）加快绿色保险提质扩面，助力安全生产工作发展。推进环境污染责任保险，不断扩大环境污染责任保险覆盖面，以确保全市水源、土壤、大气、社区生活的环境安全。落实安全生产责任保险制度，持续推进道路危险货物运输承运人责任保险及安全生产责任保险工作，为淮北市绿色经济发展保驾护航。

（六）推动绿色制造发展，助力提升产业能级。强化绿色新装备、新技术的风险保障，鼓励保险机构发展绿色产品质量责任保险、环保技术装备保险、生物质项目保险、光伏项目保险等可再生能源项目保险，推动煤炭清洁经济高效利用，积极为绿色产业技术、装备、产品、人员等提供全方位的风险保障。加快发展环保农业机械保险、科技保险及专利保险，深化首台（套）重大技术装备、首批次新材料和首版次软件综合险推广应用，助力企业降低绿色低碳技术开发风险及成本，增强制造业绿色发展创新动能。

（七）扶持绿色消费升级，推动绿色产业发展。鼓励保险机构充分发挥保险费率杠杆调节作用，引导社会公众绿色消费，践行绿色低碳生活方式。积极开展新能源汽车保险、电动车第三者责任保险、共享单车意外险等业务，通过"保险+服务"的形式，提供保前和保中全流程风控服务，保障绿色出行，助推绿色交通。鼓励保险机构开展绿色建筑性能保险、绿色建筑财产保险、绿色建筑职业责任保险等业务试点，为消费者购买绿色住宅提供风险保障，助力淮北城乡建设绿色发展。

（八）发挥保险融资功能，发挥保险资金长期投资优势。各保险机构应加强与上级机构沟通汇报，争取集团总部优惠政策，为我市重点工程、城市基础设施、城镇化建设，以及支持战略新兴产业发展等提供长期资金支持。

（九）发挥保险风险保障功能，参与社会与环境风险管理。保险机构充分发挥保险的防灾减灾功能，利用互联网、5G等先进技术，优化安全生产责任保险的服务能力，及时提示风险隐患，主动提供专业风险管理指导，为市场主体提供"事前预警、事中响应、事后减损"的全流程风险保障和风险管理服务。

三、保障措施

（一）加强统筹协调。加强与相关主管部门协同配合，通过财政补贴、购买保险服务、建立风险补偿基金等方式，加快发展绿色保险。探索建立环境信息和绿色数据共享制度，为绿色保险发展提供技术支持，提高绿色保险的科学化和专业化水平。

（二）加强监管引领。开展绿色保险业务经营分析，加强对保险机构绿色保险业务的指导，结合非现场监管和现场检查情况，建立绿色保险监管激励和考核评价机制，适时对保险机构绿色保险经营情况开展考核评价，将评价结果作为业务准入、高管人员履职的重要参考。

（三）加强宣传培训。各保险机构应通过主流媒体、官网、微信等方式，加大绿色保险宣传力度，积极开展绿色保险知识进社区、进校园、进企业等活动，面向企业和社会公众开展环境风险管理知识普及工作，营造主动投保环境污染责任等绿色保险的良好氛围。引导市保险业协会、保险机构通过举办科普性讲座、培训课程、行业峰会、论坛等形式，加强绿色保险宣传培训。

8.5　《关于推进广东银行业保险业绿色金融发展的指导意见》

2022年12月20日，广东银保监局印发《关于推进广东银行业保险业绿色金融发展的指导意见》，明确提出推动发展方式绿色转型。具体举措包含积极开展绿色保险、推行针对渐进性污染和生态环境损害方面的保险产品和服务、推行环境污染强制责任保险、健全森林保险制度、探索特色经济林保险试点等，《指导意见》全文如下：

关于推进广东银行业保险业绿色金融发展的指导意见

为深入贯彻党中央国务院关于推动绿色发展、促进人与自然和谐共生的决策部署，进一步完善支持绿色发展的金融体系，助力广东构建新发展格局，在实现高质量发展上发挥示范引领作用，现提出以下意见：

一、总体要求

（一）指导思想坚持以习近平新时代中国特色社会主义思想为指导，全面贯彻落实党的二十大和二十届一中全会精神，深入贯彻习近平总书记对广东系列重要讲话和重要指示批示精神，完整、准确、全面贯彻新发展理念，引导辖内银行业保险业大力发展绿色金融，深入推进环境污染防治，助力提升生态系统多样性、稳定性、持续性，积极支持广东经济社会发展方式全面绿色转型。

（二）主要目标绿色信贷余额较快增长，绿色保险保障持续提升，绿色金融产品更加丰富，绿色金融服务体系更趋完备，风险防控机制不断健全，市场创新度、活跃度和开放度逐步提高，进一步构建绿色金融区域发展新格局。

（三）基本原则

1.统筹兼顾，和谐共赢。深刻认识生态环境保护和经济发展的辩证统一关系，从战略高度推进绿色金融，加大对绿色、低碳、循环经济的支持，防范环境、社会、治理风险，提升自身环境、社会、治理表现，促进经济社会发展全面绿色转型。

2.区域协调，优化布局。服务粤港澳"绿色低碳湾区"建设，助力优化珠三角核心区、沿海经济带东西两翼地区与北部生态发展区发展布局，为高质量构建"一核一带一区"区域绿色发展格局提供金融支持。

3.市场运作，创新驱动。充分发挥市场在资源配置中的决定性作用，建立健全绿色金融市场化、专业化运作模式。推动绿色金融组织体系、产品工具和体制机制创新。

4.防范风险，坚守底线。坚持底线思维，强化风险管控，审慎合规经营，平衡好支持绿色发展与防范金融风险的关系，牢牢守住不发生系统性区域性金融风险底线。

二、推进经济社会发展绿色转型

（四）推动发展方式绿色转型银行保险机构应当为建立健全绿色低碳循环发展经济体系提供有效金融供给。要支持健全绿色低碳循环发展的生产体系，推动传统产业数字化、智能化、绿色化融合发展；推动绿色产业链与绿色供应链协同发展；为绿色工厂建设及产业园区循环化、绿色化改造等提供资金支持；加大对生产销售绿色产品、应用碳标签产品企业的支持力度。要支持健全绿色低碳循环发展的流通消费体系，促进商贸流通、信息服务等绿色转型，提升服务业低碳发展水平；促进绿色产品消费，支持绿色出行；持续提升金融服务的线上化、移动化、智能化水平，为消费者提供便捷、高效、环保的金融服务。要支持加快基础设施绿色升级，推动城市发展全面向绿色生态转型，建设人与自然和谐共生的现代化城市，推进"无废城市"建设，助力绿色低碳城区建设和城市微改造，推动绿色、超低能耗和近零能耗建筑发展，支持既有建筑节能绿色化改造，支持城市更新及生态修复，积极推动海绵城市建设及运营项目。支持提升农村人居环境质量，加大对农业农村基础设施的金融支持力度，助力我省全面推进乡村振兴、率先实现农业农村现代化。

要支持构建绿色技术创新体系，为节能环保、清洁生产、清洁能源等领域的科技攻关项目和科技成果转化应用提供金融服务。要支持健全资源节约循环利用体系，加大对重点行业、重点领域节能改造，再生资源回收利用等领域的支持力度。

（五）助力推进环境污染防治银行保险机构应当配合地方政府及相关部门，助力污染防治攻坚战，深入打好蓝天、碧水、净土保卫战。加大对大气污染防治、水生态环境保护、重点海域综合治理、土壤污染防治、农业农村污染治理、固废处理处置及资源综合利用、生态保护修复等领域重大工程项目的资金支持力度。积极开展绿色保险，探索针对渐进性污染和生态环境损害方面的保险产品和服务，在环境高风险领域依法推行环境污染强制责任保险。

（六）提升生态系统多样性、稳定性、持续性银行保险机构应当为深入推进绿美广东生态建设、高质量推进万里碧道和美丽海湾建设、强化湿地保护等提供金融支持。大力支持山水林田湖草沙整体保护、系统修复。参与生态保护修复项目，拓宽投融资渠道，优化信贷评审方式，积极开发适合的金融产品，按市场化原则为项目提供中长期资金支持。健全森林保险制度，探索开展保价值、保产量、保收入的特色经济林保险试点，加大保险产品创新力度，完善灾害风险防控和分散机制。

（七）助力推进碳达峰碳中和银行保险机构应当积极支持清洁低碳能源体系建设，支持重点行业和领域节能、减污、降碳、增绿、防灾。用好碳减排支持工具，为符合条件的项目提供优惠利率贷款。结合全省产业实际，支持钢铁、石化化工、水泥、陶瓷、造纸等高耗能行业实施节能降碳行动，加大对风电、光伏发电、气电等新能源、清洁低碳能源产业、新型电力系统的金融支持。落实碳排放、碳强度政策要求，在保障能源安全、产业链供应链安全的同时，渐进有序降低资产组合的碳强度，最终实现资产组合的碳中和。鼓励保险资金以股权、债权等形式依法合规投资绿色低碳项目。

三、支持绿色低碳区域协调发展

（八）推动粤港澳大湾区绿色金融合作鼓励内地银行保险机构与香港、澳门金融同业开展绿色金融合作，加强绿色金融人才培养交流，聚集金融资源，支持粤港澳大湾区绿色产业发展。依托横琴粤澳深度合作区、广州南沙粤港澳全面合作示范区，推动建立合作开放新机制，促进金融资源与绿色项目有效对接。提升服务能力和水平，积极参与粤港澳大湾区碳交易市场跨境交易业务，为粤港澳大湾区内地企业赴港澳发行绿色债券等提供金融服务。加强合作，开展碳金融领域产品、服务和规则研究，探索构建有效衔接的大湾区绿色金融标准体系。

（九）增强珠三角核心区的辐射带动作用珠三角地区银行保险机构应当结合区域优势和产业特色，在绿色金融组织体系培育、产品和服务创新推广、体制机制完善、风险防控等方面加快探索，先行先试。支持广州持续深化绿色金融改革，积极推进南沙气候投融资试点。依托广州碳排放权交易中心，稳步推进碳金融业务创新。在符合监管规定的前提下，参与碳市场交易，为碳交易提供资金存管、清算、结算、碳资产管理、代理开户等服务。

（十）支持沿海经济带绿色产业发展银行保险机构应当提高金融服务沿海经济带绿色产业发展能级。加大资金投入力度，综合运用信贷、债券、租赁、产业基金等方式，支持海上风电、光伏发电等新能源、清洁低碳能源产业发展，助力粤东、粤西打造千万千瓦级海上风电基地。探索蓝色债券等创新型产品，支持蓝色经济可持续发展。推动滨海旅游产业带建设，加大对红树林湿地生态经济带建设金融服务支持力度。

（十一）推动北部生态发展区高质量发展银行保险机构应当助力建设人与自然和谐共生的绿色发展示范区，发展绿色普惠金融。探索开展环境权益、生态保护补偿抵质押融资，推动生态产品价值核算结果在金融领域的运用，支持生态产品价值的实现。发挥北部生态发展区自然资源禀赋，加大对绿色农业、生态保护、洁净医药、旅游康养等绿色产业发展的金融支持力度。充分利用北部生态发展区林业碳汇优势，支持国家储备林项目、南岭国家公园生物多样性保护项目等建设，推动碳金融开发和交易。

四、提升绿色金融服务能力

（十二）加强组织体系建设银行保险机构应当从战略高度推进绿色金融，把绿色金融融入到企业愿景、发展战略、内部治理、政策制度、管理流程、产品服务、信息披露等各个环节，建立健全绿色金融长效发展机制。鼓励银行保险机构运用多种手段率先实现自身碳中和。银行保险机构总部和省级、地市级分支机构应当指定一名高级管理人员牵头负责绿色金融工作，根据需要建立跨部门的绿色金融工作领导和协调机制。鼓励有条件的银行保险机构组建绿色金融专业部门、建设特色分支机构、设立绿色产品创新实验室、设置专岗专职等，在资源配置、产品创新、审批权限、考核激励等方面给予政策倾斜，提升绿色金融服务质效和风险管理水平。要加强绿色金融专业团队建设，培养和引进相关专业人才，提高绿色金融服务能力。

（十三）丰富绿色金融产品银行保险机构应当着眼广东省中长期碳达峰、碳中和目标，立足经济社会绿色发展和绿色转型规划，创新绿色金融服务方式，开发更多基于环境、社会、治理投资理念的金融产品。加强对绿色低碳领域新模式、新业态的研究，支持企业多元化绿色融资。开展碳排放权、用能权、排污权等环境权益、生态保护补偿抵质押融资，积极发展能效信贷、绿色信贷资产证券化、碳中和资产支持商业票据、绿色供应链票据融资等。支持符合条件的企业在境内外发行绿色债券和绿色债务融资工具。围绕环境资源保护与社会治理、绿色产业运行和绿色生活消费等，构建多场景的绿色保险产品体系，探索差别化的保险费率机制，提升对绿色经济活动的风险保障能力。积极争取总部支持，将创新试点工作举措落地广东。

（十四）强化全流程风险管理银行保险机构应当将环境、社会、治理风险管理纳入授信和投资业务尽职调查、合规审查、审批管理、合同签订、资金拨付、贷后和投后管理等全流程中，并根据客户的环境、社会、治理风险评估结果，实施分类管理，采取差别化的风险管理措施。对在环境、社会、治理方面存在严重违法违规和重大风险的客户，应当严格限制对其授信和投资。积极运用大数据、区块链、人工智能等科技手段，提高环境风险管理的覆盖面和有效性。探索使用环境压力测试和情景分析等方法和工具，对在气候变化、环境监管和可持续发展等压力情况下面临的信用风险、市场风险和其他金融风险进行量化分析。

（十五）加强考核评价与信息披露银行保险机构应当建立有效的内部绿色金融考核评价体系和奖惩机制，合理设置绿色金融业务考评指标，定期对相关业务条线、分支机构开展考评。落实尽职免责要求，制定并完善绿色金融尽职免责相关机制。将绿色金融政策执行情况纳入内控合规检查范围，定期组织实施内部审计。加强绿色金融统计数据质量管理，确保数据准确、真实、完整，建立可追溯、可验证、可比较的绿色金融统计数据管理长效机制。健全信息披露机制，公开绿色金融战略和政策，充分披露绿色金融发展情况，接受市场和利益相关方的监督。

五、加强工作保障

（十六）定期评估总结各级监管部门应当加强对银行保险机构绿色金融业务的指导，采取适当方式评估银行保险机构绿色金融成效。广州地区各法人机构、政策性银行分行、大型银行分行、股份制银行分行、省级财产保险机构应当对绿色金融业务开展自评估，全面梳理工作成效、存在问题、下一步思路及意见建议，并于次年1月底前，将上一年度绿色金融自评估报告报送广东银保监局。

（十七）加强经验推广银行保险机构应当及时总结提炼绿色金融的特色做法和先进经验，予以复制推广。加大对绿色金融亮点工作和突出成效的宣传力度，提高社会关注度、认知度，营造良好氛围。

（十八）发挥自律作用银行保险行业自律组织应当积极推动绿色金融发展提质增效，组织会员单位进行绿色金融实施情况评价，开展经验交流、教育培训、课题研究，推动信息共享。

（十九）强化监管督导各级监管部门应当加强与相关主管部门的协调配合，推动建立健全信息共享机制，为银行保险机构获得企业环境、社会、治理风险相关信息提供便利。及时引导银行机构调整信贷和投资政策，督促其加大绿色发展的支持力度。对绿色金融统计数据质量管理不到位、数据差错问题严重、屡错不纠、整改不力、内控缺乏、治理责任履行不到位的银行保险机构，依法综合运用监管约谈、责令整改、行政处罚、监管评级等措施，加大问责、从严约束。

本意见自印发之日起实施，原《广东银监局关于广东银行业加快发展绿色金融的实施意见》（粤银监发〔2018〕40号）同时废止。

8.6　《关于推动上海财产保险业高质量发展的实施意见》

2021年6月9日，上海银保监局印发《关于推动上海财产保险业高质量发展的实施意见》。《实施意见》共18条，内容涵盖总体要求，聚焦上海经济社会发展重点领域、提升保险服务能级，深化重点领域改革、推动行业转型发展，全力打造保险改革开放新高地、推动行业更高水平对外开放，持续提升全面风险管理能力、加强监管体系建设等。全文如下：

《关于推动上海财产保险业高质量发展的实施意见》

为贯彻落实中国银保监会和上海市委市政府的决策部署，持续推动上海财产保险业向高质量发展转变，更好服务国家及上海战略，根据《中国银保监会办公厅关于印发推动财产保险业高质量发展三年行动方案（2020-2022年）的通知》（银保监办发〔2020〕68号）及相关政策精神，结合上海实际，现提出以下实施意见。

一、总体要求

（一）指导思想。以习近平新时代中国特色社会主义思想为指导，全面贯彻党的十九大和十九届二中、三中、四中、五中全会精神，认真落实习近平总书记考察上海重要讲话精神以及"人民城市人民建、人民城市为人民"重要理念，坚定不移贯彻新发展理念，坚持稳中求进工作总基调，以深化供给侧结构性改革为主线，以提高科技创新能力为动力，全面推进上海财产保险业扩大高水平开放，抢先抓住上海重大改革机遇，勇于承担探路破局使命，不断提升金融服务质效，坚决防范化解风险，努力成为全国财产保险业高质量发展的先锋高地，更好服务上海打造国内大循环中心节点、国内国际双循环战略链接的新发展格局。

（二）发展目标。到 2023 年，上海财产保险业保持平稳较快增长，保障水平、服务能力和资本实力稳步提升，形成产品丰富、功能完备、治理科学、竞争有序的财产保险市场体系，主要指标率先达到或接近国际市场先进水平。国际影响力显著增强，服务辐射能级持续跃升，支持国家重大战略的风险保障力度进一步增强。科技创新能力迈上新台阶，新业态、新模式不断涌现。辖内法人财产保险机构偿付能力充足率均达标，风险综合评级居全国前列。突出风险得到有效化解处置，守住不发生系统性风险底线。到 2023 年，上海财产保险业保费收入年均增长率超过 9%，保险密度超过 3 000 元，保险深度达到 1.6%，非车险占比提高至 60%，主要业务领域的线上化程度达到 80% 以上。

二、聚焦上海经济社会发展重点领域，提升保险服务能级

（三）服务国家和上海重大战略实施。积极对接上海"四大功能""五个中心"建设，围绕"三大任务、一大平台"战略，聚焦五型社会、五大新城、浦东新一轮改革开放等新的重大部署，围绕创新链、产业链、供应链、资金链良性循环，提升行业服务能力和服务质效。落实三大产业"上海方案"，积极探索共保机制，加大对集成电路、生物医药、人工智能、高端装备、新一代通信设备等关键核心技术的保险支持力度。探索推出集成电路保险新品种和服务新模式，进一步推动生物医药责任保险试点升级，持续扩大首（台）套重大技术装备保险、新材料首批次应用保险补偿机制试点应用规模，完善知识产权保险。支持符合条件的保险机构跨区域在长三角一体化发展示范区设立管理总部或分支机构，推进辖内法人财险机构加大资金支持力度，服务长三角一体化发展战略。

（四）大力发展绿色保险。积极响应国家碳达峰、碳中和"3060"目标，主动对接临港新片区、崇明世界级生态岛、上海市低碳发展实践区及绿色生态城区等建设需求，聚焦节能减排、清洁生产、清洁能源、城市绿色发展、环境污染治理等领域，提升产品研发及风险保障能力。鼓励保险资金投资绿色经济发展领域。加大对绿色技术创新企业的支持力度，显著降低高能耗、高污染企业承保比例。推进气象指数保险在城市气候巨灾管理、生态农业、支持新能源企业发展等领域的试点应用。普及电子保单，引导行业向绿色、低碳、高效、循环的作业模式转型。

（五）丰富科技保险服务供给。升级科技保险产品体系，针对科创企业在技术研发、生产运营、市场推广及成果转化等环节的重点风险，打造一批行业领先的科技保险产品。提升对新兴科技产业、创新科技项目、科创企业的全流程风险管理能力，建立多主体、多层次、多形式的科技保险服务网络。支持保险机构在沪设立产品研发中心、数据处理中心、创新实验室等功能性机构。加强与外部公共信息部门、科技管理部门、科创服务部门、科技企业的深度合作，全面提升保险服务科技的能力和水平。

（六）服务超大城市治理和人民群众美好生活需要。围绕上海人民城市建设及韧性城市建设过程中的各项任务及需求，开发和提供全生命周期的保险产品及服务。持续扩大责任保险在安全生产、食药安全、校园安全、电梯安全、医疗纠纷、建筑质量以及突发公共卫生事件等领域的覆盖面。开发更符合后疫情时代群众生活方式变化、企业发展需要的产品，提供普惠保险、特色保险、传统保险等"产品包"。进一步丰富和扩展商业健康保险内涵，推动健康保险与健康管理、医疗服务等产业深度融合。鼓励以互联网为媒体，为居民提供保险保障和健康管理服务。鼓励与医疗机构合作，推进医疗保险费用结算直付。主动应对人口老龄化挑战，积极推进智慧养老，供给辅助解决失能失智老人护理难题的保险产品。发展具有上海特色的巨灾保险，服务上海灾害救助体系建设。

（七）加大对中小微企业保险支持力度。研究建立财险业服务中小微企业发展的监测指标体系。鼓励行业加强科技赋能，针对中小微企业发展的痛点、难点，打造定制化的"菜单式""一揽式"保险产品，提供便捷高效的承保和理赔服务。在风险可控的前提下，推进针对中小企业的贷款保证保险、出口信用保险、国内贸易信用保险、关税保证保险等多险种结合的综合性保险解决方案。

（八）推动上海都市型现代农业高质量发展。全力服务乡村振兴战略，贯彻落实《关于加快农业保险高质量发展的指导意见》，推动建立适度竞争的上海农业保险市场体系，进一步提高上海农业保险服务水平和产品供给质量。围绕新型经营主体、区域特色农产品、种养殖业新品种、农业新科技等领域提高风险保障能力。积极发展收入保险、指数保险等创新型产品。利用大数据等科技手段提高对农村低收入人口的精准识别与风险保障力度，助力农村综合帮扶工作。充分发挥农业保险信息管理平台的功能作用。

（九）建设具有国际影响力的航运保险中心城市。完善航运保险市场体系，推进航运保险专营机构转型升级，加强上海航运保险协会建设，支持航运保险新业态、新模式发展。加强航运保险创新，充分运用现代科技信息手段，打造航运保险产品、技术、服务的创新发展中心。推进"一带一路"全球保险服务网络建设。优化航运保险发展环境，凝聚金融监管与地方政府合力，加强信息资源共享，探索建立具有吸引力和竞争力的航运保险政策支持体系。

三、深化重点领域改革，推动行业转型发展

（十）增强保险科技创新及应用能力。各公司要将保险科技提升至战略高度，加大科技投入与智力支持，加速线上化、数字化、智能化转型。依托人工智能、大数据、云计算、区块链、物联网等科技赋能，持续优化运营效率与用户体验，重构包含产品、营销、风控、服务、资产管理等核心环节在内的保险价值链。加强对网络安全等新兴风险的识别及研究。高度重视数据资产的战略意义，提升底层数据获取、处理及应用能力，加快基础设施建设，打造全链条数据中台。强化信息安全保护，为保险科技创新提供稳定可靠的技术环境。

（十一）深化法人机构公司治理改革。全面加强党的领导，推动党的领导与公司治理有机融合，建立健全现代企业制度，构建中国特色保险业公司治理机制。严格股东股权管理，强化股东资质审查力度，规范股东行为和关联交易。加强"三会一层"建设，规范公司治理架构，厘清治理主体边界，有效发挥内部相互制衡机制作用。建立科学合理的绩效考核体系，推动公司形成有利于高质量发展的激励约束机制。

（十二）完善车险市场机制。继续深化车险综合改革，推动行业形成竞争充分、稳健有序的发展格局以及健康可持续发展的经营理念。加大车险供给侧结构性改革，加强对新能源汽车、大数据、车联网、自动驾驶等新技术、新业态的研究并推广应用，率先开发新能源车险特色产品。鼓励将通过再制造质量管理体系认证的制造企业产品纳入维修备件体系。持续创新理赔服务技术和模式，切实提高消费者的获得感及满意度。

四、全力打造保险改革开放新高地，推动行业更高水平对外开放

（十三）扩大上海财险业对外开放。支持更多符合条件的外资金融机构在沪设立子公司或功能性总部，在更大范围、更宽领域、更深层次参与行业对外开放进程。指导在沪外资财险公司优化网点布局，有序拓展业务范围。推动外资财险公司为国内市场引入先进业务模式、科技手段、管理经验和金融产品。增加政策透明度，减少外资进入上海财险市场的"玻璃门"和"天花板"。

（十四）支持上海财险业走出去。鼓励符合条件的财险公司在境外有序发展，加大对"一带一路"项目的风险保障和资金支持，提升上海财险业对"走出去"企业和中国海外利益的综合服务能力。引导辖内财险公司发展海外投资保险等涉外创新型保险产品。支持公司和行业组织加强国际交流合作，参与国际规则制定，提升国际话语权和影响力。推动增加国际海上保险联盟专委会中国委员。

（十五）服务上海国际再保险中心建设。推动健全再保险市场体系、产品体系、机构体系、基础设施体系，提升上海对全球再保险市场资金、信息、技术、人才等要素配置的影响力。提供高水平制度供给，形成有利于上海再保险市场发展的竞争优势。提高产品供给与创新能力，优化发展营商环境，加快建设人才高地。实施国际再保险业务数字化战略，支持上海打造新型国际再保险中心。

五、持续提升全面风险管理能力，加强监管体系建设

（十六）增强风险识别及处置能力。积极探索监管科技创新，应用大数据、人工智能、云计算等技术加强数字化监管能力建设，进一步完善智能化风险监测预警及分析研判机制，提高行业风险点、风险机构定位精准程度，优化风险处置流程，提升监管有效性及前瞻性。加强创新型业务监管，防范交叉性金融产品风险，确保行业风险总体可控、个案风险有效处置。坚决守住不发生区域性系统性风险底线。

（十七）形成聚焦高质量发展的监管政策及体制机制。推动机构监管和功能监管有机结合，着力构建全流程综合监管体系。实施差异化监管政策，引导中小公司向特色化、专业化、精细化转型发展。支持行业开展有价值、有增量的创新，引导公司不断积累具有独特竞争优势的核心技术和能力，推动行业从传统的财务补偿向"保险+风控+服务"的全面风险管理专家转型。

（十八）依法保护消费者权益。各公司应主动履行社会责任，夯实消费者权益保护主体责任。增强全民保险意识，开展形式多样的保险知识普及活动。支持保险行业消费纠纷调解组织充分发挥作用，建立公正、高效、便民的保险纠纷非诉第三方解决机制。加强与人民法院和司法行政部门的沟通合作，落实保险纠纷诉调对接机制。

辖内各财产保险公司要充分准确研判形势和要求，对照本意见和监管政策要求，加强组织领导，结合公司实际，研究制定推动措施，明确责任分工和时间安排，确保各项工作落实到位。各方要强化沟通协作，统筹多方资源，凝聚各方力量，努力推动上海财产保险业实现高质量发展。

8.7 《上海市浦东新区绿色金融发展若干规定》

2022年6月22日，《上海市浦东新区绿色金融发展若干规定》由上海市第十五届人民代表大会常务委员会第四十一次会议通过，自2022年7月1日起施行。《上海市浦东新区绿色金融发展若干规定》的出台是上海市首次运用立法变通权在金融领域的有益尝试，为推动浦东新区绿色金融创新发展、打造社会主义现代化建设引领区提供了强有力的法治保障，也是浦东推进国际金融中心核心区建设，推动经济社会发展全面绿色转型的重大突破。其中第十六条、第十七条对于上海市浦东新区绿色保险发展做出了相关规定。以下为《上海市浦东新区绿色金融发展若干规定》与绿色保险相关条款：

第十六条　本市支持上海保险交易所在浦东新区试点建立绿色保险产品登记、清算、结算服务平台。

登记注册在中国（上海）自由贸易试验区的保险公司分支机构，可以办理绿色再保险分入业务。

第十七条　浦东新区从事涉及重金属、危险废物、有毒有害物质等环境高风险企业，应当投保环境污染责任保险。浦东新区生态环境部门应当每年制定并公布应投保企业名录。

国家金融管理部门在沪机构建立环境污染责任保险产品和服务监管机制。上海保险交易所试点建立浦东新区环境污染责任保险信息管理平台。

8.8　《上海银行业保险业"十四五"期间推动绿色金融发展服务碳达峰碳中和战略的行动方案》

2022年12月16日，上海银保监局、上海市发展和改革委员会、上海市经济和信息化委员会、上海市科学技术委员会、上海市交通委员会、上海市住房和城乡建设管理委员会、上海市生态环境局、上海市地方金融监督管理局八部门联合印发《上海银行业保险业"十四五"期间推动绿色金融发展服务碳达峰碳中和战略的行动方案》。该《行动方案》基于国家生态文明建设思想和碳达峰、碳中和等相关战略部署，以"坚持绿色导向、坚持低碳发展、坚持创新引领、坚持市场运作、坚持风险可控"为原则，提出八个方面三十条重点任务，以完善上海绿色金融市场体系，推动上海银行业保险业更好助力上海国际金融中心建设。以下为《行动方案》全文。

《上海银行业保险业"十四五"期间推动绿色金融发展服务碳达峰碳中和战略的行动方案》

为深入贯彻党中央、国务院"碳达峰、碳中和"战略决策,落实银保监会和上海市政府工作部署,完善上海绿色金融市场体系,推动上海银行业保险业更好助力上海国际金融中心建设,根据《中共中央 国务院关于完整准确全面贯彻新发展理念做好碳达峰碳中和工作的意见》《国务院关于印发 2030 年前碳达峰行动方案的通知》《关于构建绿色金融体系的指导意见》《中国银保监会关于印发银行业保险业绿色金融指引的通知》《上海加快打造国际绿色金融枢纽服务碳达峰碳中和目标的实施意见》和《上海市浦东新区绿色金融发展若干规定》等制度要求,制定如下行动方案。

一、总体要求

(一)指导思想以习近平新时代中国特色社会主义思想为指导,深入贯彻落实习近平生态文明思想,加快构建新发展格局,充分依托上海金融要素市场集聚优势,培育绿色金融高质量发展机制,加强监管引导,健全规范标准,深入探索绿色金融改革创新,切实提升绿色金融服务水平,积极开展绿色金融国际合作,加大对绿色、低碳、循环经济的支持,促进经济社会全面绿色低碳转型,推进"十四五"时期上海"无废城市"建设,助力上海国际金融中心建设,为落实"双碳"目标提供高质量金融服务。

(二)基本原则

1.坚持绿色导向。深入践行"绿水青山就是金山银山"理念,全面贯彻绿色发展国家战略,优化金融资源配置,服务能源结构调整和产业结构转型,推进生态保护,应对气候变化,提升自身的环境、社会、治理表现,加快建设绿色金融发展体系。

2.坚持低碳发展。更好助力污染防治攻坚,支持重点行业和领域节能、减污、降碳、增绿、防灾,促进绿色低碳技术推广应用,推动形成绿色低碳生产生活方式。稳妥处理好发展和减排、整体和局部、长远目标和短期目标、政府和市场的关系，有保有压，分类施策，防止"一刀切"和运动式减碳。

3.坚持创新引领。加快绿色金融体制机制创新，探索金融支持绿色发展新路径、新模式，加大绿色金融产品和服务创新，引领和推动绿色产业发展，借鉴绿色金融国际成熟经验和国内成功做法，结合上海特点，探索形成绿色金融的特色与推广模式。

4.坚持市场运作。坚持政府引导和市场发展相结合，充分发挥市场在资源配置中的决定性作用，建立健全绿色金融市场化、专业化、国际化运作模式，营造国际一流绿色金融发展环境。

5.坚持风险可控。坚持稳字当头、稳中求进工作总基调，强化风险意识，建立完善绿色金融风险防控体系，提高绿色金融领域新型风险识别能力，加强风险压力测试、积极缓释及早期预警，牢牢守住不发生区域性系统性金融风险的底线。

二、行动目标

（一）绿色金融生态体系基本建成。到2025年，上海各银行保险机构在绿色金融政策制度、组织架构、流程管理、气候与环境风险管理等方面取得显著成效，基本建成与碳达峰相适应的绿色金融生态服务体系；培育优秀绿色金融服务机构，形成一批绿色金融行业标杆。

（二）绿色金融综合服务效能不断提升。到2025年，绿色融资总量和结构进一步优化，绿色融资余额突破1.5万亿元；绿色保险覆盖面显著扩大，保障金额突破1.5万亿元；绿色债券、绿色基金、绿色信托、绿色资管、绿色租赁等业务稳健发展。

（三）绿色金融创新能力不断提高。全面助力上海形成国际一流绿色金融发展环境，发挥浦东新区社会主义现代化建设引领区先行先试优势，推动国内外绿色金融标准趋同，支持上海提升国际金融中心服务水平，推进长三角生态绿色一体化发展示范区建设，推动上海市建设国家级绿色金融改革试验区。不断丰富绿色金融产品与衍生工具，引领碳金融项目创新，形成可复制可推广的上海方案。

三、重点任务

（一）积极部署绿色金融发展战略

1.健全绿色金融发展规划。银行保险机构应当承担绿色金融主体责任，树立并推行节约、低碳、环保、可持续等绿色发展理念，明确环境、社会、治理目标，根据国家绿色低碳发展目标和规划以及相关环保法律法规、行业准入政策等规定，结合自身发展理念和经营特点，加快完善绿色金融战略、目标和规划。

2.制定自身绿色运营行动方案。鼓励银行保险机构制定自身运营的碳达峰、碳中和行动实施方案，倡导绿色办公、绿色采购，降低办公能源消耗和碳排放；引导员工培育绿色健康生活方式，有序推动减少碳足迹；分期分批推进绿色机构网点建设，倡导绿色建筑和办公空间的绿色改造；全面推广无纸化网点、普及智能机柜使用，推广线上业务和便利化服务，逐步实现运营碳中和。

（二）加快完善绿色金融推进机制

3.建立绿色金融组织体系。鼓励打造不同层级、专业从事绿色金融业务的银行保险机构；支持银行保险机构在上海设立绿色金融事业部（业务中心）或绿色金融特色分支机构，实行专业团队、专用审批、专项信贷规模、专项考核等专营机制。加强绿色金融专业化队伍建设，充实绿色金融人才储备，强化业务培训，提升服务水平。

4.优化绿色金融资源配置。鼓励银行保险机构建立健全绿色金融考评机制，从绩效考核、财务资源、信贷额度等方面对绿色金融给予专项支持，鼓励银行业通过内部资金转移定价优惠、安排专项激励费用补贴、制定绿色金融尽职免责制度等方式，提高分支机构和从业人员发展绿色金融的积极性。

5.完善绿色金融管理流程。鼓励银行保险机构逐步健全董事会和高级管理层统筹领导、各部门协同推进的绿色金融管理机制。加强绿色金融能力建设，建立健全相关业务标准和统计制度。支持银行业金融机构在风险可控的前提下对绿色企业和项目加大支持力度，建立符合绿色企业和项目特点的信贷管理制度，优化授信审批流程。支持保险机构优化绿色保险理赔手续，提供更加高效便捷的服务。

6.开发绿色金融专业系统。鼓励银行保险机构建立覆盖业务全流程的绿色金融管理系统，实现绿色业务智能识别、分类和认定。鼓励机构加大对绿色金融科技的资源投入，加强资金穿透管理，实现绿色资产可追溯；共同推动碳排放数据信息系统建设，探索建立碳排放信息共享机制。强化绿色金融数据治理，支持通过大数据、区块链、人工智能和云计算等金融科技手段提升绿色金融管理水平，为贷款定价、保险费率厘定与风险管理提供数据支持。鼓励依托上海市大数据中心等渠道，探索建立绿色信息对接和共享机制。

（三）全力服务重点领域绿色发展

7.推进重点行业绿色发展。鼓励银行保险机构加大对重点行业金融支持，研究制定细分行业和领域的授信支持政策和保险方案。支持风电光伏、储能与调峰等新基建发展，加大对新能源项目支持；支持循环产业、循环农业发展，重点聚焦污染治理、固废利用、可再生能源等；支持创建绿色工厂和工业园区循环化绿色改造，推进绿色低碳园区建设；推进绿色交通运输和基础设施建设，支持交通工具低碳智能转型；推进新一代信息技术与制造业融合发展，围绕智能制造、数字工厂、5G+工业互联网应用等领域加大支持，推动新材料、航空航天、海洋装备等战略性新兴产业与绿色低碳产业深度融合。

8.推进重点企业绿色改造。鼓励银行保险机构支持钢铁、能源等碳减排重点企业绿色改造，加快推进钢铁生产流程低碳转型、清洁能源替代、节能挖潜改造，探索开展低碳前沿技术创新试点；推进重点用能企业节能降碳改造和管理水平提升，推进重点用能设备节能增效，推动高耗能、高排放、低水平项目改造升级。支持普惠小微企业可持续发展，鼓励为农业、环保、专精特新等中小微企业提供增信支持和保险保障。

9.推进重点区域绿色建设。鼓励银行保险机构支持崇明世界级生态岛建设，参与浦东新区气候投融资试点，支持临港新片区、长三角生态绿色一体化发展示范区、虹桥国际开放枢纽、五个新城、南北转型公共服务建设；推进低碳发展实践区、绿色生态城区、绿色低碳建筑、装配式和智能建造项目；推进低碳社区、绿色基建及保障房、老旧小区节能低碳改造项目，推进农村建设和用能低碳转型；支持绿地、森林、湿地保护建设和生态修复，提供生态系统碳汇融资支持和保险保障，支持适应气候变化试点示范和相关项目建设。

10.推进绿色科技发展。鼓励银行业金融机构深化投融资服务方式创新，加快构建科技金融服务链，支持绿色技术企业创新，促进绿色低碳成果转化和示范项目落地。鼓励保险机构聚焦光伏、氢能、储能、碳捕集、碳封存等前沿绿色技术，识别技术研发、设备制造、设施运维等关键环节的风险点，研究开发针对性的绿色保险产品。鼓励银行保险机构投入公益项目资金支持节能环保、可再生能源、碳捕集和资源化利用等绿色创新解决方案的科技攻关，推动低碳/零碳/负碳前沿技术研究，推动绿色生产、绿色农业、绿色建筑、绿色交通等领域技术进步。

11.推进绿色生活方式构建。鼓励银行保险机构围绕"衣食住行用"等日常行为，主动开发绿色消费信贷、绿色理财、绿色保险等金融服务和创新产品；积极参与本市碳普惠体系建设，探索建立个人碳账户，将个人绿色低碳活动如绿色出行、绿色消费、助力垃圾分类等碳减排信息纳入碳账户，形成可兑换的碳积分、授信优惠、差异化保险费率及增值服务等；积极开展绿色公益活动，引导公众加快形成绿色生产生活方式。

（四）主动深化绿色金融创新实践

12.推动绿色信贷产品和服务创新。鼓励银行业金融机构聚焦绿色细分领域，分类施策探索普适性强可持续的绿色金融专项信贷产品；积极开展环境权益、生态保护补偿抵质押融资，发挥开发性金融机构作用，加快发展生态环境导向贷款，推动能效信贷、绿色信贷资产证券化、碳中和资产支持商业票据、绿色供应链融资等。

13.拓宽绿色融资渠道。鼓励有条件的银行业金融机构发行绿色金融债券，加快推进企业可持续发展挂钩债券、蓝色债券、气候债券、碳中和债等多元债券市场创新；积极引入国际中长期绿色可持续发展资金，降低绿色项目融资成本。积极推进绿色基金、绿色信托、绿色租赁、绿色理财等创新推广。鼓励保险机构通过股权、债权等形式，为重点领域绿色项目提供长期融资支持。

14.丰富绿色保险产品和保障体系。鼓励保险机构积极推广环境污染责任保险、危化品安全责任保险及生态绿色环境救助责任保险，完善城市巨灾防控与救助；加快研发气象指数保险、价格指数保险、特色农产品收入保障保险、碳汇价格保险等，助力气候治理，推动绿色农业发展；深化绿色保险在节能环保、清洁能源领域应用，研发环保技术装备保险、首台（套）重大技术装备保险、海上风电专属保险、太阳能光伏日照指数保险和组件效能保险等；推动新能源汽车专属保险、新能源船舶保险、公共交通责任保险、绿色建筑保险。加快推进保险全流程电子化。深入推进车险全流程线上化，持续创新车险理赔和服务模式，探索试点UBI、智能网联车保险保障。探索加大对绿色保险的再保险支持。

15.探索碳金融市场服务创新。鼓励银行保险机构参与碳市场交易、创新碳金融业务模式与产品工具，推动完善碳金融服务体系，推进碳资产质押类、碳资产回购、碳资产托管、碳债券等产品创新，开展碳资产、碳指数挂钩结构性存款等产品创新，以及基于碳交易的绿色金融业务创新，鼓励开发碳保险产品。积极支持碳普惠减排项目开发，促进碳金融市场可持续发展。

（五）深入探索绿色金融合作模式

16.推进绿色金融跨部门协作。加强绿色金融发展工作协调机制和沟通机制建设，推动银行保险机构与政府、企业等多方加强合作，以融促投和助力管理。建立数据信息互通联动机制，扩大信息共享范围。建立"政银担""政银保"和第三方机构等多方参与的风险分担模式，培育绿色担保机制。支持各级政府对企业参保绿色保险实施补贴，发展绿色保险市场。

17.推进绿色金融银行业保险业合作。深化银保合作，探索"绿色信贷+绿色保险"服务模式，创新绿色金融产品，研究推动碳排放配额质押贷款保证保险等试点；发挥保险风险保障和融资增信功能，为企业经营主体提供融资支持，探索建设工程完工履约保证保险、绿色建筑性能责任保险等在上海落地。

18.推进绿色金融产学研联动。推动建立银行保险机构、高校、科研机构、企业等协同机制。鼓励银行保险机构吸收重点高校和科研机构专家学者绿色金融研究的最新成果、行业动态、前沿技术，为绿色金融创新发展提供智力支持；协助高校、科研机构和企业，为绿色技术转化、落地和推广提供资金支持。必要时可引入第三方机构，为绿色金融业务提供环境风险与效益评估、绿色融资绩效评级等参考依据。

19.推进绿色金融区域合作。加强长三角绿色金融标准、产品和市场一体化建设，推进长三角地区银行业跨省（市）分支机构协同授信机制，优化授信审批流程。鼓励示范区保险机构共保联治，探索"跨区同城化通赔"制度。探索形成在一体化示范区的试点创新实践，提供可复制可推广的绿色金融样板。

20.推进绿色金融国际合作。鼓励银行保险法人机构学习借鉴国际绿色金融的相关制度、行业准则和产品创新模式。积极推动绿色金融国际合作项目落地，支持"一带一路"绿色低碳发展。鼓励银行保险机构依托上海自由贸易试验区临港新片区跨境金融先行先试优势，支持上海金融市场开展国际市场绿色金融产品创新的本地化实践，为绿色企业提供更便利的跨境投融资服务。

（六）持续健全绿色金融风险防控体系

21.建立健全环境、社会、治理（ESG）风险管理体系。鼓励银行保险机构加强环境、社会、治理风险管理，将 ESG 风险纳入全面风险管理体系和管理流程；完善信贷政策和投资政策，明确绿色金融的支持方向和重点领域，对国家重点调控的限制类以及有重大风险的行业制定授信指引，实行有差别、动态的授信或投资政策，实施风险敞口管理制度。

22.完善对客户的环境、社会、治理风险管理。银行保险机构应当加强授信和投资尽职调查，完善对客户的风险管理。鼓励银行业金融机构制定相关风险评估标准，对客户进行分类管理和动态评估，实行差别化、动态化的投融资政策；完善合同条款，借助清单严格合规审查，加强信贷和投资资金拨付管理、贷后和投后管理。鼓励保险机构针对 ESG 领域的可保风险点进行产品创新，将对客户的环境、社会、治理风险评估结果纳入风险管理过程中，作为承保管理和投资决策的重要依据，实施差别费率和浮动费率。

23.加强绿色金融风险管理。银行保险机构应高度关注绿色转型过程中的金融风险，提高绿色金融领域新型风险识别能力，制定和定期演练重大环境风险事件相关应对预案。鼓励通过环境压力测试和情景分析等工具，优化环境风险的识别、评估、计量、监测、预警和防控等全流程管控机制。建立健全客户重大环境、社会、治理风险的内部报告制度和责任追究制度，完善第三方核查或第三方早期分担措施，妥善管控环境舆情风险。

24.运用保险工具进行环境风险管理。各保险机构应积极参与环境风险治理体系建设，按照相关规定配合行业主管部门加快推进在浦东新区环境高风险领域建立强制环境责任保险制度，完善以保障自然灾害风险和重大事故风险的巨灾保障体系，推进安全生产责任保险普及运用。发挥保险防灾减灾功能，开发相关风险管理办法、技术和工具，根据合同约定开展事故预防和风险隐患排查，建立风险监测预警机制。鼓励保险公司组成绿色保险共保体，降低保险公司经营绿色保险的风险。

（七）逐步推动绿色金融标准体系建设

25.建立对标国际的ESG信息披露机制。各银行保险机构应主动公开自身绿色金融战略和政策，通过年度报告、ESG报告、官方网站等渠道充分披露绿色金融发展情况，并建立相关重大风险事件申诉回应制度。鼓励主动借鉴国际同类机构ESG信息披露相关标准，探索建立对标国际惯例、准则或良好实践的气候与环境信息披露体系，积极披露资产组合碳排放情况，必要时可引入第三方机构开展绿色金融评估、认证、监督和信息披露等。

26.完善绿色金融标准体系。鼓励上海银行保险机构参与全国绿色金融标准体系建设，配合政府推动制定上海本地绿色企业和绿色项目标准，推动相关标准在上海先行先试。严格落实银保监会绿色融资和绿色保险统计制度，推动完善绿色融资和绿色保险标准体系建设，探索开展碳金融、生物多样性融资等前沿领域融资标准的制定。

27.推动建立碳金融评价标准体系。鼓励银行保险机构加强对企业和项目环境信息、碳排放数据的收集与评估，探索碳排放融资效益标准化测算方法与应用，通过与碳减排量挂钩的差异化融资定价引导企业重视环境效益。鼓励保险机构研究碳排放数据模型，建立行业碳排放风险指数标准；依据参保企业碳排放量以及有效的环境指标，将碳交易价格纳入保险费率要素，通过差异化费率帮助参保企业提升污染治理和环境管理水平。积极推动建立碳排放评价标准，推动将企业绿色金融行为纳入碳评价体系。

（八）营造良好绿色金融发展外部环境

28. 积极推动绿色项目库建设。鼓励银行保险机构围绕节能环保、清洁生产、清洁能源、生态环境、基础设施绿色升级、绿色服务等六大类绿色产业，建立绿色低碳项目清单，构建绿色项目评估与培育机制。积极配合政府绿色项目库构建工作体系，推进项目渠道信息共享机制；发挥投融资顾问作用，与政府部门、行业协会、市场主体、科研机构、非营利组织等合作，在全国率先形成支持绿色发展的合作平台，试点并推广绿色金融示范项目。

29. 发挥行业协会协调服务作用。上海市银行同业公会、保险同业公会、上海航运保险协会通过成立绿色金融专业委员会等方式，发挥专家智库力量，指导银行保险机构开展多种形式、多主体参与的绿色金融系列研究；积极组织绿色金融交流研讨和教育培训，指导机构规范绿色金融统计监测；定期组织机构开展绿色金融实施情况评价，推动政策落地。

30. 加强同业互促与宣贯交流。鼓励各银行保险机构加强同业交流，积极推广经验做法，深化双多边交流机制建设。积极开展绿色金融宣传和公益活动，向社会大众推广绿色金融政策、产品与服务，通过新媒体、新渠道与传统推广方式相结合，宣传绿色发展理念，提升绿色宣贯实效。

四、保障措施

（一）健全组织领导。各银行保险机构要成立绿色金融工作领导小组，指定一名高管人员牵头负责绿色金融工作，明确归口管理部门，视需要建立跨部门的绿色金融工作领导和协调机制，加强业务统筹和资源倾斜，全力推进绿色金融发展工作。

（二）抓好推进落实。各银行保险机构要根据《中国银保监会关于印发银行业保险业绿色金融指引的通知》及本方案要求，确立绿色金融发展战略，细化目标任务，明确责任分工和具体举措，完善相关内部管理制度和流程，建立有效的绿色金融考核评价体系和奖惩机制，完善尽职免责机制，确保绿色金融持续有效开展。

（三）定期开展评估。各银行保险机构应主动公开绿色金融战略和政策，充分披露绿色金融发展情况；对照监管要求，将绿色金融政策执行情况纳入内控合规检查范围，定期组织实施内部审计，主动开展绿色金融自评估。

8.9　《江苏银行业保险业深化绿色金融服务行动方案》

2022年5月30日，江苏银保监局印发《江苏银行业保险业深化绿色金融服务行动方案》，围绕绿色融资持续增长、绿色保险保障稳步提升、绿色金融标准体系日臻完善三项工作目标提出一系列政策要求，指导银行保险机构深入践行绿色低碳发展战略。以下为《江苏银行业保险业深化绿色金融服务行动方案》全文：

江苏银行业保险业深化绿色金融服务行动方案

为深入践行习近平生态文明思想，贯彻党中央、国务院关于绿色低碳发展战略部署，以及省委省政府关于美丽江苏建设的各项工作安排，落实我局深化"四保障六提升"行动意见，为建立健全我省绿色低碳循环发展的经济体系、助推经济社会全面绿色转型、落实碳达峰碳中和目标提供有力的金融支持，制定本行动方案。

一、主要目标

（一）绿色融资持续增长。"十四五"期间，全省绿色融资余额保持持续增长，力争绿色信贷余额年均增速不低于20%，余额突破3万亿元，绿色信贷占各项贷款比重稳步提升。持续加大清洁能源、绿色制造、绿色交通等重点领域信贷投放。

（二）绿色保险保障稳步提升。提升对绿色经济活动的风险保障能力，环境污染责任保险、安全生产责任保险、船舶污染损害责任保险和低碳环保技术装备及材料质量保证保险等重点险种保障金额稳步增长。

（三）绿色金融标准体系日臻完善。对接国家绿色金融标准，推进绿色金融标准体系在江苏实施，在绿色融资、绿色银行、绿色保险评价规范等方面进行探索创新，结合江苏实际进一步细化、明确特定领域绿色金融标准的实施要求，提高全省绿色金融标准执行的统一性和规范性。

二、重点任务

（一）保障重点领域绿色金融供给

1.支持产业发展高端化。加大对先进制造业、战略性新兴产业的金融支持，助力实施绿色制造工程，大力发展节能环保、清洁能源等绿色产业，推动传统优势产业高端化、智能化、绿色化发展。支持徐州循环经济产业园、宜兴环保科技工业园、盐城环保高新区、苏州高新区、常州经济开发区等绿色产业专业园区建设。充分发挥绿色金融和普惠金融的协同作用，主动开展金融支持绿色农业产品服务创新，支持引导传统农业向绿色低碳农业转型。

2.支持能源利用高效化。支持高碳行业低碳化转型，为钢铁行业超低排放改造，石化、建材、印染、有色金属等重点行业清洁生产和园区化发展提供金融支持。支持制造业能源资源利用效率进一步提高，助推绿色安全低碳技术装备普遍应用。充分发挥金融资源配置功能，助力优化我省能源消费结构，促进更多资金投向能源安全保供和绿色低碳发展领域。按照市场化、法治化原则对风电和光伏等行业自主发放补贴确权贷款，加大对清洁能源和可再生能源技术、项目和产业的支持力度。

3.支持交通运输低碳化。支持优化交通运输结构，充分利用省市重大项目融资监测报告机制，引导银行业金融机构加大对公路、铁路、轨道交通、机场、港口等重大基础设施支持力度，支持开展交通基础设施智能化、绿色化提升改造，助力我省综合立体交通网建设。支持推动运输工具装备低碳转型，扩大新能源、清洁能源在交通运输领域应用。助力发展绿色物流，整合运输资源，提高利用效率。

4.支持城乡建设节能化。围绕城市转型升级，积极支持南京、常州开展国家低碳城市试点，无锡建设"零碳"城市，支持我省全域推进"无废城市"建设。加大对绿色城乡公共交通、新能源汽车充换电、绿色建筑等领域金融支持力度，不断扩大住宅工程质量潜在缺陷保险等保险承保面，有效支持超低能耗建筑、零能耗建筑发展和既有建筑节能改造，助推社区基础设施绿色化。助力实施农村人居环境整治提升，支持绿色农房建设，加大对农房节能改造的支持力度。

5.支持生活消费绿色化。鼓励银行保险机构积极开展绿色消费信贷、保险业务，为新能源汽车、绿色建筑、新能源与可再生能源产品、绿色生态旅游等绿色产品服务消费提供融资和保险保障。鼓励银行保险机构在客户自愿的前提下，探索将个人绿色农产品和生态旅游消费、助力垃圾分类、低碳出行、低碳消费等活动纳入客户信息管理，与信用卡积分、信贷产品设计、保险产品保障挂钩，推进绿色低碳消费发展。

6.支持生态保护系统化。鼓励银行保险机构围绕持续改善空气、水、土壤环境质量，系统推进长江生态环境保护修复，推进太湖水环境治理等深入打好污染防治攻坚战工作目标，依法合规探索推进"生态环境治理+产业发展"融资模式，加大中长期贷款支持力度，满足生态系统保护和修复重大工程建设融资需求。积极支持海堤防护林、长江防护林、碳汇林、滨海湿地建设，提升生态系统碳汇能力。

（二）优化绿色低碳金融服务机制

7.加强机构专业化建设。鼓励各银行保险机构实行绿色金融"一把手负责制"，明确绿色金融牵头管理部门，通过绿色金融委员会或绿色金融工作领导小组等形式建立跨部门协调机制。鼓励有条件的银行机构设立绿色金融事业部、绿色金融部、绿色分（支）行等内设部门和特色机构，提升专业服务能力。支持有条件的法人银行保险机构根据自身战略定位采纳《赤道原则》，签署《负责任银行原则》《负责任投资原则》。

8.加强绩效差异化考核。引导银行业金融机构加大对绿色金融业绩评价考核力度，努力提升绿色信贷占比。鼓励银行业金融机构在信贷审批流程、授信权限、产品研发、经济资本配置、内部资金转移定价、人员配备、考核机制、费用安排等方面予以政策倾斜。推动完善授信尽职免责机制，合理界定尽职认定标准和免责情形。鼓励保险机构在客户准入、业务流程、绩效考核等方面对绿色保险业务实施差异化经营。引导银行保险机构将绿色金融政策执行情况纳入内控合规检查范围，定期组织实施内部审计，对检查发现重大违规问题的，依照规定进行问责。

9.加强业务全流程管理。鼓励银行业金融机构建立适合绿色项目授信特点的高效审批机制，完善信贷管理信息系统，全流程标识和记录绿色信贷业务。严把新上项目的碳排放关，完善客户授信管理，探索将碳表现、碳定价纳入授信管理流程，防范项目"洗绿""漂绿""染绿"风险。密切跟踪生态环保新规划新政策，关注客户环保处罚、环保舆情等负面信息，对有潜在重大环境和社会风险的客户，制定针对性的贷前贷中贷后管理措施。鼓励保险机构将企业环境与社会风险因素纳入投资决策体系与保费定价机制，发挥差别化保险费率调节机制作用。

（三）创新绿色低碳金融产品服务

10.创新绿色融资产品服务。支持银行保险机构立足我省绿色低碳转型融资需求，发展能效信贷、绿色债券和绿色信贷资产证券化。鼓励发展绿色供应链金融。稳妥开展基于排污权、碳排放权、用能权、绿色电力证书等环境权益抵质押融资。引导银行保险机构稳妥参与碳交易，探索碳金融、气候债券、蓝色债券等创新型绿色金融产品。鼓励银行业金融机构围绕碳资产管理、资金清算等方面为碳市场交易主体提供融资融智服务。

11.丰富绿色保险产品服务。顺应低碳发展趋势，丰富绿色保险产品，探索差别化的保险费率机制，积极发展碳保险、气候保险、新能源保险等绿色金融业务，助力市场主体有效应对和预防气候变化对生产经营造成的不利影响。配合生态环境等部门推进环境高风险领域企业投保环境污染责任保险。支持保险机构大力发展安全生产责任保险产品。鼓励保险机构积极开发生态环境责任类保险、生态产品价格指数类保险、绿色产品质量类保险、绿色企业贷款保证保险类产品，充分发挥商业保险在生态文明体系建设中的重要作用。

12.拓宽绿色低碳融资渠道。支持银行业金融机构加强与外部投资机构、政府绿色投资基金合作，推动绿色低碳技术创新应用。鼓励保险机构强化保险资金绿色运用，为我省绿色低碳发展提供长期稳定的资金支持。鼓励信托公司多元化开展绿色信托业务。鼓励财务公司支持集团内客户开展节能环保项目。鼓励金融租赁机构开展绿色资产、大型成套设备等固定资产融资租赁业务，支持企业绿色运营。

（四）健全绿色金融风险防范机制

13.加强环境社会风险前瞻管理。引导银行保险机构健全环境、社会、治理风险管理体系，协同推进绿色转型和数字化转型，运用金融科技手段提升对气候和环境风险的管理能力。推动银行业金融机构对绿色信贷项目的资金用途、环境效益、项目进展和经济可持续性定期开展监测和评估，合理控制绿色低碳企业和项目的融资杠杆率，有效防范过度融资、资金空转、资金挪用风险。探索开展情景分析和压力测试，评估高碳资产受碳减排和环保政策影响形成的风险敞口，有针对性做好应急预案。

14.防范化解"两高"项目风险。督促银行业金融机构全面摸排高耗能、高排放项目授信情况，防控低碳转型相关金融风险。指导银行业金融机构完善"两高"项目融资政策，关注"两高"项目产业规划、产业政策、节能审查、环评审批等合规情况，坚决遏制"两高"项目盲目发展。探索对高碳领域实施投融资总量管理，鼓励法人银行机构根据实际建立负面投融资清单。充分考虑我省经济社会发展实际和各行业发展的阶段性和转型难度等因素，一企一策保障煤电、煤炭、钢铁、有色金属等生产企业合理融资需求，稳妥做好风险化解和分类处置工作。紧密跟随国家和省有关部门制定的碳减排政策，加快调整业务结构，提前布局研究开展业务创新。

15. 参与环境气候风险治理。鼓励保险机构积极参与环境与风险治理体系建设，构建贯穿投保、承保、理赔等环节的绿色保险服务体系，为投保主体提供"事前预警、事中响应、事后减损"的全流程环境与气候风险保障和风险管理服务。按照"先处理后理赔"原则，探索将无害化处理作为保险理赔的前置条件，推动保险机构参与养殖业环境污染风险管理，建立农业保险理赔与病死牲畜无害化处理保险联动机制。实施绿色保险应赔尽赔快赔，探索建立重大案件赔款预付机制和小额案件赔款快付机制。

（五）营造绿色低碳金融良好环境

16. 践行绿色环保低碳运营。鼓励银行保险机构建设绿色低碳型机构，加快实现自身运营碳中和。根据绿色建筑标准，开展办公楼、营业网点、数据中心及灾备中心低碳升级改造，降低建筑能耗。严格供应商绿色准入规定，优先采购节能环保产品。倡导绿色办公理念，引导银行保险机构运用大数据、人工智能等金融科技手段，积极发展线上业务，降低各类纸质凭证使用，减少传统金融业务操作带来的碳排放量。倡导银行保险机构员工低碳工作、低碳出行、低碳生活。

17. 积极推进环境信息披露。鼓励辖内法人银行保险机构按照金融机构环境信息披露指南等标准，建立环境信息披露制度，通过社会责任报告、年度报告、专门环境信息报告等形式，公开披露环境相关治理结构、政策制度、产品服务创新、风险管理流程和经营活动的环境影响等信息，接受社会监督。

18. 加强绿色金融交流合作。指导省银行业协会、保险行业协会通过成立绿色金融专业委员会、发出绿色金融行动倡议、签署绿色金融自律公约和组织召开绿色金融交流会等多种方式，推动政策落实。充分整合行业优质资源，吸收相关政府主管部门和重点高校专家学者，成立江苏银行业保险业绿色金融专家库，为开展绿色金融工作提供智力支持。

三、组织保障

（一）落实主体责任。各银行保险机构要强化主体责任意识，从战略高度建立和完善绿色金融组织管理、政策制度、业务流程、信息披露等体系，在全省能源、交通、城镇建设、工业、农业等重点领域绿色低碳转型过程中，积极主动担当作为，加大金融支持力度。

（二）健全考评体系。各级监管部门要坚持问题导向、目标导向和结果导向，督促银行保险机构严格执行银保监会等部门关于绿色金融管理、应对气候变化投融资等文件要求，对银行保险机构绿色金融工作加强非现场监管、现场检查和业务指导，并采取适当方式评估银行保险机构绿色金融成效，按照相关法律法规将评价结果作为机构监管评级、高管履职评价、评优表彰的重要参考依据，引导银行保险机构加深对绿色发展理念的理解和支持。

（三）注重协同联动。各级监管部门要组织银行保险机构加大与生态环境、发改、工信等部门的企业环境信息、碳减排等政策信息共享力度，积极参与"金环对话"，积极争取地方财政对绿色信贷、绿色保险业务支持，助力银行保险机构及时了解相关政策信息、项目规划等，针对性提供金融服务。

（四）营造良好氛围。各银行保险机构要通过组织多种形式、多种媒介的宣传活动，向从业人员及社会公众普及绿色金融知识，传播绿色发展理念，培育绿色生产方式，倡导绿色低碳生活方式，夯实绿色金融高质量发展的群众基础。要及时总结宣传推进绿色金融工作的良好做法，形成一批可复制、可推广的有益经验，推进再创新、再提升，发挥行业示范效应，营造良好舆论氛围。

8.10　《关于开展环境污染强制责任保险试点工作的指导意见》

我国环责险的实践由来已久。2013年1月21日，原环境保护部、原保监会发布《关于开展环境污染强制责任保险试点工作的指导意见》，对健全环境污染责任保险制度，做好环境污染强制责任保险试点工作，提出了相关指导意见。明确了环责险的推进意义，对环境污染强制责任保险的试点企业范围也做出了界定，以下为《关于开展环境污染强制责任保险试点工作的指导意见》全文。

环境保护部 保监会《关于开展环境污染强制责任
保险试点工作的指导意见》

各省、自治区、直辖市环境保护厅（局），新疆生产建设兵团环境保护局，辽河保护区管理局，各保监局：

为贯彻落实《国务院关于加强环境保护重点工作的意见》（国发〔2011〕35号）和《国家环境保护"十二五"规划》（国发〔2011〕42号）有关精神，进一步健全环境污染责任保险制度，做好环境污染强制责任保险试点工作，现提出以下意见：

一、充分认识环境污染强制责任保险工作的重要意义

环境污染责任保险是以企业发生污染事故对第三者造成的损害依法应承担的赔偿责任为标的的保险。国家环境保护总局和中国保险监督管理委员会于2007年联合印发《关于环境污染责任保险工作的指导意见》（环发〔2007〕189号），启动了环境污染责任保险政策试点。各地环保部门和保险监管部门联合推动地方人大和人民政府，制定发布了一系列推进环境污染责任保险的法规、规章和规范性文件，引导保险公司开发相关保险产品，鼓励和督促高环境风险企业投保，取得积极进展。

根据环境风险管理的新形势新要求，开展环境污染强制责任保险试点工作，建立环境风险管理的长效机制，是应对环境风险严峻形势的迫切需要，是实现环境管理转型的必然要求，也是发挥保险机制社会管理功能的重要任务。运用保险工具，以社会化、市场化途径解决环境污染损害，有利于促使企业加强环境风险管理，减少污染事故发生；有利于迅速应对污染事故，及时补偿、有效保护污染受害者权益；有利于借助保险"大数法则"，分散企业对污染事故的赔付压力。

二、明确环境污染强制责任保险的试点企业范围

（一）涉重金属企业按照国务院有关规定，重点防控的重金属污染物是：铅、汞、镉、铬和类金属砷等，兼顾镍、铜、锌、银、钒、锰、钴、铊、锑等其他重金

属污染物。

重金属污染防控的重点行业是：

1.重有色金属矿（含伴生矿）采选业：铜矿采选、铅锌矿采选、镍钴矿采选、锡矿采选、锑矿采选和汞矿采选业等。

2.重有色金属冶炼业：铜冶炼、铅锌冶炼、镍钴冶炼、锡冶炼、锑冶炼和汞冶炼等。

3.铅蓄电池制造业。

4.皮革及其制品业：皮革鞣制加工等。

5.化学原料及化学制品制造业：基础化学原料制造和涂料、油墨、颜料及类似产品制造等。

上述行业内涉及重金属污染物产生和排放的企业，应当按照国务院有关规定，投保环境污染责任保险。

（二）按地方有关规定已被纳入投保范围的企业地方性法规、地方人民政府制定的规章或者规范性文件规定应当投保环境污染责任保险的企业，应当按照地方有关规定，投保环境污染责任保险。

（三）其他高环境风险企业鼓励下列高环境风险企业投保环境污染责任保险：

1.石油天然气开采、石化、化工等行业企业。

2.生产、储存、使用、经营和运输危险化学品的企业。

3.产生、收集、贮存、运输、利用和处置危险废物的企业，以及存在较大环境风险的二噁英排放企业。

4.环保部门确定的其他高环境风险企业。

三、合理设计环境污染强制责任保险条款和保险费率

保险监管部门应当引导保险公司把开展环境污染责任保险业务作为履行社会责任的重要举措，合理设计保险条款，科学厘定保险费率。

（一）责任范围保险条款载明的保险责任赔偿范围应当包括：

1.第三方因污染损害遭受的人身伤亡或者财产损失。

2.投保企业（又称被保险人）为了救治第三方的生命，避免或者减少第三方财产损失所发生的必要而且合理的施救费用。

3.投保企业根据环保法律法规规定，为控制污染物扩散，或者清理污染物而支出的必要而且合理的清污费用。

4.由投保企业和保险公司约定的其他赔偿责任。

（二）责任限额投保企业应当根据本企业环境风险水平、发生污染事故可能造成的损害范围等因素，确定足以赔付环境污染损失的责任限额，并据此投保。

（三）保险费率保险公司应当综合考虑投保企业的环境风险、历史发生的污染事故及其造成的损失等方面的总体情况，兼顾投保企业的经济承受能力，科学合理设定环境污染责任保险的基准费率。

保险公司根据企业环境风险评估结果，综合考虑投保企业的环境守法状况（包括环境影响评价文件审批、建设项目竣工环保验收、排污许可证核发、环保设施运行、清洁生产审核、事故应急管理等环境法律制度执行情况），结合投保企业的行业特点、工艺、规模、所处区域环境敏感性等方面情况，在基准费率的基础上，合理确定适用于投保企业的具体费率。

四、健全环境风险评估和投保程序

企业投保或者续签保险合同前，保险公司可以委托或者自行对投保企业开展环境风险评估。

鼓励保险经纪机构提供环境风险评估和其他有关保险的技术支持和服务。

投保企业环境风险评估可以按照下列规定开展：

（一）对已有环境风险评估技术指南的氯碱、硫酸等行业，按照技术指南开展评估。

（二）对尚未颁布环境风险评估技术指南的行业，可以参照氯碱、硫酸等行业环境风险评估技术指南规定的基本评估方法，综合考虑生产因素、厂址环境敏感性、环境风险防控、事故应急管理等指标开展评估。

本意见规定的涉重金属企业、按地方有关规定已被纳入投保范围的企业，以及其他高环境风险企业，经过环境风险评估后，应当及时与保险公司签订保险合同，并将投保信息报告当地环保部门和保险监管部门。

保险监管部门应当引导和监督保险公司做好承保相关服务。

五、建立健全环境风险防范和污染事故理赔机制

（一）风险防范在对企业日常环境监管中，环保部门应当监督企业严格落实环境污染事故预防和事故处理等责任，积极改进环境风险管理。

保险监管部门应当督促保险公司加强对投保企业环境风险管理的技术性检查和服务，充分发挥保险的事前风险防范作用。

保险公司应当按照保险合同的规定，做好对投保企业环境风险管理的指导和服务工作，定期对投保企业环境风险管理的总体状况和重要环节开展梳理和检查，查找环境风险和事故隐患，及时向投保企业提出消除不安全因素或者事故隐患的整改意见，并可视情况通报当地环保部门。

投保企业是环境风险防范的第一责任人，应当加强对重大环境风险环节的管理，对存在的环境风险隐患积极整改，并做好突发环境污染事故的应急预案、定期演练和相关准备。

（二）事故报告发生环境污染事故后，投保企业应当及时采取必要、合理的措施，有效防止或减少损失，并按照法律法规要求，向有关政府部门报告；应当及时通知保险公司，书面说明事故发生的原因、经过和损失情况；应当保护事故现场，保存事故证据资料，协助保险公司开展事故勘查和定损。

保险公司在事故调查、理赔中，可以参考当地环保部门掌握并依法可以公开的事故调查结论。

（三）出险理赔投保企业发生环境污染事故后，保险公司应当及时组织事故勘查、定损和责任认定，并按照保险合同的约定，规范、高效、优质地提供出险理赔服务，及时履行保险赔偿责任。

对损害责任认定较为清晰的第三方人身伤亡或者财产损失，以及投保企业为了救治第三方的生命所发生的必要而且合理的施救等费用，保险公司应当积极预付赔款，加快理赔进度。

保险监管部门应当引导保险公司简化理赔手续，优化理赔流程，提升服务能力和水平。

（四）损害计算环境污染事故造成的对第三方的人身损害、财产损失，投保企业为防止污染扩大、降低事故损失而采取相应措施所发生的应急处置费用，可以按照环境保护部印发的《环境污染损害数额计算推荐方法》（环发〔2011〕60号文件附件）规定的方法进行鉴定评估和核算。

在开展环境污染损害鉴定评估试点的地区，保险公司可以委托环境污染损害鉴定评估专业机构对污染事故的损害情况进行测算。

（五）争议案件的处理投保企业与保险公司发生争议时，按照双方合同约定处理。保险经纪机构可以代表投保企业就有争议的案件与保险公司进行协商谈判，最大程度保障投保企业的合法权益，减少投保企业的损失和索赔成本。

六、强化信息公开

（一）环境信息环保部门应当根据《环境信息公开办法》的有关规定，公布投保企业的下列环境信息：

1.建设项目环境影响评价文件受理情况、审批结果和建设项目竣工环保验收结果。

2.排污许可证发放情况。

3.污染物排放超过国家或者地方排放标准，或者污染物排放总量超过地方人民政府依法核定的排放总量控制指标的污染严重的企业名单。

4.发生过污染事故或者事件的企业名单，以及拒不执行已生效的环境行政处罚决定的企业名单。

5.环保部门掌握的依法可以公开的有利于判断投保企业环境风险的其他相关信息。

投保企业应当按照国家有关规定，建立重金属产生、排放台账，以及危险化学品生产过程中的特征化学污染物产生、排放台账，建立企业环境信息披露制度，公布重金属和特征化学污染物排放、转移和环境管理情况信息。

（二）保险信息保险监管部门应当依照《中国保险监督管理委员会政府信息公开办法》有关规定，公开与环境污染强制责任保险试点相关的信息。

保险公司应当依照《保险企业信息披露管理办法》等有关规定，全面准确地公开与环境污染强制责任保险有关的保险产品经营等相关信息。

七、完善促进企业投保的保障措施

（一）强化约束手段对应当投保而未及时投保的企业，环保部门可以采取下列措施：

1.将企业是否投保与建设项目环境影响评价文件审批、建设项目竣工环保验收、排污许可证核发、清洁生产审核，以及上市环保核查等制度的执行，紧密结合。

2.暂停受理企业的环境保护专项资金、重金属污染防治专项资金等相关专项资金的申请。

3.将该企业未按规定投保的信息及时提供银行业金融机构，为其客户评级、信贷准入退出和管理提供重要依据。

（二）完善激励措施对按规定投保的企业，环保部门可以采取下列鼓励和引导措施：

1.积极会同当地财政部门，在安排环境保护专项资金或者重金属污染防治专项资金时，对投保企业污染防治项目予以倾斜。

2.将投保企业投保信息及时通报银行业金融机构，推动金融机构综合考虑投保企业的信贷风险评估、成本补偿和政府扶持政策等因素，按照风险可控、商业可持续原则优先给予信贷支持。

（三）健全政策法规地方环保部门、保险监管部门应当积极争取将环境污染强制责任保险政策纳入地方性法规、规章，或者推动地方人民政府出台规范性文件，并配合有关部门制定有利于环境污染强制责任保险的经济政策和措施。

环保部门应当推动健全环境损害赔偿制度，加快建立和完善环境污染损害鉴定评估机制，支持、规范环境污染事故的责任认定和损害鉴定工作。

企业发生污染事故后，地方环保部门应当通过提供有关监测数据和相关监管信息，依法支持污染受害人和有关社会团体对污染企业提起环境污染损害赔偿诉讼，推动企业承担全面的污染损害赔偿责任，增强企业环境风险意识和环境责任意识。

涉重金属企业的环境污染强制责任保险试点工作方案，由环境保护部另行组织制定。

地方环保部门和保险监管部门应当充分认识开展环境污染强制责任保险试点工作的重要性，结合本地区实际，建立工作机制，制定实施方案，切实加大工作力度，推动试点工作取得实际成效。

参考文献

[1] 潮轮. 联合国可持续发展大会：在希望中期待未来［J］. 生态经济，2012
　　（08）：8-13.

[2] 黄锋. 绿色经济崛起引发的生态自然观思考［J］. 经济师，2013（11）：
　　26-27.

[3] G20绿色金融研究小组. G20 绿色金融综合报告摘要［R］. 2016.

[4] PSI.PSI-可持续保险原则中文摘要［R］. 2020.

[5] 王文，曹明弟. 绿色保险护航"一带一路"建设［J］. 中国金融家，2018
　　（01）：131-132.

[6] 李祥俊，张义萍，许宝洪. 关于江苏省绿色保险发展的调查与思考［J］. 金融
　　纵横，2020（04）：76-81.

[7] 王玉玲. 绿色保险机制设计与实践经验［J］. 金融纵横，2020（07）：22-27.

[8] 周建峰. 绿色保险的理论框架和发展思索［N］. 中国银行保险报，2019-
　　11-29.

[9] 冯爱青，岳溪柳，巢清尘，等. 中国气候变化风险与碳达峰、碳中和目标下的
　　绿色保险应对［J］. 环境保护，2021，49（08）：20-24.

[10] 杨孟生. 绿色金融体系下经济高质量发展的问题与对策研究［J］. 全国流通
　　经济，2023（01）：189-192.

[11] 郑立纯. 中国绿色金融政策的质量与效应评价［D］. 长春：吉林大学，2020.

[12] 蒋琪. 绿色保险的定价研究［D］. 泰安：山东农业大学，2020.

[13] 刘蕊. 低碳经济背景下河南省绿色保险发展研究［D］. 兰州：兰州财经大学，
　　2022.

[14] 赵晓. 我国环境污染强制责任保险推行的难点分析［J］. 商情，

2014（32）：1.

[15] 王倩，李通，王译兴. 中国碳金融的发展策略与路径分析［J］. 社会科学辑刊，2010（03）：147-151.

[16] 李濛. 试论低碳经济背景下财产保险产品的创新［J］. 金融与经济，2013（02）：81-83.

[17] 李媛媛. 中国碳保险法律制度的构建［J］. 中国人口·资源与环境，2015，25（02）：144-151.

[18] 钱研玲，周洲. IIGF 观点"双碳"目标下碳保险发展路径研究［EB/OL］. https：//iigf.cufe.edu.cn/info/1012/4738.htm？eqid=954ccc7d0030bad4000000026480a61b.

[19] 周洲，钱妍玲. 碳保险产品发展概况及对策研究［J］. 金融纵横，2022（07）：87-91.

[20] UNEP.Insights from a UNEP FI global survey of the insurance industry［R］. 2013.

[21] UNEPFI.Green Financial Products and Services Current Trends and Future Opportunities in North America［R］. 2007.

[22] 朱家贤. 气候融资背景下的中国碳金融创新与法律机制研究［J］. 江苏大学学报：社会科学版，2013（1）：27-32.

[23] 赵然，杨君伟，苏铭彻. 碳交易市场风险分析及碳保险创新［J］. 大家，2011（3）：200-201.

[24] 张妍. 我国发展碳保险的重要性及发展方向研究［J］. 时代金融，2012（33）：132-133.

[25] 杨杰舜，程子昂，原源. 森林碳汇保险及其风险度量［J］. 现代企业文化，2011（5）：109.

[26] 中再产险碳保险星火课题研究组. 我国碳保险发展的必要性和路径研究［R］. 2022.

[27] 汪洵，武文韬.绿色建筑保险助力绿色建筑发展国内外实践经验及发展建议[R].2023.

[28] 谭乐之.海外绿色保险值得借鉴[N].中国银行保险报，2021-06-28.

[29] 王亚许，吕娟，左惠强，等.典型国家农业保险制度与产品综述[J].灾害学，2022，37（04）：69-74.

[30] 王云魁.中国与法国农业保险发展的差距及其政策选择[J].对外经贸实务，2017（08）：21-24.

[31] 石红，霍潞露.中外电动汽车保险情况及对我国的启示[J].汽车工业研究，2017（05）：34-40.

[32] 袁阳，乔立群.关于新能源车险发展的几点思考[J].黑龙江金融，2022（07）：67-69.

[33] 张文静.我国环境侵权责任保险制度的构建[D].哈尔滨：东北林业大学，2009.

[34] 袁基祖.船舶污染强制责任保险法律制度研究[D].哈尔滨：哈尔滨工程大学，2011.

[35] 宁清同.生态修复责任之保障制度初探[J].法治研究，2019（02）：142-150.

[36] 叶靖安.国外巨灾保险制度及对我国的启示研究——以法国与英国为例[J].现代商贸工业，2014，26（02）：172.

[37] 柴化敏.国外巨灾保险体系及其对我国的启示[J].金融教学与研究，2008（03）：76-78.

[38] 徐俊.国外巨灾保险财政政策比较及对中国的启示[D].广州：暨南大学，2014.

[39] 秦涛，杜亚婷，陈奕多.碳资产质押贷款模式比较、制约因素与发展策略[J].福建论坛（人文社会科学版），2022（11）：51-63.

[40] 王笑.保险业支持"双碳"战略在行动[N].金融时报，2021-11-10.

[41] 北京绿色金融与可持续发展研究院. 中国再保险集团绿色金融发展实践［EB/OL］. https：//www.ifs.net.cn/news/1040.

[42] 翁文庆，兰卫平，朱兴全，等. 绿色保险新模式安全生产和环境污染综合责任保险初探：浙江保险科研成果选编（2016年度）［C］.

[43] 中国人民银行呼和浩特中心支行中国人民银行锡林郭勒盟中心支行联合课题组，白莹，尹雪娜. 碳达峰、碳中和愿景下内蒙古自治区草原碳汇经济发展与金融支持路径研究［J］. 北方金融，2022（03）：50-57.

[44] 钱林浩. 保险业助力绿色发展 "蓝碳"渐成创新焦点［N］. 金融时报，2022-09-21.